楽しく豊かな
「道徳の時間」をつくる

横山利弘
[監修]

牧﨑幸夫／広岡義之／杉中康平
[編]

ミネルヴァ書房

監修のことば

日本道徳教育学会名誉会長　横山　利弘

　洋の東西を問わず古今を通じていずれの国においても道徳教育は教育の重要な内容であるとともに，その特質から教育目的そのものに直結している。しかし，世界的に価値観が多様化する現代社会にあっては価値に関わる教育としての道徳教育は本質的な難しさを内包している。このため，重要性は理解されながらもいずれの国においてもその教育の実際・実践は低調である。我が国の道徳教育も例外ではない。
　こうした状況下で我が国においては道徳教育の強化をはかろうとしている。
　具体的には，小中学校の道徳の時間を「特別の教科　道徳」（仮称）として教育課程に位置づけようとしているのだ。
　道徳の教科化の背景には，いじめ問題の深刻化があるが，別の方向から見ると，昭和33年から始まった道徳の時間が全国の小中学校において十分に機能していないことがあげられる。平成26年10月21日の中央教育審議会答申では「道徳教育の要である道徳の時間において，その特質を生かした授業が行われていない場合があることや，発達の段階が上がるにつれ，授業に対する児童生徒の受け止めがよくない状況にあること，学校や教員によって指導の格差が大きいことなど多くの課題が指摘されており，全体としては，いまだ不十分な状況にある。」ことが指摘されている。道徳の時間が行われるようになって半世紀以上も経ってこうした指摘があるのはどうしてなのか。答えは明らかである。自信をもってこの時間の指導ができる先生方が多くないからである。こうした要因の1つに大学における教員養成課程の問題がある。現在，大学における教職課程科目「道徳の指導法」は2単位で，教科教育法とは単位数で大きな隔たりがある。各大学のシラバスから分かるように，指導内容は多岐にわたっており，道徳の授業ができる教員の育成という視点からはこの科目が離れた存在になっているとも言える。道徳の授業ができるように学ぶことができなかった学生が教員として採用され，学校現場に出て自信を持って指導できないことは当然である。
　本書は，小中学校の道徳の時間において，児童生徒が道徳的価値や人間としての生き方を深く考える授業が行えるようにするために編集されている。道徳の時間に使用する読み物資料をどう分析し，児童生徒にどう発問するのかといった解説をはじめ，小中学校でよく使用される定番資料が学習指導案などともに掲載されている。とりわけ，学習指導案や板書計画とともに盛り込まれている授業中の児童生徒とのやりとり（授業記録）は，読者が実際に授業を行う際の大きな指針となるはずである。

本書の執筆者および編者は、私が主催している月に一度の「道徳教育研究会」に熱心に参加され、日頃から私が提唱する理論を深く学び実践されている先生方ばかりである。編者となっている三人は、大学教員として「道徳の指導法」を担当され、本書の読み物資料や指導案等をより深く理解するためのわかりやすい解説を第一部で執筆されている。

　毎週やってくる道徳の時間が納得のいくものにならずに戸惑っている先生方をはじめ、大学の「道徳の指導法」における模擬授業や教育実習での授業をどう計画するかを考えていかなければならない学生の皆さんには、待ちに待った参考書ということができる。

はしがき

　平成26年10月21日，この日は，日本の道徳教育の歴史の中でも，特筆すべき日として，人々の記憶に残ることでしょう。文部科学省の諮問を受けた中央教育審議会が，「道徳に係る教育課程の改善等について」と題する答申によって，我が国の「道徳教育の充実を図るためには，道徳の時間を教育課程上『特別の教科　道徳』（仮称）として新たに位置付け，（中略）「『特別の教科　道徳』（仮称）を要として道徳教育の趣旨を踏まえた効果的な指導を学校の教育活動全体を通じてより確実に展開することができるよう，教育課程を改善すること」が提言されたのです。

　このことを受けて，今年度中に，学習指導要領は改訂され，間もなく，「道徳」の時間が教科化されることは間違いないでしょう。

　道徳の「教科化」の本格実施が目前というこの時期に，本書は道徳教育を実践される，全ての方々の一助となればとの思いで，刊行することとなりました。

　本書は，大阪・京都・神戸を中心とした近畿地区で，毎月欠かすことなく開催されている「横山利弘先生を囲む道徳教育研究会」に集う仲間が中心となって，その研修の成果を世に問う形で，刊行したものです。

　「横山利弘先生を囲む道徳教育研究会」には，毎回100名を超える参加者が，「道徳教育を共に語り，共に学ぶ」という一点で集い，「熱い」ひとときを共有しています。本会の特長は，現場の実践家，管理職，指導主事，大学教員，まだ教師になる前の学生さん，保護者，地域の方々等，多彩な人々が日頃の立場を超えて，フラットに「道徳教育」について学び，語り合い，切磋琢磨できるという点にあります。横山先生のお言葉を借りるならば，本会は，まさに「フラットだが，シャープな研究会」といえるでしょう。

　そして，共に横山先生の下で道徳教育について学んできた，いわば「同じ釜の飯」を食べてきた同志の実践を「結晶化」し，生まれ出たのが本書であるともいえるでしょう。この点は，他の執筆者の先生方すべてにもあてはまる思いです。

　本書は，主として大学において，将来教壇に立つことをめざして学ばれている学生が，「道徳の指導法」等，「教職課程」の講義で学ぶためのテキストとして刊行されましたが，しかしむしろ，現場の先生方が，明日からの「道徳の時間」に，すぐにでもご活用いただける内容を備えた「実践の書」でもあると自負しています。

　本書は，「教科化」という最新の道徳教育の動向をも反映しつつ，古典といわれる「名作」から最新作まで，あらゆる「読み物資料」の中から，現時点で最適と思われる資料を選定しています。

それらの資料の一つひとつを，道徳教育に造詣の深い実践家たちが，一貫した指導観で分析し，指導案を作成したうえで，繰り返し授業をし，改善を加えたその成果が，すべての頁に反映されています。

　本書を教科化された「道徳」の時間の授業づくりの一助としていただけるならば，必ずや，子どもたちと共に，楽しくも，感動深い道徳の授業が展開できるものと確信しています。そして，本書に掲載された数々の実践を超えるさらに優れた実践が，本書をご活用いただいた皆様の中から生まれることを願っております。

　最後になりましたが，本書刊行に際して，ミネルヴァ書房編集部の浅井久仁人氏から，いつも温かい励ましとご配慮をいただきました。ともすれば，遅れがちな私たちの原稿を忍耐強く待ちつつも，時には詳細なご助言も賜り，ようやく完成に到ることができましたことを心から感謝申し上げ，編者の「はしがき」といたします。

　　　　　　　　　　　　　　　　　　　　　　　　　　牧﨑　幸夫
　　　　　　　　　　　　　　　　　　　　　　編者　　広岡　義之
　　　　　　　　　　　　　　　　　　　　　　　　　　杉中　康平

楽しく豊かな「道徳の時間」をつくる

目　次

監修のことば
はしがき
資料「道徳の内容」の学年段階・学校段階の一覧表

第1章　道徳の授業は発問で決まる

1　道徳の時間の発問とは……………………………………………… 2
2　中心発問によって授業は変わる…………………………………… 3
3　導入の発問はどう作るのか………………………………………… 11
4　基本発問はどう組み立てるのか…………………………………… 14
5　「道徳だより」の発行までが道徳の時間………………………… 17

第2章　読み物資料を解釈する

1　横山利弘の「タマゴッチ理論」による道徳教育………………… 22
2　「道徳的実践」（行動）と「道徳的実践力」（心）のちがいについて…… 23
3　心を開く資料を使用する心得……………………………………… 24
4　二つに大別される道徳の読み物資料の類型……………………… 29
5　小学校の道徳資料における「助言者の構図」について………… 30
6　中学校の道徳資料における「助言者の構図」について………… 37

第3章　「道徳的価値の自覚」を深める授業づくり入門

1　めざすべき道徳の時間とはどのような時間なのか？…………… 46
2　「授業づくり」に不可欠な「資料分析」の視点………………… 47
3　「『Before-After』による場面分け」の資料分析の実際……… 51
4　まとめにかえて……………………………………………………… 54

第4章　小学校の道徳の時間をつくる

1　かぼちゃのつる（小学校1年・1─(1)）………………………… 56
2　はしのうえのおおかみ（小学校1年・2─(2)）………………… 64
3　くりのみ（小学校1年・2─(2)）………………………………… 70
4　まどガラスと魚（小学校3年・1─(4)）………………………… 76
5　ヒキガエルとロバ（小学校3年・3─(1)）……………………… 84
6　ふり出した雨（小学校4年・1─(4)）…………………………… 92
7　「正直」五十円分（小学校4年・1─(4)）……………………… 100

8	友の肖像画（小学校5年・2—(3)）	107
9	ペルーは泣いている（小学校6年・4—(8)）	116

第5章　中学校の道徳の時間をつくる

1	町内会デビュー（中学校1年・1—(3)）	126
2	銀色のシャープペンシル（中学校1年・3—(3)）	136
3	虎（中学校2年・1—(5)）	144
4	言葉の向こうに（中学校2年・2—(5)）	153
5	最後の年越しそば（中学校2年・3—(1)）	162
6	仏の銀蔵（中学校1年・4—(1)）	169
7	加山さんの願い（中学校2年・4—(5)）	178
8	一冊のノート（中学校2年・4—(6)）	187
9	嵐の後に（中学校3年・2—(3)）	197

資料 「道徳の内容」の学年段階・

		小学校第1学年及び第2学年	小学校第3学年及び第4学年
		1　主として自分自身に関すること	
基本的な生活習慣		(1)　健康や安全に気を付け，物や金銭を大切にし，身の回りを整え，わがままをしないで，規則正しい生活をする。	(1)　自分でできることは自分でやり，よく考えて行動し，節度のある生活をする。
自主・自律	向上心	(2)　自分がやらなければならない勉強や仕事は，しっかりと行う。	(2)　自分でやろうと決めたことは，粘り強くやり遂げる。
	自主・自律	(3)　よいことと悪いことの区別をし，よいと思うことを進んで行う。	(3)　正しいと判断したことは，勇気をもって行う。
	正直・誠実	(4)　うそをついたりごまかしをしたりしないで，素直に伸び伸びと生活する。	(4)　過ちは素直に改め，正直に明るい心で元気よく生活する。
	真理愛		
	個性の伸長		(5)　自分の特徴に気付き，よい所を伸ばす。
		2　主として他の人とのかかわりに関すること	
人間関係	礼儀	(1)　気持ちのよいあいさつ，言葉遣い，動作などに心掛けて，明るく接する。	(1)　礼儀の大切さを知り，だれに対しても真心をもって接する。
	思いやり	(2)　幼い人や高齢者など身近にいる人に温かい心で接し，親切にする。	(2)　相手のことを思いやり，進んで親切にする。
	友情（男女協力）	(3)　友達と仲よくし，助け合う。	(3)　友達と互いに理解し，信頼し，助け合う。
	謙虚・寛容		
	感謝	(4)　日ごろ世話になっている人々に感謝する。	(4)　生活を支えている人々や高齢者に，尊敬と感謝の気持ちをもって接する。
		3　主として自然や崇高なものとのかかわりに関すること	
生命尊重	生命尊重	(1)　生きることを喜び，生命を大切にする心をもつ。	(1)　生命の尊さを感じ取り，生命あるものを大切にする。
	自然愛	(2)　身近な自然に親しみ，動植物に優しい心で接する。	(2)　自然のすばらしさや不思議さに感動し，自然や動植物を大切にする。
	畏敬の念	(3)　美しいものに触れ，すがすがしい心をもつ。	(3)　美しいものや気高いものに感動する心をもつ。
	生きる喜び		
		4　主として集団や社会とのかかわりに関すること	
規範意識	規範・公徳心	(1)　約束やきまりを守り，みんなが使う物を大切にする。	(1)　約束や社会のきまりを守り，公徳心をもつ。
	正義・公平		
	役割・責任		
社会参画	勤労	(2)　働くことのよさを感じて，みんなのために働く。	(2)　働くことの大切さを知り，進んでみんなのために働く。
	家庭愛	(3)　父母，祖父母を敬愛し，進んで家の手伝いなどをして，家族の役に立つ喜びを知る。	(3)　父母，祖父母を敬愛し，家族みんなで協力し合って楽しい家庭をつくる。
	愛校心	(4)　先生を敬愛し，学校の人々に親しんで，学級や学校の生活を楽しくする。	(4)　先生や学校の人々を敬愛し，みんなで協力し合って楽しい学級をつくる。
	郷土愛	(5)　郷土の文化や生活に親しみ，愛着をもつ。	(5)　郷土の伝統と文化を大切にし，郷土を愛する心をもつ。
	愛国心		(6)　我が国の伝統と文化に親しみ，国を愛する心をもつとともに，外国の人々や文化に関心をもつ。
	国際理解		

学校段階の一覧表

小学校第5学年及び第6学年	中　学　校
(1) 生活習慣の大切さを知り，自分の生活を見直し，節度を守り節制に心掛ける。	(1) 望ましい生活習慣を身に付け，心身の健康の増進を図り，節度を守り節制に心掛け調和のある生活をする。
(2) より高い目標を立て，希望と勇気をもってくじけないで努力する。	(2) より高い目標を目指し，希望と勇気をもって着実にやり抜く強い意志をもつ。
(3) 自由を大切にし，自律的で責任のある行動をする。	(3) 自律の精神を重んじ，自主的に考え，誠実に実行してその結果に責任をもつ。
(4) 誠実に，明るい心で楽しく生活する。	
(5) 真理を大切にし，進んで新しいものを求め，工夫して生活をよりよくする。	(4) 真理を愛し，真実を求め，理想の実現を目指して自己の人生を切り拓いていく。
(6) 自分の特徴を知って，悪い所を改めよい所を積極的に伸ばす。	(5) 自己を見つめ，自己の向上を図るとともに，個性を伸ばして充実した生き方を追求する。
(1) 時と場をわきまえて，礼儀正しく真心をもって接する。	(1) 礼儀の意義を理解し，時と場に応じた適切な言動をとる。
(2) だれに対しても思いやりの心をもち，相手の立場に立って親切にする。	(2) 温かい人間愛の精神を深め，他の人々に対し思いやりの心をもつ。
(3) 互いに信頼し，学び合って友情を深め，男女仲よく協力し助け合う。	(3) 友情の尊さを理解して心から信頼できる友達をもち，互いに励まし合い，高め合う。
	(4) 男女は，互いに異性についての正しい理解を深め，相手の人格を尊重する。
(4) 謙虚な心をもち，広い心で自分と異なる意見や立場を大切にする。	(5) それぞれの個性や立場を尊重し，いろいろなものの見方や考え方があることを理解して，寛容の心をもち謙虚に他に学ぶ。
(5) 日々の生活が人々の支え合いや助け合いで成り立っていることに感謝し，それにこたえる。	(6) 多くの人々の善意や支えにより，日々の生活や現在の自分があることに感謝し，それにこたえる。
(1) 生命がかけがえのないものであることを知り，自他の生命を尊重する。	(1) 生命の尊さを理解し，かけがえのない自他の生命を尊重する。
(2) 自然の偉大さを知り，自然環境を大切にする。	(2) 自然を愛護し，美しいものに感動する豊かな心をもち，人間の力を超えたものに対する畏敬の念を深める。
(3) 美しいものに感動する心や人間の力を超えたものに対する畏敬の念をもつ。	
	(3) 人間には弱さや醜さを克服する強さや気高さがあることを信じて，人間として生きることに喜びを見いだすように努める。
(1) 公徳心をもって法やきまりを守り，自他の権利を大切にし進んで義務を果たす。	(1) 法やきまりの意義を理解し，遵守するとともに，自他の権利を重んじ義務を確実に果たして，社会の秩序と規律を高めるように努める。
	(2) 公徳心及び社会連帯の自覚を高め，よりよい社会の実現に努める。
(2) だれに対しても差別をすることや偏見をもつことなく公正，公平にし，正義の実現に努める。	(3) 正義を重んじ，だれに対しても公正，公平にし，差別や偏見のない社会の実現に努める。
(3) 身近な集団に進んで参加し，自分の役割を自覚し，協力して主体的に責任を果たす。	(4) 自己が属する様々な集団の意義についての理解を深め，役割と責任を自覚し集団生活の向上に努める。
(4) 働くことの意義を理解し，社会に奉仕する喜びを知って公共のために役に立つことをする。	(5) 勤労の尊さや意義を理解し，奉仕の精神をもって，公共の福祉と社会の発展に努める。
(5) 父母，祖父母を敬愛し，家族の幸せを求めて，進んで役に立つことをする。	(6) 父母，祖父母に敬愛の念を深め，家族の一員としての自覚をもって充実した家庭生活を築く。
(6) 先生や学校の人々への敬愛を深め，みんなで協力し合いよりよい校風をつくる。	(7) 学級や学校の一員としての自覚をもち，教師や学校の人々に敬愛の念を深め，協力してよりよい校風を樹立する。
(7) 郷土や我が国の伝統と文化を大切にし，先人の努力を知り，郷土や国を愛する心をもつ。	(8) 地域社会の一員としての自覚をもって郷土を愛し，社会に尽くした先人や高齢者に尊敬と感謝の念を深め，郷土の発展に努める。
	(9) 日本人としての自覚をもって国を愛し，国家の発展に努めるとともに，優れた伝統の継承と新しい文化の創造に貢献する。
(8) 外国の人々や文化を大切にする心をもち，日本人としての自覚をもって世界の人々と親善に努める。	(10) 世界の中の日本人としての自覚をもち，国際的視野に立って，世界の平和と人類の幸福に貢献する。

執筆者紹介（執筆担当）

横山 利弘（よこやま・としひろ，監修者，元・関西学院大学教授，日本道徳教育学会名誉会長）
牧﨑 幸夫（まきざき・ゆきお，編者，龍谷大学文学部教授） 第1章
広岡 義之（ひろおか・よしゆき，編者，神戸親和女子大学発達科学部教授） 第2章
杉中 康平（すぎなか・こうへい，編者，四天王寺大学教育学部准教授） 第3章

作品解説（小学校，掲載順，所属は執筆時）

渡部 恭子（わたなべ・きょうこ，大阪教育大学附属池田小学校） かぼちゃのつる
杉江ゆかり（すぎえ・ゆかり，門真市立脇田小学校） はしのうえのおおかみ
末本 裕喜（すえもと・ひろき，高石市立取石小学校） くりのみ
名和 優（なわ・まさる，亀岡市立詳徳中学校） まどガラスと魚
中舎 良希（なかしゃ・よしき，京丹波町立瑞穂小学校） ヒキガエルとロバ／ふり出した雨／「正直」五十円分
岩井 晃子（いわい・あきこ，柏原市立国分東小学校） 友の肖像画
阿部 隆（あべ・たかし，長岡京市立神足小学校） ペルーは泣いている

作品解説（中学校，掲載順，所属は執筆時）

松原 弘（まつばら・ひろし，和泉市立郷荘中学校） 町内会デビュー
永吉 洋子（ながよし・ようこ，河内長野市立西中学校） 銀色のシャープペンシル
藤井 裕喜（ふじい・ひろき，京都市立大宅中学校） 虎
小山 昌二（こやま・しょうじ，忠岡町立忠岡小学校） 言葉の向こうに
村田寿美子（むらた・すみこ，城陽市立北城陽中学校） 最後の年越しそば／一冊のノート
川崎 雅也（かわさき・まさや，貝塚市立木島小学校） 仏の銀蔵
小林 園（こばやし・その，京都府教育総合センター） 加山さんの願い
杉中 康平（すぎなか・こうへい，四天王寺大学教育学部） 嵐の後に

第1章
道徳の授業は発問で決まる

1　道徳の時間の発問とは

　小・中学校の学習指導要領には，道徳の時間の目標が次のように示されています。

小学校	道徳の時間においては，（中略）道徳的価値の自覚及び自己の生き方についての考えを深め，道徳的実践力を育成するものとする。
中学校	道徳の時間においては，（中略）道徳的価値及びそれに基づいた人間としての生き方についての自覚を深め，道徳的実践力を育成するものとする。

（平成20年3月告示，小学校学習指導要領及び中学校学習指導要領）

　2・3行の短い文章ですが，実は，重要な意味をもっています。これらの文章の主語は「道徳の時間」，述語は「道徳的実践力を育成する」です。道徳の時間は，道徳的実践力を育成する時間であることを明確に示しているのです。

　ところが，この目標が軽視されたり，取り違えられた道徳の時間は実に多いのです。

　では，ここでいう道徳的実践力とは，どのようなものなのでしょう。小・中学校の学習指導要領解説道徳編（以下，解説書という。）によると，「人間としてよりよく生きていく力であり，一人一人の児童（生徒＝中学校）が道徳的価値を自覚し，人間としての生き方について深く考え，将来出会うであろう様々な場面，状況においても，道徳的価値を実現するための適切な行為を主体的に選択し，実践することができるような内面的資質」を意味しており，それは「主として，道徳的心情，道徳的判断力，道徳的実践意欲と態度を包括する」ものであるというのです。

　ここからは，道徳の時間が，遅刻をしない，挨拶をする，電車内でお年寄りに席を譲るなど，日常の生活場面での個々の道徳的実践について指導する時間ではないのだということがわかります。

　たとえば，電車の座席に座っていて，お年寄りが前に立ったとき，思いやりという内面的資質（道徳的実践力）が備わっていれば，席を譲るという行為を主体的に選択し，実践（道徳的実践）することができるわけです。逆に言えば，お年寄りが前に立ったとき，「立たせておいては辛いだろうな」という心情が生まれなければ平気で座っていることができますし，席を譲ろうと判断したり，行動を起こそうとする意欲も湧かないことになります。席を譲るという行為は，道徳的な心情，判断力，実践意欲と態度などの内面的資質，つまり，道徳的実践力が備わっていてこそ生まれるものなのです。

　では，道徳的実践力という内面的資質を育てるにはどうすればよいのでしょうか。それは教師が，人間の内面を考える機会を授業の中で子どもたちに与えることによって育てていくことになります。具体的には，道徳の時間において，資料に出てく

る登場人物の内面を教師の発問によって子どもたちに考えさていくことにより行います。したがって，道徳の時間では，いかに適切な発問を子どもたちに投げかけるかが，授業のねらいを達成できるかどうかのカギになるわけです。

　読み物資料を用いた道徳の授業では，資料の中から，主人公が道徳的価値とそれに基づいた人間としての生き方についてどう自覚していくのかを読み解き，そのことを考えさせる中心発問と，中心発問に導いていくための基本発問などを組み立てて行うことになるのです。

2　中心発問によって授業は変わる

　道徳の授業では，中心発問が命ともいえます。中心発問の適・不適によって，授業の成否が分かれます。

　発問は，資料にある主人公の言葉や行動を捉えて，その背後にある内面を深く考えさせるために作ります。中心発問は，子どもたちが道徳的価値及びそれに基づいた人間としての生き方についての自覚を深めることができるように，資料のどの部分を捉え，また，捉えた部分をどう聞くのかを考えて作ることになります。

　中心発問によって子どもたちがどう反応し，授業がどう変わるのかを2つの資料をもとに考えてみましょう。

（1）「ネパールのビール」[(1)]
〈資料の概要〉

　ネパールのドラカという村は，海抜1,500メートルの斜面に家々が散在し，電気，水道，ガスといったいわゆる現代のライフラインは一切来ていない。4,500の人口があるのに，自動車はもちろん，車輪のある装置で他の集落と往来できる道もなく，村に通じる山道はいたる所で谷川のような急流が寸断している。

　村人たちは，今の生活が世界の水準より下だと熟知しており，とりわけ若者たち，子どもたちには，村を出て電気や自動車のある町に行きたいという願望が強い。

　昭和60年の夏，私（筆者＝吉田直哉）たち4人は，撮影取材のためドラカ村を訪れることになる。車が使えないそこでの撮影は毎瞬が重装備の登山であり，機材や食料を運ぶ際，重いという理由で真っ先に諦めたのがビールであった。

　大汗かいて一日の撮影が終わった時，目の前の清冽な小川の流れを見て，私は，つい，「ああ，これでビール冷やして飲んだら，うまいだろうなあ。」と言ってしまう。この言葉を聞き咎めたのは近くの村の出身で下宿して学校に通う少年チェトリであった。

　「ビールがほしいのなら，僕が買ってきてあげる。」というチェトリの言葉に，私は「遠い

じゃないか。」と言いつつ，サブザックとお金を渡して頼んだ。午後8時頃，チェトリは峠の拠点チャリコットでビールを買って帰ってくる。筆者たちの拍手に迎えられて。

次の日の昼すぎ，撮影現場に来たチェトリは「今日はビールは要らないのか。」と聞いた。私は，「大変じゃないか」と言いながらも，きのうより大きなザックと1ダースぶん以上のビールが買えるお金を渡した。チェトリは，きのう以上に張りきって飛び出していった。

ところが，チェトリは夜になっても帰ってこない。事故ではないだろうかと村人に相談すると，「そんな大金をあずけたのなら，逃げたのだ。」と口をそろえていう。チェトリはあくる日も帰ってこない。その翌日の月曜日になっても帰ってこない。学校へ行って先生に事情を説明し，謝り，対策を相談したら，先生までもが「心配することはない。事故なんかじゃない。それだけの大金を持ったのだから逃げたのだろう。」と言う。私は，日本の感覚でネパールの子どもにとっては信じられない大金を渡してしまったことやあんないい子の一生を狂わしてしまったと歯ぎしりするほど後悔した。

いても立ってもいられない気持ちで過ごした3日目の深夜，宿舎の戸を烈しくノックしたのは泥まみれになりヨレヨレの格好で立っているチェトリであった。チャリコットには3本しかビールがなかったので，山を4つも越えて行ってきたという。合計で10本買ったのだけど，転んで3本割ってしまった，とべそをかきながらその破片を全部出して見せ，釣り銭を出した。

私は彼の肩を抱いて泣いた。ちかごろあんなに泣いたことはない。そしてあんなに深く，いろいろ反省したこともない。

① 資料について

「ネパールのビール」は中学校において内容項目3―(3)として扱われる資料です。

内容項目3―(3)は，「人間には弱さや醜さを克服する強さや気高さがあることを信じて，人間として生きることに喜びを見いだすように努める。」と示されています。したがって，この資料を用いた授業では，人間が弱さや醜さとそれらを克服しようとする強さや気高さを併せ持っていることに気付かせ，自分に恥じない誇りある生き方することとはどのようなことなのかを考えられるように発問を組み立てることになります。

資料を読む際には，筆者（主人公）が道徳的価値とそれに基づいた人間としての生き方についてどう自覚していくのかを，①道徳的価値を自覚する前の状況，②道徳的価値を自覚するきっかけ，③道徳的価値を自覚する状況という視点で読み解いていきます。

「ネパールのビール」では，資料の多くの部分を割いて筆者が道徳的価値を自覚する前の人間としての弱さや醜さが書かれています。目の前の清冽な小川の流れを見て「ああ，これでビール冷やして飲んだら，うまいだろうなあ。」とスタッフ全員で諦めたビールのことをついつい口にしてしまう筆者，「遠いじゃないか。」と言

いつつチェトリにサブザックとお金を渡してしまう筆者，翌日も「大変じゃないか」と言いながらも大きなザックと大金を渡してしまう筆者，村人だけでなく先生にまで「逃げたのだ」と言われて後悔する筆者などです。

　筆者が道徳的価値を自覚するきっかけは，チェトリが3日後の深夜に，泥まみれになりヨレヨレの格好で帰ってきて事情を話すところです。

　チェトリから事情を聞いた筆者は，「遠いじゃないか」，「大変じゃないか」と言いつつビールを買いに行かせたことや，村人や先生に「逃げたのだ」と言われてチェトリを疑ってしまった自らの弱さや醜さに気付き，涙を流し反省するのです。筆者が道徳的価値を自覚するのはこの部分です。

② 中心部分をどう捉えるのか

　では，中心発問は資料のどの部分を捉えて聞くことになるのでしょう。中心発問では子どもたちから道徳的価値に関わる多様な反応が引き出せる部分を聞くことになります。

　たとえば，先生にまで「逃げたのだ」と言われて筆者が後悔する場面を捉え，「歯ぎしりするほど後悔した筆者は，何を後悔したのでしょう。」と聞いた場合はどうなるでしょう。予想される生徒の反応としては，「町に出たいと思っていたかも知れない子にお金を渡してしまったこと」，「チェトリ君を犯罪者にしてしまったかも知れないこと」，「勉強することによって叶えようとしていたチェトリ君の夢や希望を奪ってしまったかもしれないこと」，「危険な目に遭わせたかもしれないこと」，「村人や先生にまで疑いを向けられるようにしてしまったこと」，「自分の欲望のために，子どもを犠牲にしてしまったかもしれないこと」などが出てくると思われます。確かに様々な反応が予想されます。しかし，この部分は筆者が道徳的価値を自覚する前であり，内容項目に示された人間の弱さや醜さは出てきますが，それらを克服しようとする強さや気高さを併せ持つことに気付かせることはできません。

　やはり中心発問は，筆者が道徳的価値を自覚する部分，つまり，泥まみれになりヨレヨレの格好で帰ってきたチェトリから筆者が事情を聞いたあとの部分を捉えて行うことになるでしょう。

③ 中心発問をどう作るのか

　筆者が道徳的価値を自覚する部分で中心発問をつくる場合でも，どの部分に焦点を絞るのか，また，どう聞くのかを考えなければなりません。

　「ネパールのビール」では，発問の対象になりそうな箇所が2つあります。「彼の肩を抱いて，私は泣いた。ちかごろあんなに泣いたことはない。」，「あんなに深く，いろいろ反省したこともない。」という部分です。涙で聞くのか，反省で聞くのかです。

2つの箇所でそれぞれ中心発問を作って，予想される生徒の反応を例示すると次の表のようになります。

中心発問	筆者はどのような思いでそんなにも涙を流したのでしょう。	筆者は何をそんなに深く，いろいろ反省したのでしょう。
予想される生徒の反応	・チェトリが無事でよかったと安堵した。 ・チェトリの人生を狂わせずに再会できてよかった。 ・割れた瓶の破片や釣り銭まで見せるチェトリの誠実さに感動した。 ・村人や先生の言葉から，チェトリを疑った自分を責めた。 ・任せた以上は最後まで信じなければならないと悔やんだ。 ・チェトリを大変な目に遭わせたことを詫びた。 ・欲に負けてチェトリに迷惑をかけたことを反省した。 ・自分の信頼に答えようと頑張ったチェトリの思いに感激した。	・たかがビールのためにチェトリを悲しませてしまったこと。 ・ビールすら我慢できなかった自分の弱さ。 ・軽い気持ちで頼み，チェトリに大変な思いをさせてしまったこと。 ・チェトリに疑いを持ってしまったこと。 ・自分の欲のために1人の子の人生を狂わせそうになったこと。 ・異文化で生活する人への配慮のなさ。 ・チェトリの優しさに甘えてしまった自分の大人げなさ。 ・チェトリは自分から信頼されていると思っているのに，自分は疑いを持ってしまったこと。 ・危険な場所であることは知っていたはずなのに子どもを使いに出したこと。

どちらの発問でも生徒の多様な反応が予想され，共通する反応も多く見られます。

ただし，「反省」で聞くと，弱さや醜さだけが浮き彫りになるきらいはあります。涙で聞いた時のように「無事でよかった」，「誠実さに感動した」など，資料から溢れる出る感動を生徒ともに共感することはできません。

涙で聞く場合にせよ反省で聞く場合にせよ，生徒に考えさせる時には，「あんなに」，「いろいろ」などの修飾語を取り上げながら聞くことが大切です。たとえば，「『ちかごろあんなに泣いたことはない。』とありますが，筆者はどのような思いでそんなにも泣いたのでしょう」，「筆者は何をそんなに深く，いろいろ反省したのでしょう」と聞くことによって聞きたいことを一層鮮明にすることができるのです。

中心発問において，「帰ってきたチェトリを見て，筆者は，なぜ泣いたのでしょう。」や「泥まみれでヨレヨレの格好で立っているチェトリを見て，筆者はどんな気持ちになったのでしょう。」というような発問をした場合はどうなるでしょう。

「なぜ（どうして）」という聞き方は理由を答えるだけになってしまい，主人公の内面を深く考えることが難しいと思われます。また，「気持ち」を聞いた場合には，「安堵した」，「悔やんだ」など，主人公の心情が断片的にしか出てこないことにもなります。

中心発問では，「どのような思いで」や「どのように考えて」など，主人公が心の深いところでどのような思いを抱いていたのかを考えさせるようにしたいものです。

④ 問い返しの発問で生き方について深く考える

「ネパールのビール」の授業では，中心発問で涙のわけや反省の中味を聞くことによって生徒の多様な反応が引き出せますが，出てきた反応のどこが3─(3)なのかがわからないという意見が授業を参観している教師から出されることがあります。つまり，人間の弱さや醜さは生徒から出すことができても，それらを克服しようとする強さや気高さを併せ持つことに気付かせることはできないのではないかというのです。

確かに，中心発問に対する生徒の反応からは，「任せた以上は最後まで信じなければならなかったと悔やんだ」などのように，人間の強さや気高さに結びつくような反応はそう多く出ません。しかし，中心発問で取り上げた筆者の涙や反省こそが，このあとの筆者の生き方につながっていくのです。

中心発問は，生徒の反応を一問一答でやりとりをするわけではありません。授業の流れの中で，「チェトリを疑ってしまったこと」という反応が出てきた時には，「人を信じることとはどういうことなのでしょう」という問い返しの発問を何人かの生徒にしながら深めていくことができます。場合によっては，「あんなに泣いて，いろいろ反省する筆者は，どんな人なのでしょう」という発問によって，筆者の人柄からねらいとする内容項目に迫ることもできます。

中心発問をきっかけにしながら，生徒の反応を捉え，問い返しの発問によって生徒に道徳的価値を自覚させ，道徳的価値に基づく人間としての生き方について考えさせていくのです。

(2)「花いらんかえ～」(2)

〈資料の概要〉

「花いらんかえ～」

　今から四十年余り前には，まだ京都の町の細い路地に白川女のこんな声が響いていました。
　私（主人公＝舞）の祖母も白川女のひとりでした。膝を痛めてしばらく休んでいた祖母が，また花売りに出ることになり，中学生だった私は，母から頼まれて手伝いに行くことにしました。
　荷車を押して町の外れにさしかかると，白川街道をふさぐように立つ大きなお地蔵さんがありました。祖母は，籠から花を一束取り出して供えました。
「おばあちゃん，足はもう大丈夫なん。膝痛いんやし，もう白川女をやめてもよかったんと違うの。」
「大丈夫やて，待ってくれてる人がいるからな。」
　今出川通りから御所に向かう道を祖母はずっと荷車を引いて行きます。何か手伝わないといけないと思った私は，代わろうかと言いました。祖母は，私の顔をちらっと見て，心張り棒を渡しました。車輪が二つしか無くて，心張り棒をしっかりと握っていてもふらふらしま

す。前にも後ろにも倒れそうになって，私は荷車に踊らされながら歩きました。私よりよっぽど小柄な祖母が，バランスよく荷車を引いていたのには，やはり年季が入っていると感心しました。
　ようやく室町通りに入って，お得意さんの家の前で荷車を止め，花売りが始まりました。
「花いらんかえ～」
　祖母のいい声が路地裏に響くと，格子戸ががらっと開きます。
「いやあ，久しぶり。元気になったんやねえ。お仏花と榊くださいな。」
「おおきに。待っててくれてありがとう。おばあちゃんが亡くなってもう五年になるねえ。」
「よう覚えてくれて，ありがとう。」
　こんな調子で，あっちの家でもこっちの家でも，いろんな話が飛び交います。祖母も生き生きしています。
　そんな祖母の様子を見て，白川女をやめたらと言ったことを後悔しました。
「舞ちゃん，このお花，ここの家に持っていっておくれな。おばあちゃんもすぐ後から行くから。」祖母に言われて花を持ってきたというと，田川のおばあさんは，驚いたように，座布団を持ってきて，ここにかけてと言いました。私が戸惑っていると，祖母が入ってきました。祖母を見るなり，田川のおばあさんは，
「おじいさんは，何で私を置いて，はよ死んだんやろ。」
と，涙ぐみます。
「そうやね。早すぎたね。田川さんは人の気持ちのよくわかる人やったしね。あんたも寂しいことやろね。でもあんたに看取られてきっと幸せやったんよ。」
「そうかね。そうかね。」
と，田川さんは，自分を納得させるようにうなずいていました。祖母はずっと田川さんの手を自分の両手で包み込んでいました。しばらく話して元気になった田川さんは，
「また来てや。」
と，玄関で見送ってくれました。
「おばあちゃんは花を売っていただけじゃなかったんだね。」
「あんたもそんなことがわかるようになったんやな。」
と，うれしそうに言いました。
帰りのきつい上り坂を一時間ほどいくと，やっとあのお地蔵さんが見えてきました。残しておいた菊を二本取り出してお地蔵さんに供えました。祖母はお地蔵さんに向かって手を合わせています。私も並んで，優しく笑うお地蔵さんにそっと手をあわせました。

① 資料について
　この資料がテーマにしているのは，中学校の内容項目4─(5)です。中学校学習指導要領では，「勤労の尊さや意義を理解し，奉仕の精神をもって，公共の福祉と社会の発展に努める。」と示されています。

中学生の年代では，仕事をすることと収入を得ることを短絡的に捉えている生徒が多いことは容易に想像できます。仕事をするということには，収入を得て生計を維持することはもちろん，社会的分業を担い社会に貢献することや職業を通して生きがいを見つけ自己実現を図るという3つの要素（職業の3要素）があります。「花いらんかえ～」は，主人公の道徳的な変化を通して働くことの意味を考えることのできる資料です。

　中学校では，特別活動の学級活動において学ぶことと働くことの意義の理解など勤労に関する学習が行われます。また，多くの中学校では，総合的な学習の時間を活用した職場体験学習が行われています。この資料は，そうした進路指導に関する特別活動や進路をテーマにした総合的な学習の時間と関連させた道徳の授業としても活用できるものです。

　この資料も「ネパールのビール」と同様，主人公が道徳的価値とそれに基づいた人間としての生き方についてどう自覚していくのかを，①道徳的価値を自覚する前の状況，②道徳的価値を自覚するきっかけ，③道徳的価値を自覚する状況という構成で作られています。

　主人公が道徳的価値を自覚する前の状況は，膝を痛めてしばらく休んでいた祖母が仕事を再開することになった時，「もう白川女をやめてもよかったんと違うの。」と気遣っていることから分かります。主人公は，祖母の体を気づかっているのですが，その根底には無理をしてまで稼がなくてもよいのにと思っており，仕事は収入を得ることであると短絡的に捉えているのです。ところが，祖母の生き生きとした仕事ぶりや田川さんとのやりとりが道徳的価値を自覚するきっかけとなり，「おばあちゃんは花を売っていただけじゃなかったんだね。」というように道徳的価値を自覚することになるのです。

② 中心発問をどう作るのか
　中心発問は，主人公が，祖母の生き生きとした仕事ぶりや田川さんとのやりとりを見て変化していくところ，すなわち，「おばあちゃんは花を売っていただけじゃなかったんだね。」という部分からあとのところで作ることになります。

　中心発問を作る際に考えられるところは2箇所あります。「おばあちゃんは花を売っていただけじゃなかったんだね。」という箇所と「私も並んで，優しく笑うお地蔵さんにそっと手をあわせました。」の箇所です。

　2箇所について中心発問を作って予想される生徒の反応を考えると次の表のようになります。

第1章　道徳の授業は発問で決まる

中心発問	私は，どのような思いで「おばあちゃんは花を売っていただけじゃなかったんだね。」と言ったのでしょう。	私は，どのような思いでお地蔵さんにそっと手を合わせたのでしょう。
予想される生徒の反応	・働くっていいなあ。 ・お金のためだけじゃなかったんだ。 ・お客さんの心の支えになっているんだ。 ・心の温かさを売っていたんだ。 ・お客さんに勇気や元気をあげていたんだ。 ・おばあちゃん自身も心の支えにしていたんだ。 ・おばあちゃんの生きがいだったんだ。 ・地域の人たちと交流をしていたんだ。 ・社会に貢献していたんだ。 ・私もおばあちゃんみたいになりたいなあ。 ・「やめてもよかったんと違うの。」といってごめんなさい。	・おばあちゃんと一緒に働くことができてたことへの喜びで。 ・おばあちゃんみたいな人になれますように。 ・私もおばあちゃんみたいに仕事に生きがいがもてるようになれますように。 ・働くということが，どういうことなのかを教えていただきました。 ・無事に一日の仕事を終えることができました。ありがとうございました。 ・おばあちゃんがいつまでも元気に働けますように。 ・手伝いを面倒だと思っていてごめんなさい。

　どちらの発問に対しても様々な反応が見られます。ただ，内容項目４―(5)に示された道徳的価値がわかりやすく出るのは「花を売っていただけじゃなかったんだね。」の部分での発問です。「そっと手をあわせました。」の部分の発問では，仕事への感謝，祖母の無事や健康を願う反応が多く出ることが予想され，問い返しの発問により道徳的価値の自覚にどう迫って行くかがカギになります。

　「花を売っていただけじゃなかったんだね。」の部分で発問を作る場合でも，「私は，おばあちゃんが花以外に何を売っていたと思ったのでしょう。」と発問をしたときはどうなるのでしょう。まず，この聞き方はおばあちゃんからお客さんへの一方通行になってしまっています。これでは「おばあちゃん自身も心の支えにしていたんだ。」や「おばあちゃんの生きがいだったんだ。」のように，仕事を通しておばあちゃんが得ていたものが出にくくなります。道徳の時間は，子どもたちに主人公の着ぐるみを着せて，主人公になったつもりで考えさせることが大切です。「何」という聞き方をすると，生徒に対して正しい答えがあるのではないかという印象を与えてしまい，主人公としてでなく，物語の読者の立場で客観的に考えてしまうことがあるのです。

　特に中心発問では，主人公の「思い」を聞くことによって，子どもたちが主人公の着ぐるみを着て考えられるようにし，出てきた多様な意見から問い返しの発問によってねらいとする道徳的価値や人間としての生き方を考えさせてきたいものです。

3 導入の発問はどう作るのか

　道徳の時間の導入において,「あなたがたは,これまでに○○のような失敗をした経験はありますか。」というような発問を見かけることがあります。学習指導案には,「走り回っていて,教室のものを壊してしまった。」,「うっかり,宿題を忘れてしまった。」などの子どもたちの予想される反応が書かれています。

　子ども目線で考えたとき,授業のはじめから自らの失敗を発表させられることをどう思うでしょう。こうした発問によって,子どもたちの本音は引き出せるのでしょうか。この後の子どもたちの授業へのモチベーションはどうなるのでしょうか。結論は言うまでもありません。

　週1回の道徳の時間,子どもたちは「今日はどんなことを考えるのかな。」とワクワクしながら待っているはずです。授業の始まりをどう切り出すかは,子どもたちが自らの心を意欲的に耕していけるかどうかのカギを握っているといっても過言ではありません。

(1) 導入のねらい

　小・中学校の解説書には,導入について次の表のように示されています。[3]

小学校	主題に対する児童の興味や関心を高め,ねらいの根底にある道徳的価値の自覚に向けて動機付けを図る段階。
中学校	主題に対する生徒の興味や関心を高め,学習への意欲を喚起して,生徒一人一人の意識をねらいの根底にある道徳的価値及びそれに基づいた人間としての生き方についての自覚に向けて動機付ける段階。

　1時間(小学校45分間,中学校50分間)で完結することが基本とされる道徳の時間の導入は,各教科の授業のように前時の復習を内容とすることはできません。道徳の時間の導入は,その時間の学習への意欲を喚起できる内容を考えることが最優先になります。「今日はどんなお話かな。」,「どんなことを考えるのかな。」など,子どもたちの学習への期待が膨らむよう内容を考えることになります。

(2) どんな内容にすればよいのか

　では,導入にはどのような内容が考えられるのでしょう。

　小学校の解説書では,「①本時の主題にかかわる問題意識をもたせる導入,②資料の内容に興味や関心をもたせる導入,③学習への雰囲気作りを大切にした導入などが考えられる。」(番号は著者が記載)のように,導入を類型化しています。

　2節で取り上げた「ネパールのビール」と「花いらんかえ〜」をもとに導入を考

えてみましょう。

　①の導入を行う場合，「ネパールのビール」では，「今日のお話では，最後の主人公が涙を流します。人ってどんなときに涙を流しますか。」というような発問をします。この発問は，中心発問「筆者はどのような思いでそんなにも涙を流したのでしょう。」と連動させたものです。生徒は，「今日は，主人公が涙を流すんだ。どんな涙なんだろう。」という関心を抱きながら資料を読んでいくことになります。

　「花いらんかえ～」では，「人は，何のために働くと思いますか。」という発問が考えられます。この発問も「私は，どのような思いで『おばあちゃんは花を売っていただけじゃなかったんだね。』と言ったのでしょう。」という中心発問に連動させたものです。ただし，中学生を対象とした授業で，このような発問をすると，「働くことは，お金儲けだけではないということを言いたいのだな。」と指導者の意図を見透かされてしまい，その後の授業を平板なものにしてしまう恐れがあります。

　②の導入を行う場合，「ネパールのビール」では，「ネパールという国について，どんなイメージがありますか。」という発問に答えさせ，地図や写真で資料の舞台となっているネパールの地形や人々の暮らしぶりなどを紹介することが考えられます。同様に，「花いらんかえ～」では，白川女の写真を示して，「この女性は何をする人でしょう」などと発問をした後，白川女について簡単に説明することが考えられます。実際の授業ではよく見られる導入です。

　③の導入を行う場合は，「生きる喜びって何だろう。」，「生きるってどんなことだろう。」などの発問によって，道徳の時間の始まりを意識させ，雰囲気づくりをすることが考えられます。単に「生きる」と板書し，この時間に考えることをイメージさせるだけにとどめる導入の方法もあります。

　このような類型は，あくまでも例示であり，授業において，いずれかの類型により発問を作ることが適切であると言っているわけではありません。要するに，中心部分で子どもたちから多様な意見を出させ，主題となっている道徳的価値や人間としての生き方を考えることができるようにするためには，どのような導入が効果的であるのかを，例示を参考にしながら考えていくことが大切なのです。

（3）導入において留意すべきこととは

　導入段階を考えるときに留意しなければならないことはどのようなことがあるのでしょう。

　まず大切なことは，導入にかける時間です。複数時間扱いの学習指導を行う場合は別として，1時間で授業を行う場合を考えてみましょう。授業の中では絶対に欠かせない時間があります。資料を範読する時間と中心発問にかける時間です。資料の範読は，すべての子どもたちに資料の内容を理解させるとともに，主人公の着ぐるみを着せなければなりません。ゆっくりと丁寧に，メリハリをつけて読むことが

必要です。中学校で用いられる資料の中には範読に15分近くを要する資料もありますが，範読の時間をおろそかにすることはできません。中心発問では，主題となっている道徳的価値や人間としての生き方を深く考えさせるために，できる限り子どもたち全員から意見を聞くだけの時間が必要になります。15分以上の時間は確保する必要があるでしょう。これ以外にも終末段階で授業の感想を書かせる時間として6・7分が必要になります。道徳の授業で欠かすことのできないこれらの時間を確保すると，導入に割ける時間はせいぜい5分程度であることがわかります。

「ネパールという国について，どんなイメージがありますか。」という発問に答えさせたあと，ネパールの地形や人々の暮らしぶりなどを紹介する導入を行う場合でも，時間を割きすぎると，中心発問において「人間の弱さや醜さの克服」という主題について深く考えさせることができなくなってしまいます。このような内容の導入を行う場合でも，時間的な制約を踏まえて内容を十分精選することが必要になるのです。

次に大切なことは，子どもたちの学習への期待が膨らむような発問の吟味です。この節の最初に取り上げた「あなたがたは，これまでに○○のような失敗をした経験はありますか。」という発問について考えてみましょう。「目の前の子どもたちを何とかしたい。」という思いは学級担任なら誰しも抱くものです。熟語の意味を理解したり連立方程式を解くなど教科の授業でなら1時間で子どもたちの知識や技能を身につけさせることができます。また，あいさつをする，遅刻をしないなど，言葉や行動を指導する生徒指導でなら様々な取組を行うことによって子どもたちの状況を短期間で変えることができるかも知れません。道徳の時間は，生徒指導のように言葉や行動を変えることを目的とする時間ではありません。道徳の時間で育てなければならないのは子どもたちの心（内面的資質）です。子どもたちの心は，小中学生と言えどもそれまでの人生における家族をはじめ様々なかかわりによって築かれてきたものです。そうした内面的資質が1時間の授業で簡単に変わるとは到底考えられません。週1時間の道徳の授業の地道な積み重ねが，子どもたちの内面的資質を徐々に育てていくことになるのです。こうした発問は，結果を急ぎすぎた学級担任の勇み足と言わなければならないでしょう。授業の開始と同時に子どもたちを懺悔させるようなこうした発問は，学習への期待どころか学習意欲を削ぐ結果になってしまい，内面的資質を育てる方向からは逆行してしまうことにもなりかねません。

また，「花いらんかえ～」における「人は，何のために働きますか。」という発問のように，その時間で取り上げる道徳的価値にかかわる内容に触れるような発問をするときは，子どもたちの発達段階を十分考慮する必要があります。こうした発問によっては，子どもたちがこの授業には正解があるものと思い込んでしまうことがあります。こうなっては，中心発問においても，子どもたちは教師の期待する答え

を述べることに終始し，多様な反応を引き出すことによって考えさせる授業ができなくなってしまいます。

導入では，子どもたちに授業への期待を抱かせるとともに，中心部分での授業展開を考慮した効果的な発問を吟味しなければなりません。

4　基本発問はどう組み立てるのか

国語科の授業と道徳の授業とはどこが違うのですかという質問を受けることがよくあります。

国語科の授業では，扱う教材に描かれている場面や登場人物などを時間をかけて丹念に読み解き，国語科で求めている「国語を適切に表現し正確に理解する能力」[4]などを育成します。

これに対し，道徳の時間は，扱う資料に描かれている主人公の心の内を主観的に（主人公になったつもりで）考え，資料が主題とする道徳的価値や人間としての生き方について深く考える時間です。道徳の時間における様々な発問が，基本的に主人公を主語にして作られていることからも理解できるでしょう。

道徳の時間では，中心発問が，道徳的価値や人間としての生き方について深く考えさせる役割を担います。中心発問がその役割を効果的に発揮するためには，中心発問にいたるまでの発問（基本発問）をどう組み込むかが授業の成否を分けることになります。

では，基本発問はどのように考えて組み立てればよいのでしょう。ここでも「ネパールのビール」と「花いらんかえ～」をもとに考えてみましょう。

（1）「ネパールのビール」の場合

「ネパールのビール」の主題は，「人間の弱さ醜さの克服」です。中心発問は，3日目の深夜にチェトリが帰ってきて，ビールとその破片，釣り銭を差し出したとき，主人公がチェトリを抱いて泣く場面になります。

資料では，中心発問の場面までに，主人公の人間としての弱さや醜さが数か所で描かれています。たとえば，次のような場面がそれに当たります。

　① 仲間とともに諦めたビールであったにもかかわらず，目の前の清冽な小川の流れを見て，つい，「ああ，これでビール冷やして飲んだら，うまいだろうなあ。」と言ってしまう主人公。

　②「遠いじゃないか。」と言いつつ，サブザックとお金を渡して頼んでしまう主人公。

③　ビールを買って帰ってきたチェトリを拍手で迎える主人公。
　　④　「大変じゃないか」と言いながらも，きのうより大きなザックと１ダースぶん以上のビールが買えるお金を渡す主人公。
　　⑤　先生にも「逃げたのだろう。」と言われ，あんないい子の一生を狂わしてしまったと歯ぎしりするほど後悔する主人公。

　導入と同様，基本発問に割くことができる時間は限られています。例示した場面をすべて発問にすることはできません。せいぜい２～３問ということになるでしょう。

　まず，⑤の場面は，帰ってきたチェトリを迎えて涙する場面と対比させる場面で欠かすことはできないでしょう。たとえば，「私は，どのように後悔したのでしょう。」と聞くことによって，「チェトリ君を泥棒にしてしまったのではないか。」，「真面目に生活していた少年を間違った方向に向かわせてしまった。」などの罪悪感，「谷底に落ちて行方がわからなくなったのではないか。」など安否への不安，「ビール代を持ち逃げされたのではないか。」，「持ち逃げされるのなら，お金を渡さなければよかった。」というチェトリへの疑念など主人公の揺れる心情が浮き彫りにできます。

　次に，③の場面は，自分たちでさえ諦めざるを得なかったビールの重さや，「遠いじゃないか」という道のりの不安などはそこのけで，自らの欲望が叶ったことを手放しで喜ぶ主人公の姿が描かれており，やがて起こる重大な事態への布石となっています。この場面も「私は，どのような思いでチェトリに拍手を送っていたのでしょう。」などと発問し，「チェトリ君，よくやった。」，「これでうまいビールが飲める。」，「チェトリ君，ありがとう。」など主人公の安易な考え方を出させておきたいものです。

　あと，④・②の場面も，１つのことがうまく運べば次はそれ以上にと思う人間の弱さや，自らの欲望のためには子どもの危険も顧みない人間の醜さが描かれています。しかし，これらの場面も発問にしてしまうと，中心発問に多くの時間を割くことは難しくなるでしょう。資料に描かれた状況を簡単に説明するか，「『大変じゃないか』と言いながらも，どうして大金を渡したのでしょう。」や「『遠いじゃないか。』と言いつつ，どうして頼んでしまったのでしょう。」など，短時間で理由を考えさせて済ませるのがよいでしょう。

（２）「花いらんかえ～」の場合

　「花いらんかえ～」の主題は「勤労の尊さや意義の理解」です。中心発問を「私は，どのような思いで『おばあちゃんは花を売っていただけじゃなかったんだね。』と言ったのでしょう。」とすることで考えてみましょう。中心発問を通して勤労の尊さや意義を理解させるのです。

では，中心発問で主題に迫るためには基本発問によってどのような布石を打っておけばよいのでしょう。
　主題に迫るための布石になると思われるのは次のような場面になるでしょう。
　　① 母から頼まれて祖母の仕事を手伝うことになり，祖母に「足はもう大丈夫なん。膝痛いんやし，もう白川女をやめてもよかったんと違うの。」と言う主人公。
　　② 荷車を引いて行く祖母に，代わろうかと言う主人公。
　　③ 前にも後ろにも倒れそうになって，荷車に踊らされながら歩く主人公。
　　④ いろんな話が飛び交い，生き生きしている祖母を見る主人公。
　　⑤ 白川女をやめたらと言ったことを後悔する主人公。
　この資料は，最初，「もう白川女をやめてもよかったんと違うの。」と祖母の膝を気遣う主人公が描かれています。主人公にとっては，その年になってまで稼がなくても両親が面倒を見るだろうという意識なのでしょう。働くことは金儲けであると短絡させがちな中学生ならではの姿です。母から頼まれた手伝いが面倒だったこともあるのかもしれません。ところが，祖母を手伝い，その仕事ぶりを見て様々なことを発見していくうちに，主人公の仕事に対する考え方が次第に変化していきます。やがて主人公は祖母のそばにそっと寄って「おばあちゃんは花を売っていただけじゃなかったんだね。」と語りかけることになるのです。
　基本発問は，まず，①の場面は欠かせないことになります。ここでは，「私は，どんな思いで『おばあちゃん，足はもう大丈夫なん。膝痛いんやし，もう白川女をやめてもよかったんと違うの。』と言ったのでしょう。」と聞いてみることによって，「おばあちゃん，無理しないで」，「おばあちゃんがかわいそう。」，「どうしてそこまでして働くの。」，「お金のことなんか心配しなくてもよいのに。」，「何で私が手伝わなければならないの」などの反応が出せるものと思われます。
　次に，②の場面も，実際に体験してみて分かった祖母の仕事の一端として出させておくことが必要でしょう。たとえば，「私は，前にも後ろにも倒れそうになって，荷車に踊らされて歩きながら，どんなことを考えていたのでしょう。」と聞くことによって，「おばあちゃんは，こんな大変なことをしていたんだ。」，「きっと体が覚えているんだな。」，「長年続けてきたからできるんだな。」，「この荷車は，おばあちゃんにしか扱えないんだ。」などの反応が出てくるでしょう。
　さらに，④の場面や⑤の場面も祖母の様子を見て，主人公の考え方がしだいに変わっていくところなので聞いてみたいと考えるでしょう。たとえば，④の場面で「祖母の生き生きしている姿を見て，私は，どんな思いを抱いたのでしょう。」と発問して，「おばあちゃんは，このためにやめるとは言わなかったんだ。」，「働くと，こんな喜びもあるんだ。」などの反応を出させたり，⑤の場面で「なぜ，私は，祖母に白川女をやめたらと言ったことを後悔したのでしょう。」と発問して，「白川女

にやりがいをもっていると感じたから。」,「おばあちゃんにとって,かけがえのない仕事だと感じたから。」,「何も知らなかった自分が恥ずかしいと思ったから。」などの反応を出させることができます。しかし,中心発問において「私は,どのような思いで『おばあちゃんは花を売っていただけじゃなかったんだね。』と言ったのでしょう。」と聞いたときの反応と重なるものが少なくありません。中心発問で生徒の多様な反応を引き出すためには,④・⑤の場面から出てくる反応は中心発問にとっておいた方が賢明でしょう。

むしろ,最後の場面を中心発問に関連させる形で,「私は,どのような思いでお地蔵さんにそっと手を合わせたのでしょう。」という発問をして,人間としての生き方についてさらに深めていくことの方が大切でしょう。

5 「道徳だより」の発行までが道徳の時間

　道徳の授業は,1時間(小学校45分,中学校50分)で完結させるのが基本です。授業では,中心発問に15分以上の時間を割き,中心発問と子どもたちの反応,出てきた反応に対する問い返しの発問によって読み物資料に登場する主人公の内面を考えさせます。子どもたちは,学級内の多くの仲間の発言に接する中で,自分とは違った見方や考え方があることに気付き,道徳的価値とそれに基づいた人間としての生き方を深く考えていくことになります。ただ,1時間という限られた時間のなかでのみそれらを考えさせていくことは難しいと言わざるを得ません。中心発問をもとにせっかく授業が盛り上がっても,時間に制約があるからといってそれで終わりにするのはいかにももったいないことです。

　道徳の時間では,授業の最後に子どもたちに感想を書かせるために,必ず6・7分の時間を確保したいものです。ここで書かせる感想が子どもたちに道徳的価値とそれに基づいた人間としての生き方をさらに深く考えさせる役割を持ちます。

　「ネパールのビール」の感想では,次のようなものが見られます。

　A:チェトリ君が逃げたという話が出たときは,僕も疑ってしまい,無事に帰ってきた彼を見て申し訳ない気持ちになった。それでも信じ続けた筆者はすごいなと感じました。

　B:吉田さんは思いやりにあふれた人だと思った。村の人や先生にさえも「チェトリ君は大金を持って逃げたのだ」と言われても,最後まで「ひょっとすると事故に巻き込まれたのかもしれない」という思いを持ち続けていたし,チェトリ君が帰ってきたときも,きっと一瞬でも彼のことを疑った自分を責めて泣いたのだと思ったからだ。

C：チェトリ君の気持ちや行動に感動しました。信じる気持ちについて深く考えさせられました。人を信じることができる人は，もしかしたら。自分を信じることができる人なのかも知れないです。吉田さんが周りの意見に流されて，自分の中の「チェトリはそんなことしない」という気持ちを持っていた自分を疑ってしまったのかなあと思いました。
　　　D：筆者は，「ネパールの子どもにとってはあり得ない大金を渡してしまった，一生を崩してしまった」と後悔していたが，おそらくチェトリ君にとっては，「喜んでくれる，こんな大金を信頼して渡してくれている」という思いだったのだろうと思いました。「信じる」ということはとても難しいです。

　Aの感想は，資料を読み進めていく中で生徒自身もチェトリを疑っていたことが述べられているものです。生徒自身が筆者になりきって資料を読んでいたことがわかります。こうした意見は，授業中にはなかなか出てきません。

　Bの感想は，チェトリを疑った自分を責めて泣く筆者を捉え，筆者が思いやりのある人物であると考えています。この意見こそが内容項目3─(3)「弱さや醜さを克服する強さや気高さ」に通じるものです。

　Cの感想は，信じるということを深く考えたものです。中心発問で学級の多くの生徒の意見を聞き，感想を書く段階で信じるということを深く考えたのでしょう。感想を書かせることによって出てくる意見です。

　Dの感想は，チェトリの立場から帰ってきた理由を考えたものです。チェトリが筆者の信頼に応えようとしたのだと捉えることにより，信じるということが双方向に働くものであると考えています。こうした意見も授業ではなかなか出ません。

　子どもたちの感想には，道徳的価値のみではなく，それに基づいた人間としての生き方にまで言及してかなり深く考えたものが少なくありません。これらの貴重な意見を学級の生徒の間で共有できるのが感想を掲載した「道徳だより」です。

　授業の翌日に，「道徳だより」を配布すると，学級では仲間の感想や担任のコメントを熱心に読む生徒たちの沈黙が続きます。子どもたちは，この時間を通して自分の考えとは違う考え方があることや，授業では出ていなかった新たな考え方に接し，一層深く人間としての生き方を考えていくのです。

　「道徳だより」の発行までが道徳の時間なのです。

　「道徳だより」には子どもたちの感想だけでなく，資料名や主題，あらすじに加え，担任の簡単なコメントも載せます。資料名や主題，あらすじを載せるのは，保護者に道徳の時間の学習を把握していただき，場合によっては，資料を通して感じたことを親子で話題にしてもらうためです。道徳教育に関する学校と家庭との連携方策の1つとして「道徳だより」が活用できるのです。

　道徳の時間に書かせた感想は，1人ずつ別に綴じて保管しておくことが大切です。一人一人の感想を学年末に読み比べることによって，子どもたちの心の成長が把握

でき，評価に生かすことができるからです。また，学年を越えて感想を保管することができれば，長いスパンで子どもたちの心の変化を見ることができ，成長の様子が一層鮮明になることでしょう。

　授業の終わりの6・7分の時間が子どもたちの心を育てることに様々な役割を果たしてくれることになるのです。

注
⑴ 『中学生の道徳2　自分を考える』廣済堂あかつき（2013），72〜77頁。
⑵ 『道徳読み物資料集』日本道徳教育学会近畿支部（2013），26〜29頁。
⑶ 『小学校学習指導要領解説道徳編』文部科学省（2008），84頁，『中学校学習指導要領解説道徳編』文部科学省（2008），88頁。
⑷ 『小学校学習指導要領』第2章各教科第1節国語第1目標，文部科学省（2008），18頁，『中学校学習指導要領』第2章各教科第1節国語第1目標，文部科学省（2008），20頁。

（牧﨑幸夫）

第 2 章
読み物資料を解釈する

1　横山利弘の「タマゴッチ理論」による道徳教育

（1）生徒指導と道徳

　学校教育において，道徳教育と生徒指導の関連性については，しばしば議論されるところですが，生徒指導は果たして道徳教育の一部あるいは道徳の実践と言いうるのでしょうか。

　横山利弘は茶髪の生徒が黒髪に戻ったり，腰パンの生徒が普通の制服に戻ったりする生徒指導を例に挙げて，それぞれが正常に戻ることの大切さを生徒指導の観点から述べたうえで，それではそのことで道徳教育もなしえたのかというと，むしろそこから子どもの「心」の指導──道徳教育──が開始されることになると主張します。教師はともすると子どもの外的な行動や言葉使いの指導に重点を置きがちになりますが，それでは道徳教育そのものとは言えないのではないでしょうか。むしろ子どもの内的な心を育てることが道徳教育なのであり，それとの関連で横山は，「タマゴッチ理論」（デジタル携帯ペット「たまごっち」の形をしているので）と自ら命名している図でその理論を以下のように説明しています。

　タマゴッチの形をしている上半分に「行動・言葉」を位置づけ，下半分に「心」を設定します。図2-1に従えば，生徒指導は「行動・言葉」から「心」に向かうベクトルでなされる指導であるのに対して，道徳教育は，逆に「心」から出発して，最終的に「行動・言葉」に結実してゆく指導です。つまり，道徳の指導は「心」に目線のいく指導でなければならないのです。

　また教師が，道徳の内容項目を明確に理解せずに，「タマゴッチ」の上だけ，つまり「行動・言葉」だけの道徳の授業しかしていなければ，子どもは納得して教師

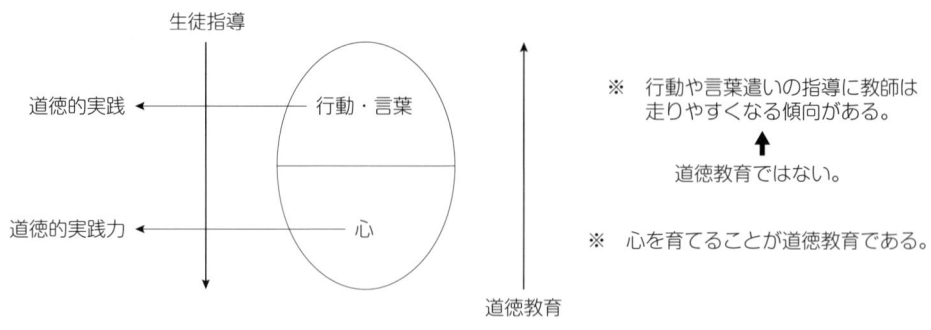

図2-1　横山利弘の「タマゴッチ理論」
出典：「横山利弘先生を囲む道徳教育研究会」での配布資料。

についてくることはないでしょう。教師は，子どもの「行動・言葉」の裏側にある「心」を推察しなければ，子どもの「心」を本当の意味で把握することにはならないのです。その意味で子どもの「心」は，ある程度までは子どもの「行動・言葉」で推測しうるのですが，しかし子どものすべての「心」が見えるわけではないので，見えない部分は教師が「信じる」しかないのです。

このように，教師が子どもの内側の「心」を育てることで，子どもの行動を変えようとする教育的営みこそが「道徳教育」なのです。挨拶をするとか，廊下を走らない等の行動面の指導は，タマゴッチの上半分の領域であり，道徳の本質はタマゴッチの下半分の子どもの「心」への訴えかけにあると言えるでしょう。

(2) 道徳的に子どもをいかに育てるのか？

別の表現をすれば，道徳教育とは人間的魅力を増すための教育であり，「粋な」ふるまいのできる子どもを育成することでもあるのです。道徳の時間では，子どもの「心」を開くことが大切であるにもかかわらず，現代の子どもたちは「心」から「行動・言葉」に移る壁が厚くなってしまい，その結果，子どもの「心」が素直に「行動・言葉」を表していない状態に陥っていると横山は鋭く指摘しています。つまり，現代の子どもたちは，行動と言葉がそのまま，心を表現していないことから，様々な道徳的問題が生じるのです。その意味でいえば，道徳教育とは，どこまでも子どもの「心」にこだわり，「心」から出発して「行動・言葉」に結実していく教育的営みでなければならないと言えるでしょう。

2 「道徳的実践」（行動）と「道徳的実践力」（心）のちがいについて

小学校の学習指導要領の「道徳の時間」の目標には次のように記されています。「道徳の時間においては……道徳的価値の自覚及び自己の生き方についての考えを深め，<u>道徳的実践力</u>を育成するものとする。」（102頁，下線筆者）と。また中学校では「道徳の時間においては……道徳的価値及びそれに基づいた人間としての生き方についての自覚を深め，<u>道徳的実践力</u>を育成するものとする。」（112頁，下線筆者）となっています。

さてここで，「道徳的実践」と「道徳的実践力」のちがいについて説明しておきましょう。「道徳的実践」とはタマゴッチでいうところの上半分の言葉や行動の部分を指し示します。たとえば「廊下を走らない」とか「挨拶をしっかりとしよう」などの子どもの行動を指し示しているのです。

他方で「道徳の時間」の目標の中にある「道徳的実践力」とはタマゴッチでいう

ところの下半分の子どもの「心」の部分を育てることを意味しています。「道徳的実践力」を構成するのが，道徳的実践意欲と態度（意），道徳的判断力（知），道徳的な心情（情）の三つです。読み物資料を読むに際しては，登場人物の「心」を把握する必要があります。そこで読むべき登場人物の「心」とは，「知」（道徳的判断力：どのように考えているのか）・「情」（道徳的な心情：感情としてはどのような状態であるか）・「意」（道徳的実践意欲と態度：どうしたいのか）等です。

　道徳教育は，人間的魅力を増すための教育であり，「粋な」ふるまいのできる人間を育成することでもあるのです。その意味で，道徳の時間は子どもの「心」を開くことが大切ですが，しかしながら現代の子どもたちは，「心」から「行動・言葉」に移る壁が厚くなってしまい，その結果，「心」が「行動・言葉」に表れにくい状態に陥っているのです。その意味でいえば，道徳教育とは，どこまでも子どもの「心」にこだわり，「心」から出発して「行動・言葉」に結実していく教育的営みでなければならないと言えるでしょう。

　それゆえ，道徳の時間で中心発問をする場合，「主人公は……するべきでしょうか。」というタマゴッチの上半分の言葉や行動を聞くような問い方ではなく，「主人公はどのような気持ちで……したでしょうか」と心の中を問いかけることによって初めて，「内面的資質」を育てることが可能となるのです。その点を道徳と類似の特別活動と比較して考えてみましょう。特別活動においてはジョン・デューイのいわゆる「為すことによって学ぶ」（learning by doing）ことが中心になるわけで，タマゴッチの上半分の言葉や行動と深くかかわりますが，道徳の時間は，むしろタマゴッチでいうところの下半分の心の部分にこだわります。その部分を問う際に，的確な読み物資料であれば，ちょうどその子どもたちが答える部分が資料にあえて書かれておらず，子どもたちが自主的に考えて，心の部分を各自なりの言葉で答えざるをえず，そのことによって，子どもの「内面的資質」が深められることになるのです。道徳の時間は，架空ではありますが，具体的な状況を子どもに提供する読み物資料を手がかりとして進められるのです。そのために読み物資料のなかには，子どもが自分自身のこととして考えられるものが用意されていなければならないのです。こうして読み物資料をもとに道徳の時間が展開されるのです。

3　心を開く資料を使用する心得

（1）指導案作成の原型

　道徳の授業がうまく展開できるかどうかは，指導案の内容の良し悪しにかかっています。そこでこの節ではいかにして指導略案を書けばよいのかを詳しく説明する

3 心を開く資料を使用する心得

ことにします。
① まず資料の内容を虚心坦懐に読むことが求められます。どこが中心発問か，どのように質問をしようかと，考えるのは後の作業です。
② 主として主人公の道徳的変化（主人公の道徳的意識や行為の変化，道徳的問題の所在や葛藤場面）を読みます。<u>道徳的変化をする「前」と変化した「後」がどこかを突き止めます。主人公の道徳的変化の「直後」が一般的に，中心発問の箇所となります。</u>
③ 「道徳の時間」は，評論家や批判者（冷ややかな第三者的な立場）としての力を育てる場ではありません。心の変化のあった人物に自分が成りきってじっくり考えることが重要なこととなります。比喩的にいえば<u>主人公の「着ぐるみ」を着たつもりで考えること</u>が求められるのです。
　　(1) 変化したのはだれか？
　　(2) 変化したきっかけは何か？
　　(3) どこで変化したのか？
④ 資料を読むに際しては，登場人物の心を把握する必要があります。そこで読むべき「心」とは，「知」（道徳的判断力：どのように考えているのか）・「情」（道徳的な心情：感情としてはどのような状態であるか）・「意」（道徳的実践意欲と態度：どうしたいのか）等です。
⑤ 中心発問に対する「予想される子どもの答え」を考えます。子どもからより多くの答えを出し尽くすことが大切な視点となります。
⑥ 主題名，内容項目，ねらいを確定します。主題名は簡潔に表現します。例として「生命の尊重」「勤労の大切さ」等。
　　内容項目は1―(2)のように表記します。
　　ねらいは，以下のように表記することが望ましいでしょう。

　　<u>主人公の……を通じて，　……しようとする　道徳的実践意欲を育てる。</u>
　　（資料の活用を簡潔に表記）　（内容項目から引き出す）　（道徳性の要素を入れる）

⑦ 中心場面以外の発問を考え，子どもの答えを予想します。資料に登場する主人公の型には原則として二つのパターン，すなわち主人公が道徳的に変化する場合

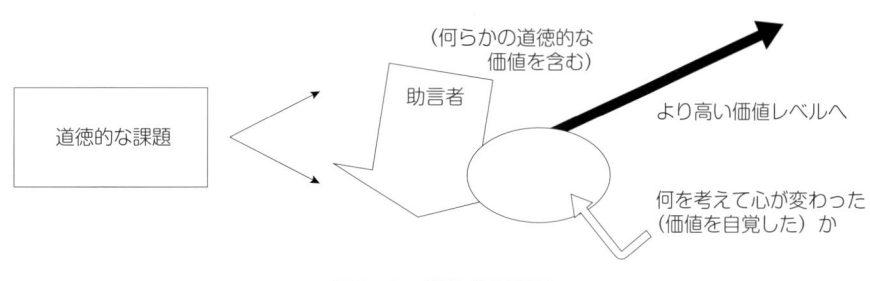

図2-2　道徳的な課題

と変化しない場合があり，主人公が道徳的に変化する場合には，その変化する場面で山をつくればよいことになります。しかしたとえば主人公は最初から最後まで良い子や善人であるという設定（たとえば「月明かりで見送った夜汽車」「バスと赤ちゃん」や「一番美しい言葉が残った」）の場合，主人公が最後まで道徳的に変化しない資料もあります。そのようなときには，むしろストーリーのなかで心打たれる場面を探すことで，「山」を作る必要がでてくるのですが，本書ではこの読みもの資料は取り扱いませんので，別の機会に説明することにします。

（2）道徳の授業実施の流れと重要なポイント

① 授業に「山」を作ることが重要です。なぜならそれは本時のねらいを明確にすることでもあり，山は子どもにとって高すぎても低すぎてもいけません。

② 資料のなかに山がないときには，発問で山を作ることが必要となります。これも本書では，すべて山のある資料ですので特に考えなくていいでしょう。

③ 子どもに道徳的に考えさせるためには，どのように発問を投げかけるかがとても大切なポイントになります。発問の工夫が求められます。中心発問は，なぜ～？　どのように～？　どうして～？　が基本となります。教師の工夫した発問に対して，せいいっぱい自分で考えて答えた子どもは，その内容を忘れないものです。子どもは考えようとする欲求を元来持っており，それを大切に育てたいものです。

④ それゆえに教師は，子どもの発言を受け止める力が必要となります。子どもの心の動きにこだわった道徳の授業を心がけたいものです。

⑤ 資料は，原則的に教師が範読します。なぜなら，子どもが集中して内容に取り組みやすくするためです。その際，教師はすべての子どもが資料の話の筋を理解できるように気を配ることが大切であり，たとえば，声色にもこだわるぐらいの配慮が求められます。

⑥ 授業の「導入」部分では，子どもの心をつかむ程度でよく，さらっと流す程度で十分です。教師が子どもを「のせる」ことがむしろ大切になります。

⑦ 板書の時間は，原則として50分中，5～8分程度で十分です。子どもの反応や発言をしっかりと教師は受け止める姿勢が大切で，教師は子どもの発言に対して，「あ～ぁ，そうか！」とか「なるほど」等の反応を子どもに毎回，返す姿勢がきわめて大切になります。

3 　心を開く資料を使用する心得

道徳学習指導案　　※略案

指導者名　〇〇　〇〇

1．学　年
2．日　時
3．主題名　　　＊簡潔に体言で表す。　　　　例：生命尊重，命の大切さ，命の尊厳など
　　　　　　　　あわせて内容項目を書く　　　例：3－（2）
4．ねらい　　　＊主人公の……（A）……を通じて，……（B）……しようとする
　　　　　　　　……（C）……を育てる。
　　　　　　　（A）：資料の活用を簡潔に表記
　　　　　　　（B）：内容項目から適切に引き出す
　　　　　　　（C）：道徳性の要素（道徳的な心情，道徳的判断力，道徳的実践意欲と態度）を
　　　　　　　　　　入れる。
5．資料名　　　＊資料の題と出典を書く。
　　　　　　　　　　例：一冊のノート（中学校読み物資料とその利用4　文部省）
6．展開過程

	学習活動	主な発問と予想される生徒の反応	指導上の留意点
導入		※授業への入り方（資料への導入，または価値への導入） ・資料を使うまでなるべく短時間で	
展開	※学習活動の欄 ・生徒が主語になる。 ・各発問ごとに生徒がすることを書く。	［　　　　　］ ※発問は［　　　　］に書く。 中心発問は，二重線で囲む。 ［　　　　　］ ・ ・（予想される生徒のこたえ） ［　　　　　］ ・ ・ ・ ［＝＝＝＝＝］ ・ ・ ・	※指導上の留意点の欄 ・教師が主語。 ・生徒が考えやすいように。 ・話がそれないように。 ・ねらいに迫りやすいように。 　　　　　　　等々
終末			

7．評価

図2-3　略案図

出典：「横山利弘先生を囲む道徳教育研究会」での配布資料[1]

第2章　読み物資料を解釈する

◇導入段階
　主題に対する児童生徒の興味や関心を高め，狙いの根底にある道徳的価値の自覚に向けて動機づけをはかる段階です。

◇展開段階
　ねらいの根底にある道徳的価値を理解し，それを児童生徒自らが自分のこととしてとらえ，道徳的価値を自覚する授業における最も大切な段階です。

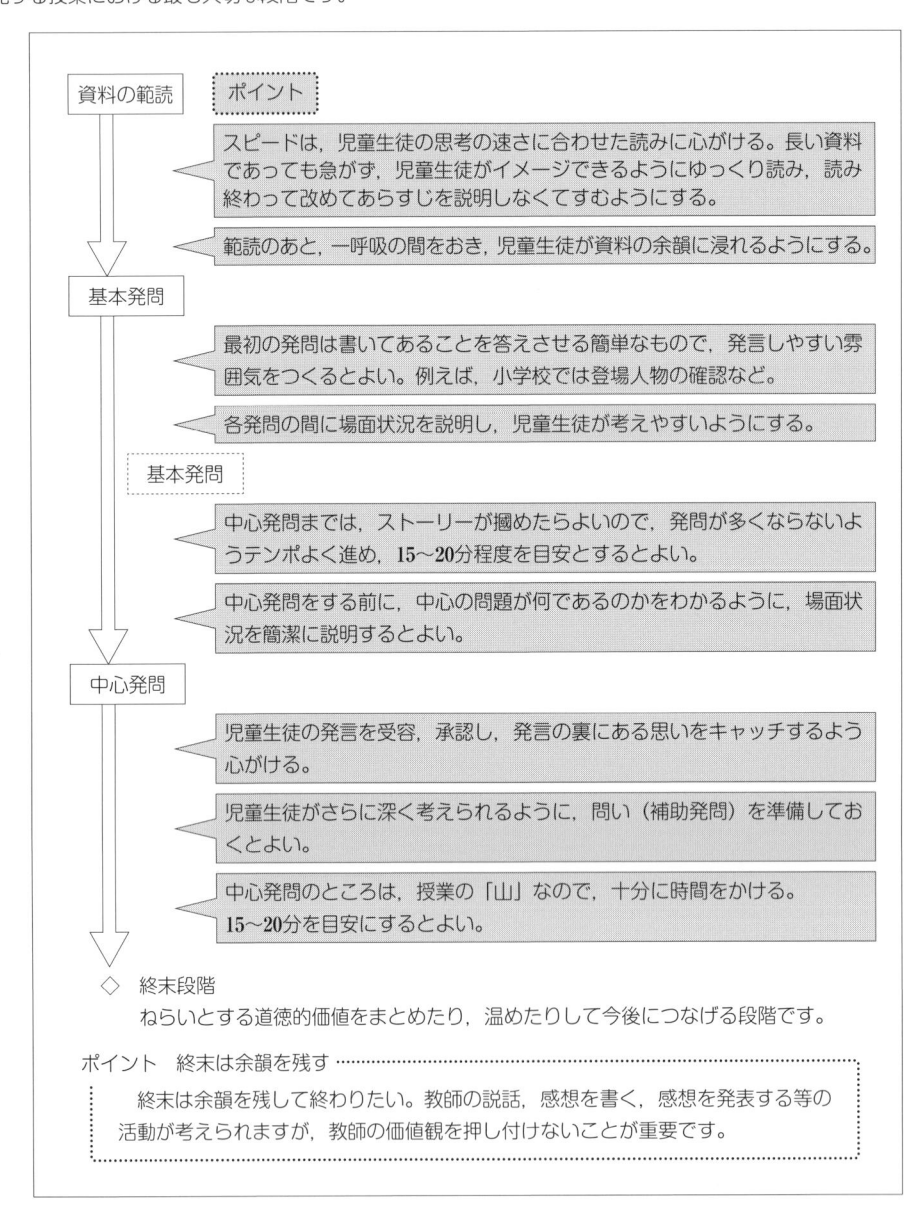

```
資料の範読        ポイント
    │
    │      ← スピードは，児童生徒の思考の速さに合わせた読みに心がける。長い資料
    │         であっても急がず，児童生徒がイメージできるようにゆっくり読み，読み
    │         終わって改めてあらすじを説明しなくてすむようにする。
    ▼
           ← 範読のあと，一呼吸の間をおき，児童生徒が資料の余韻に浸れるようにする。
基本発問
           ← 最初の発問は書いてあることを答えさせる簡単なもので，発言しやすい雰
             囲気をつくるとよい。例えば，小学校では登場人物の確認など。

           ← 各発問の間に場面状況を説明し，児童生徒が考えやすいようにする。

    基本発問
           ← 中心発問までは，ストーリーが掴めたらよいので，発問が多くならないよ
             うテンポよく進め，15〜20分程度を目安とするとよい。

           ← 中心発問をする前に，中心の問題が何であるのかをわかるように，場面状
             況を簡潔に説明するとよい。
    ▼
中心発問
           ← 児童生徒の発言を受容，承認し，発言の裏にある思いをキャッチするよう
             心がける。

           ← 児童生徒がさらに深く考えられるように，問い（補助発問）を準備してお
             くとよい。

           ← 中心発問のところは，授業の「山」なので，十分に時間をかける。
             15〜20分を目安にするとよい。
    ▼
    ◇　終末段階
       ねらいとする道徳的価値をまとめたり，温めたりして今後につなげる段階です。

  ポイント　終末は余韻を残す
       終末は余韻を残して終わりたい。教師の説話，感想を書く，感想を発表する等の
       活動が考えられますが，教師の価値観を押し付けないことが重要です。
```

図2-4　道徳の授業展開のポイント

出典：「副読本の効果的な実践のために」，兵庫県道徳教育推進連絡協議会，兵庫県教育委員会，平成25年3月，2頁より抜粋。

4　二つに大別される道徳の読み物資料の類型

（1）「登場人物の行為や意識が道徳的に変化し，生き方を改めようとする資料」と
　　「登場人物の行為や意識が道徳的に変化しない資料」

　横山利弘に従えば，道徳の読み物資料は二つのパターンにおおきく分類できます。第一は「登場人物の行為が道徳的に変化して生き方を改めようとする資料」で，第二は「登場人物の行為が道徳的に変化しない資料」です。第一の「主人公の道徳的変化がある資料」の代表的なものとしては，「はしのうえのおおかみ」（作：奈街三郎），「ヒキガエルとロバ」（作：徳満哲夫），「まどガラスとさかな」（作：奈街三郎），「なしの実」（作：浅田俊夫），「加山さんの願い」（作：藤永芳純），「一冊のノート」（作：北鹿渡文照），「銀色のシャープペンシル」（作：木下一）などがあります。
　第二の「登場人物の道徳的変化がない資料」には，「月明かりで見送った夜汽車」（作：武藤春枝），「バスと赤ちゃん」（作：中野茂子）などが挙げられるでしょう。
　本書に掲載されている読み物資料は，第一分類の「主人公が道徳的に変化して生き方を改めようとする資料」がほとんどです。また近年，横山は，第一分類のなかに「主人公の生き方を貫く信念を描いた資料」という区分を使用していますが，これは各場面に描かれた主人公の生き方を貫いた「信念」を手掛かりとして，それを支えた道徳的価値を考える資料です。これは平成20年の学習指導要領改訂の際に「先人の伝記，自然，伝統と文化，スポーツなどを題材とし，生徒が感動を覚えるような魅力的な教材」が例示されていることに呼応した区分ですが，今回，本書では取り扱わないために説明を省略します。
　第一分類とは異なる特徴をもつ資料は第二分類に入り，これは「登場人物の道徳的変化がない資料」に区分されます。あるいは横山は，これを登場人物全員が善人である事例，また登場人物の「場の空気」が道徳的になっている事例，とも表現する場合もあります。この第二分類の資料の読み方は，「助言者の構図」とはまた別の概念である「道徳的な温かい〈場〉」等の別の切り口を必要としますが，これも本書では取り扱うことはできませんので，別の機会に譲らざるを得ません。

（2）「助言者の構図」概念とはどのようなものか？

　はじめに「助言者の構図」について説明しておきましょう。横山利弘に従いつつ表現すれば「助言者の構図」とは，主人公の道徳的な心の悩みや葛藤・問題を，良い方向に改善する「きっかけ」となるような登場人物や物・事柄を読み物資料のなかに配置する構図のことを意味します。そしてさらに言えば「助言者の構図」のな

かに主題，つまり内容項目があたかも「透かし」のような形で織り込まれているのです。紙幣には「透かし」が入っています。明るい方に透かすと見える模様や文字のことですが，「助言者の構図」には，道徳の内容項目が織り込まれていることが多いのです。そしてこの「助言者の構図」をきっかけに，主人公の道徳性が良い方向に変わってゆくのです。その意味で言えば，主人公が道徳的に変化する資料の場合には，主人公の道徳的変化を中心に分析しながら資料を読み込んでゆくことが授業担当者に求められます。しかも基本的に多くの読み物資料はこのような構造になっていると考えられるのです。

　いずれにせよ，先ほど触れた第一類型の読み物資料では，「助言者の構図」が内容項目や中心発問を決定する重要な要因となります。そこで以下では具体的に子どもの発達段階に即しつつ，読み物資料における「助言者の構図」がどのように設定され，また変化してゆくのかを中心に説明を進めることにします。その際，第一類型の読み物資料のすべてを紹介できませんので，そのなかでも典型的なものを任意に選択してゆくことにします。

5　小学校の道徳資料における「助言者の構図」について

（1）小学校1年生対象　「はしのうえのおおかみ」（作：奈街三郎）
　一般に小学校低学年の読み物資料は，児童の発達段階に合わせて登場人物がごく限られており，またストーリー展開も単純です。この「はしのうえのおおかみ」の資料も小学校低学年用であるために当然のことながら「助言者の構図」も単純明快です。「助言者の構図」の重要性を認識するためにあらすじを要約すると次のようになります。
　一匹のうさぎが，橋を渡ろうとして橋の真ん中へやってきました。そのとき同時に，橋の反対側からおおかみがやってきて，「もどれ，もどれ」といってうさぎをにらみつけたので，うさぎは橋の端まで戻らざるをえなくなります。おおかみはこのいじわるがおもしろくなり，その後も自分より小さくて弱いきつねやたぬきが橋を渡ろうとするときにも同じように，「もどれ，もどれ」と，自分が橋を先に渡りきるために，後ろへ追い返してしまうのです。この箇所が物語の「起」に相当します。
　ところがある日，おおかみは橋の真ん中でばったりと，自分よりも強くて大きなくまと鉢合わせしてしまい，おおかみはあわてて，おじぎをしておおかみ自身が「うしろへもどります。おさきにわたってください」とすごすごと詫びます。すると，それを聞いたくまは「それにはおよばないよ」と返答して，おおかみをひょい

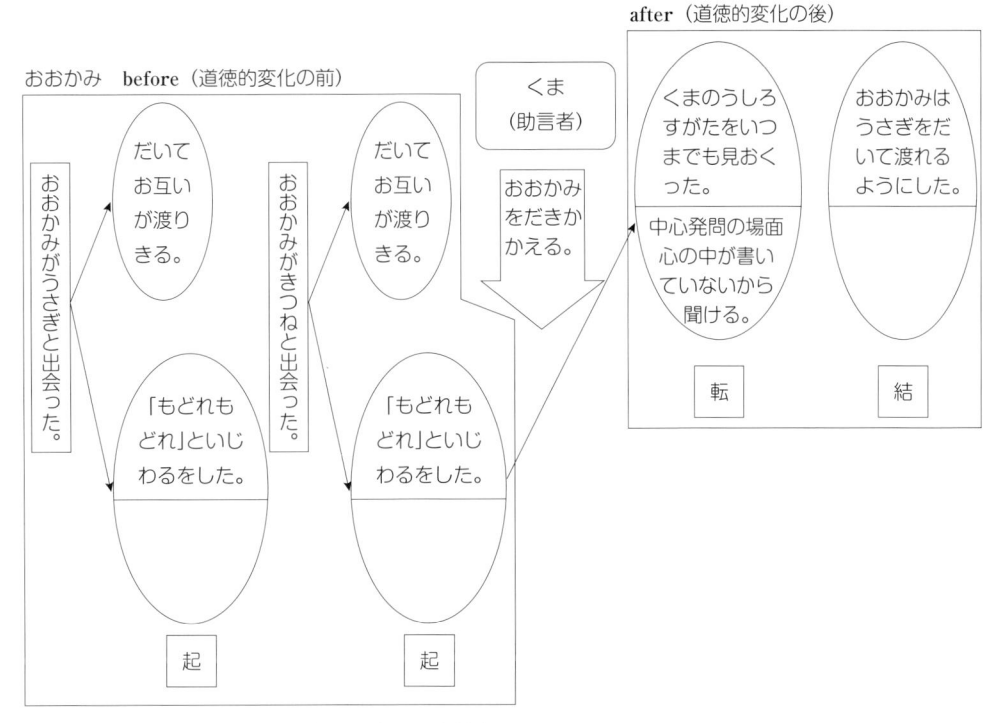

5 小学校の道徳資料における「助言者の構図」について

資料分析表1　資料名：はしのうえのおおかみ
出典：横山利弘を囲む勉強会での講演メモより，広岡義之が作成した。

と抱き上げて自分の後ろにそっと抱きかかえながら下ろして，お互いが橋を渡りきることができました。そのときおおかみは，くまは「なんてやさしいのだろう」と感じ入ります。ここが「転」に相当しますが，「承」はこの物語では存在しません。元来，道徳的問題が発生する場面の「起」の後で，「承」の部分では主人公が道徳的葛藤で悩み苦しむ場面が出てくるのですが，この資料ではおおかみが明確にいじわるをして道徳的葛藤で悩み苦しむ場面がないために「承」も存在しないことになるのです。

　そして次の日のこと，おおかみは橋の上で昨日いじわるをしたうさぎにふたたび出会います。痛い目にあったうさぎはあわててひきかえそうとするのですが，そのときおおかみはやさしい声で呼びとめて，うさぎを抱き上げ，自分がくまにしてもらったように，後ろにそっと抱きかかえながら下ろして互いに橋を渡りきることができ，おおかみはいい気持ちになった，という「結」でみごとに話が閉じられています。

　さてここで，このストーリーの「助言者」になっているのはやさしい「くま」であることは言うまでもありません。「くま」に抱きかかえられることによって初めておおかみは，自分の内面におおらかな優しさが欠けていたことに気づき，そこで初めておおかみは心を良い方向へ道徳的に変化させる決心ができたのです。実際，おおかみは「くまはなんてやさしいのだろう」と思っています。翌日，おおかみは

同じ橋でうさぎを抱き上げ，自分がくまにしてもらったように行動することで主人公のおおかみは道徳的成長を遂げていくことになりますが，このように良い方向へ道徳的変化をさせる登場人物等を配置することを「助言者の構図」というのです。助言者のくまのふるまいのなかに「思いやり」という「透かし」が入っていることに読者は気づかれたでしょうか。

それゆえ，この資料を使っての道徳の授業では，おおかみの心に目覚めたやさしい「思いやり」について考えを深めさせればよいことになります。結果として，子どもたちは，優れた人との出会いによって生き方が大きく変わることを学び感じることができればよいことになります。中心発問は，「橋の上でくまさんに出会ったおおかみは，くまさんから何を受け取ったのだと思いますか？」となり，またそこから内容項目は必然的に2-(2)相手のことを思いやり，進んで親切にする「思いやり」です。本資料のねらいは，「自分より弱い相手にいばることで，得意になっていた主人公のおおかみが，くまの優しさにふれ，相手に親切にすることの気持ちよさに目覚める姿を通して，人に大きな思いやりをもって接することのすばらしさについて考え，実行しようとする道徳的実践意欲を育てる」ことにあるのです([11])（[資料分析表1]参照）。

（2）小学校3年生対象「ヒキガエルとロバ」（作：徳満哲夫）

次に紹介するのは，小学校低学年用の「ヒキガエルとロバ」です。先の「はしのうえのおおかみ」よりも，考えさせる道徳的内容はやや複雑になります。あらすじを簡単に紹介しておきましょう。

アドルフとピエールの前に一匹のヒキガエルが飛び出してきました。気持ち悪いという理由だけで，アドルフたちが面白半分にヒキガエルに小石を投げつけようとするところが「起1」になります。ヒキガエルはようやく，どろんこ道にある車のわだちへ逃げ込めたのもつかの間，そこへ荷車を引いたロバが向こうの方からやってきました。このままロバの荷車が進めば，わだちのなかのヒキガエルは踏みつぶされてしまいます。アドルフたちは，石を投げるよりもひき殺されるのを見る方が面白そうだと思うようになります。この道徳的な心情は，はじめの石を投げようとする状況よりも，直接生命にかかわることであり，アドルフたちの道徳的な態度はさらに悪い方へ落ち込み，事態はより深刻になっています。そしてこの場面が「起2」となります。

傷ついた小さなヒキガエルの存在に気付いた直後，このやさしいロバはそこでどのような態度を取ったのでしょうか？ そのロバは一日の仕事を終えて疲れていたにもかかわらず，すべての力を振り絞ってわだちのなかにはまっていた荷馬車の車輪をずらしてまで，新しいわだちをつけて，カエルの命を守るために，ゆっくりと進みだしたではないですか。このロバの行為こそがまぎれもない「助言者の構図」

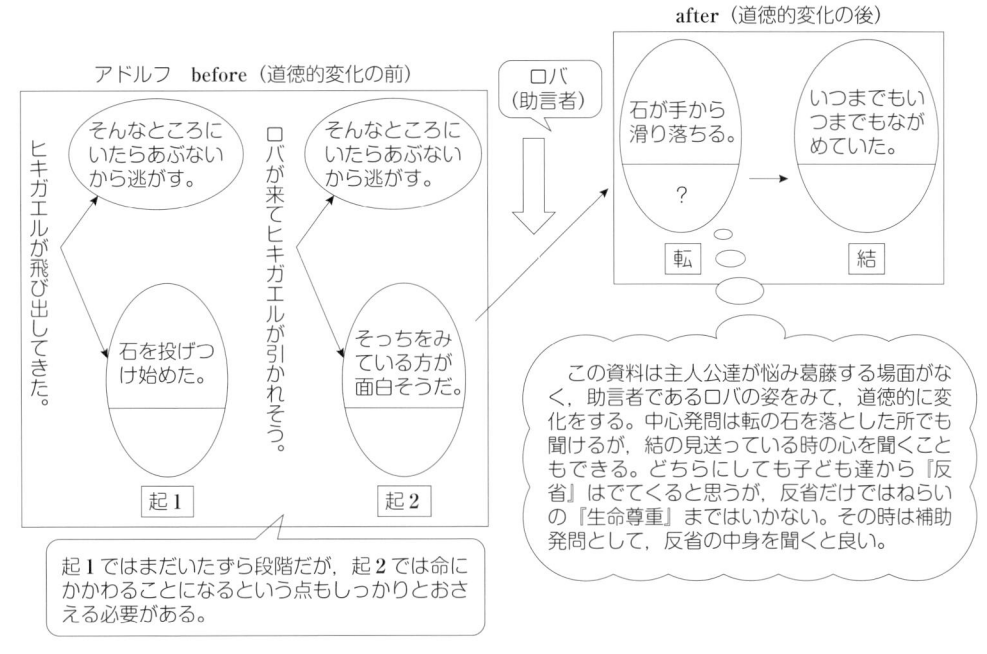

5　小学校の道徳資料における「助言者の構図」について

アドルフ　before（道徳的変化の前）

ヒキガエルが飛び出してきた。
- そんなところにいたらあぶないから逃がす。
- 石を投げつけ始めた。

起1

ロバが来てヒキガエルが引かれそう。
- そんなところにいたらあぶないから逃がす。
- そっちをみている方が面白そうだ。

起2

ロバ（助言者）

after（道徳的変化の後）
- 石が手から滑り落ちる。
- ？
- いつまでもいつまでもながめていた。

転　　結

起1ではまだいたずら段階だが，起2では命にかかわることになるという点もしっかりとおさえる必要がある。

この資料は主人公達が悩み葛藤する場面がなく，助言者であるロバの姿をみて，道徳的に変化をする。中心発問は転の石を落とした所でも聞けるが，結の見送っている時の心を聞くこともできる。どちらにしても子ども達から『反省』はでてくると思うが，反省だけではねらいの『生命尊重』まではいかない。その時は補助発問として，反省の中身を聞くと良い。

資料分析表2　資料名：ヒキガエルとロバ
出典：河原田剛『平成21年度　京都府現職教育職員長期研修　研修報告書』25頁に広岡が加筆した。

となっているのです。その結果，ヒキガエルはひき殺されることなく，無事に荷馬車はヒキガエルのいるくぼみのわずか横を通り過ぎていったのです。その光景の一部始終を見ていたアドルフの手からは握りしめていた石が滑り落ちていました（転）。そしてアドルフたちは，くぼみのなかのヒキガエルと遠く去っていくロバの姿をいつまでも眺めていたという感動的な話で，ここが「結」になります。

　この作品では，ロバの登場が明確に「助言者の構図」になっていることが理解できます。年老いたロバが残った力のすべてを出し切って，ヒキガエルの命を助けようとした尊い姿が描かれている場面から，ロバのヒキガエルに対する愛情や温かさについて考えさせ，「生命の大切さ」について気付かせたい読み物資料となっているのです。ヒキガエルの命を助けようとしたロバの行動によって，アドルフのヒキガエルに対する見方が道徳的に良い方向に変化していく過程がみごとに描かれています。つまり，道徳的に変化しているのはアドルフですので，私たちは「アドルフ」の「着ぐるみ」を着こんで，アドルフになりきって，この資料を展開する必要があります。それゆえ中心発問は「アドルフとピエールは，ロバがヒキガエルを避けようと必死で方向を変えようとした姿を見たとき，どんな気持ちになったでしょうか？」となるのです。あるいは「アドルフは石とともに何を落としていったでしょうか？」と主人公の道徳的変化を尋ねることで中心発問にすることができます。内容項目は3-(1)の「生命の尊重」で，「生命の尊さを感じ取り，生命あるものを大切にする」ことが主題となります[12]（[資料分析表2]参照）。

（3）小学校3年生対象 「まどガラスとさかな」（作：奈街三郎）

　この資料中で主人公の千一郎が道徳的に変化するのはどこだろうかと問うことが重要です。道徳上の問題は主人公たちが窓ガラスを割ったことと誤解しがちですが，これはたんなる「過失」であるために，道徳の授業で扱う中心の問題ではありませんので注意してください。ましてや「路上でキャッチボールをしたことがいけない」というタマゴッチの上の行動だけを問うようなうわべの発問では本資料に迫ることができないと横山は主張します。ここでは主人公が窓ガラスを割って，「逃げちゃいけない。謝罪しなければ。」と心のなかでは思うのですが，実際にはすぐに謝りにいけないまま逃げてしまったことに道徳的な問題の起こりがあるのです。

　この時点で千一郎が謝罪しガラス代を弁償しておけば問題はすぐに解決していたのですが，そうなるとむしろ道徳の読み物資料としては成立しないことになります。過失を犯した後，少年はずっとそのことが気になって葛藤の日々を過ごすことになります。主人公は幾度となく窓ガラスを割った現場が気になって見にゆくほど良心の呵責を感じてしまうのです。何度も正直に謝罪しなければと思うのですが，なかなか実行に移せないという葛藤に苦しむのですが，さりとて謝罪する勇気ももてずに，悶々とした日々を過ごすことになります。この主人公の心の動き自体はきわめて道徳的なことであり，道徳的葛藤に苦しむこの場面が「承」となります。

　そしてついにこうした状況で，「近所のお姉さん」が主人公の眼前に登場することになります。このお姉さんは自分の飼い猫が近隣の家の魚をとった不始末の責任をとって，少年の家にも謝罪にきていた道徳的に立派な人という設定です。「あじの目で見つめられたように思って，はっとしました。」という部分は，主人公の千一郎が道徳的に変化した箇所に一見感じられますが，まだこの段階では道徳的に行為が変化しておらず，謝ろうという決心がついていない状態なのです。次の行で「つぎの日は，休日でした。朝おきると，まっ先に，千一郎は，よそのうちのガラスをわったことをお母さんに話しました。」（傍点筆者）とありますので，主人公が道徳的に変化したのはこの日の夜，ふとんのなかでずいぶん悩み考えて，そして翌朝の行動を決心したことが明瞭です[13]。

　先にも触れましたが，このように主人公が道徳的に変化する「きっかけ」を生みだすような登場人物・事柄を資料中に配することを「助言者の構図」と言い，この直後の場面が，授業で中心となる「山」であり，結果的に「中心発問」の箇所となるのです。よって中心発問は「千一郎は夜寝る前にどんなことを考えて，正直に話そうと決心したのだろうか？」となり，そこから内容項目の「正直」1-(4)が導かれてきます。それゆえ「ねらい」は，「主人公がガラスを割って謝ろうとするが謝れず葛藤しているときに，近所のお姉さんが取った行動をみて変化する姿を通して，うそをついたりごまかしたりしないで，素直に伸び伸びと生活する道徳的心情を育てる」となります[14]（[資料分析表3] 参照）。

5　小学校の道徳資料における「助言者の構図」について

資料名：「まどガラスとさかな」
内容項目　正直　1－(4)
中心発問　千一郎は夜寝る前に
　　　　　どんなことを考えて，
　　　　　正直に話そうと決心
　　　　　したのかな？

お姉さんの持ってきたアジの干物を見てはっとするが，その場ではまだ正直に話せていない。そして次の日になると朝真っ先にお母さんに話している。そうすると，千一郎は，アジの干物を見てから，次の日の朝になるまでに，お母さんに話そうと決心したわけである。しかもその時の千一郎については本文に一切書かれていないので，子ども達から多様な意見が期待できる。その時にどんなことを考えて決心したのかを子どもたちに問う。

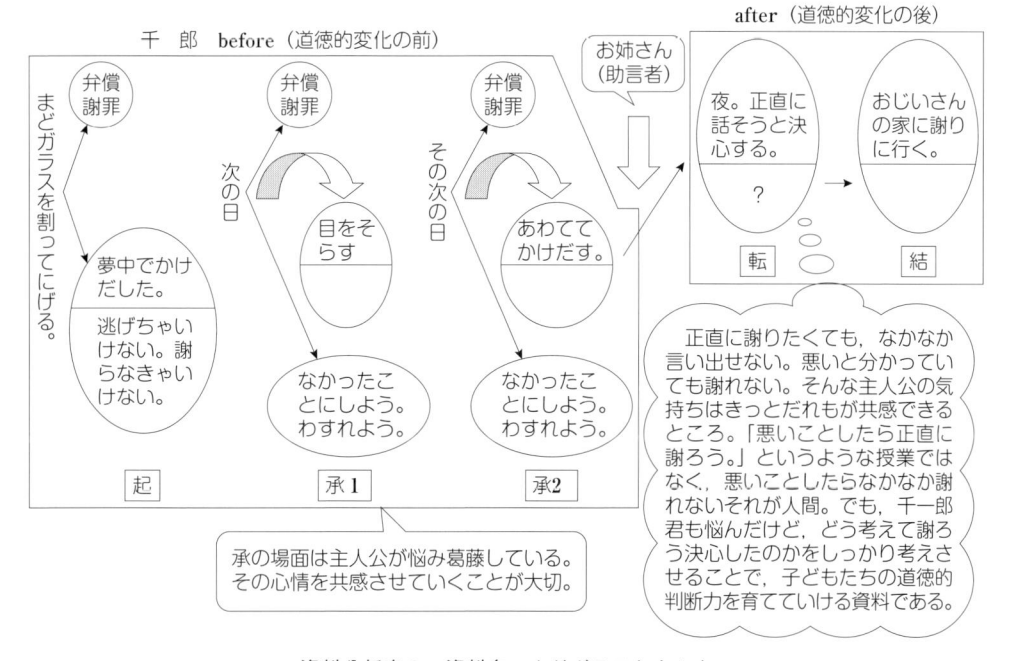

承の場面は主人公が悩み葛藤している。その心情を共感させていくことが大切。

正直に謝りたくても，なかなか言い出せない。悪いと分かっていても謝れない。そんな主人公の気持ちはきっとだれもが共感できるところ。「悪いことしたら正直に謝ろう。」というような授業ではなく，悪いことしたらなかなか謝れないそれが人間。でも，千一郎君も悩んだけど，どう考えて謝ろう決心したのかをしっかり考えさせることで，子どもたちの道徳的判断力を育てていける資料である。

資料分析表3　資料名：まどガラスとさかな
出典：河原田剛『平成21年度　京都府現職教育職員長期研修　研修報告書』17頁に広岡が加筆した。

　この主人公は，謝罪に来たお姉さんの良心に後押しされる形で，ついに心が変化し，正直に窓ガラスを割ったことを母親に打ち明けることになります。

(4) 小学校3・4年生対象　「ナシの実」(作：浅田俊夫)

　ある日，兄のアンリ（昆虫記で有名なアンリ・ファーブルの少年時代の話）は弟のフレデリックに，隣家の庭になっているナシの実をとってほしいとせがまれてしまいます。ここで弟の依頼を断っておけば道徳的な問題は起きなかったのですが，弟の意見に流されて結局，隣の木のナシの実を盗んで二人で食べてしまい，そこから道徳的問題が生ずることになります。結果として，ナシの食べかすをお父さんに見つかってしまい，「なぜだまっているのだ？」と詰問されても，アンリはただうつむくことしかできませんでした。ここで兄のアンリは，父親に正直に話をしたならば弟も叱られると思い，どう言い訳をしようかと戸惑い，ただうつくむことしかできなかったのです。アンリはこの時点では，自分が弟をかばうことが弟への兄弟愛だと誤って思っていたのです。

第2章　読み物資料を解釈する

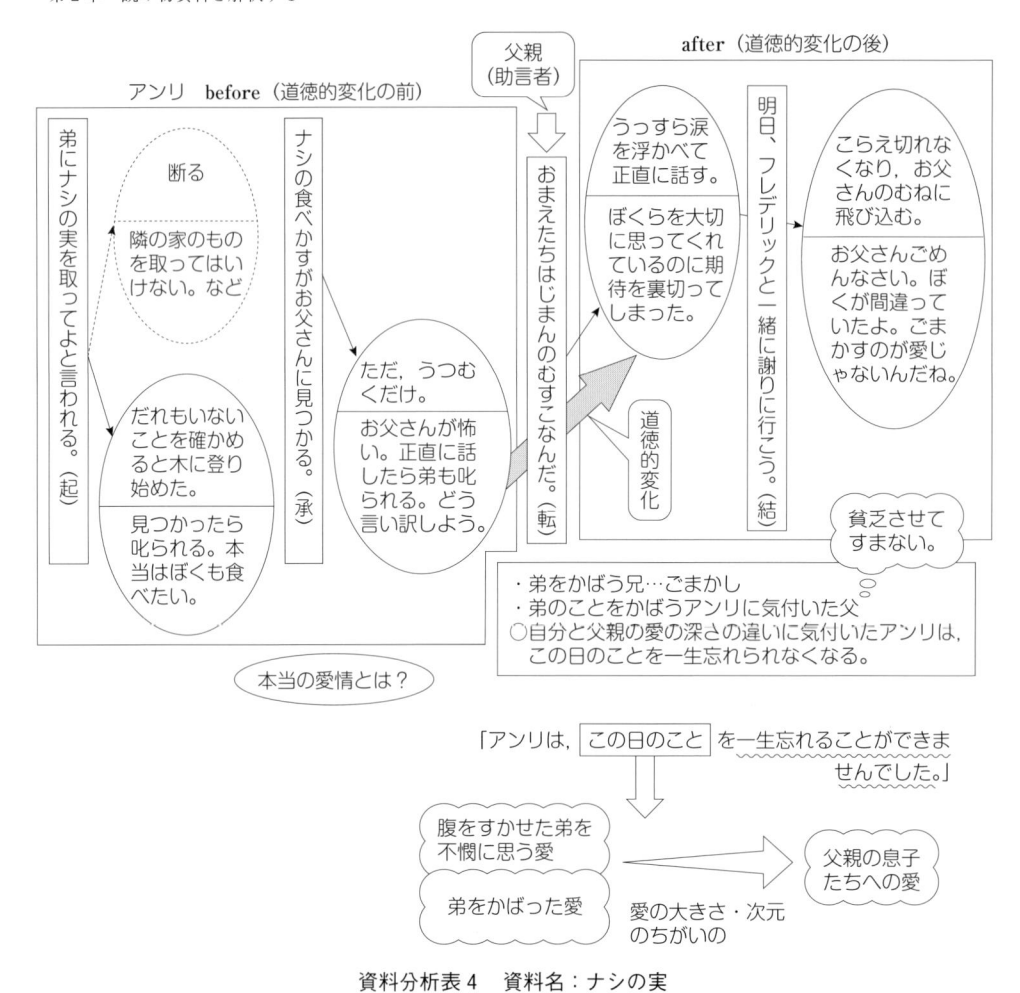

資料分析表4　資料名：ナシの実

アンリ　before（道徳的変化の前）

- 弟にナシの実を取ってよと言われる。（起）
  - 断る
    - 隣の家のものを取ってはいけない。など
  - だれもいないことを確かめると木に登り始めた。
  - 見つかったら叱られる。本当はぼくも食べたい。
- ナシの食べかすがお父さんに見つかる。（承）
  - ただ、うつむくだけ。
  - お父さんが怖い。正直に話したら弟も叱られる。どう言い訳しよう。

父親（助言者）
↓
おまえたちはじまんのむすこなんだ。（転）

after（道徳的変化の後）

- うっすら涙を浮かべて正直に話す。
  - ぼくらを大切に思ってくれているのに期待を裏切ってしまった。
- 明日、フレデリックと一緒に謝りに行こう。（結）
  - こらえ切れなくなり、お父さんのむねに飛び込む。
  - お父さんごめんなさい。ぼくが間違っていたよ。ごまかすのが愛じゃないんだね。

道徳的変化

貧乏させてすまない。

・弟をかばう兄…ごまかし
・弟のことをかばうアンリに気付いた父
○自分と父親の愛の深さの違いに気付いたアンリは、この日のことを一生忘れられなくなる。

本当の愛情とは？

「アンリは、__この日のこと__ を一生忘れることができませんでした。」
↓
- 腹をすかせた弟を不憫に思う愛
- 弟をかばった愛

愛の大きさ・次元のちがいの → 父親の息子たちへの愛

資料分析表4　資料名：ナシの実

出典：澤村力也（2009）『平成21年度　高岡市教育委員会派遣　内地留学報告書』14頁、の資料分析図に、遠藤利恵（2010）『平成21年度　立山町教育委員会派遣　内地留学報告書——新学習指導要領に即応した道徳教育の在り方』33頁の資料分析の一部を加える作業を広岡が編集した。

　しかし父親が、「おまえたちはじまんの息子なんだ。」という本当の愛情の言葉をアンリに語りかけることによって、アンリはうっすら涙を浮かべ、これまでのいきさつを父親に正直に話しだすことになります。アンリは父親がそれほどまでに自分と弟を大切に思ってくれているのに、自分たちは親の期待を裏切ってしまったことを痛感し深く反省することになります。ここで、父親が「おまえたちはじまんの息子なんだ。」と兄のアンリに語りかける部分がいわゆる「助言者」の構図になっているのです。しかしこの資料で興味深いのは、「助言者」の構図は、先のくまさんやロバの登場という単純な形はとらず、アンリの家族である父親の「次元の深い愛情にあふれた言葉」であるという点が特徴的であり、子どもの発達段階に即した深い内容となっています。そこからアンリが道徳的に変化してゆくのであり、父親の深い愛情からでた言葉が、主人公アンリの道徳的な心の悩みや葛藤を、良い方向に改善する「きっかけ」となっているのです。こらえきれなくなったアンリは、父

親の胸に飛び込んでゆき，自分がまちがっていたことを自覚するのです。その結果，翌日にアンリはフレデリックと一緒にとなりの家にナシの実を無断でとってしまったことを謝りにゆくことになります。

主題名は，「正直な心」1―(4)で，ねらいは，父の「おまえたちは，じまんの息子なんだ」という言葉を聞いて，すべてを打ち明けたアンリの姿を通して，過ちは素直に改め，正直に明るい心で元気よく生活しようとする道徳的心情を高める，となります。したがって中心発問は，「お父さんの言葉を聞いて涙を浮かべた時，アンリはどんなことを考えていたのだろう」と設定することが可能でしょう（[資料分析表4］参照)。

6　中学校の道徳資料における「助言者の構図」について

それでは次に中学校の読み物資料に移りますが，中学生ともなると小学校の時代よりも心の成長も高まり，当然のことながらストーリーも長くなるばかりか道徳的内容も深く複雑になるために，資料の読み込みがさらに求められるようになります。

（1）中学校1年生対象　「銀色のシャープペンシル」（作：木下　一（はじめ））

ここでは，横山利弘著『道徳教育，画餅からの脱却』に従いつつ，要約してみましょう。何気なく拾ったシャープペンシルを主人公の「ぼく」が使っていたら，実は友人の持ち物であることが判明しました。「取ったのか？」と指摘されて，行きがかり上，「自分のものだ」とうそをついてしまったことから，事件に発展していきます。事の起こりを友人のせいにしながら，持ち主のロッカーにシャープペンシルを突っ込んで事態を収めようとした主人公。これで問題がなかったことにしようとごまかそうとしていたところへ，シャープペンシルの持ち主から「ぼく」の家に電話がかかってきます。そして，主人公は嘘をつらぬこうと決心していたのですが，なんと逆にその友人が主人公に謝罪してきたのです。主人公は慌ててどう返事をしてよいかわからないまま電話を切るのですが，そのあと，主人公は本当のことを言おうか，あるいは黙って真実にふたをしたままやり過ごすのか葛藤の日々が続きます。まさに自身の内に天使と悪魔の壮絶な戦いがくりひろげられることになるのです。その直後，「お前はずるいぞ」という主人公自身の良心の声を聞くことができて，主人公は友人にようやく謝罪する決心ができ，そして道徳的に良い方向へと生き方を変えることができるようになるというお話です。

横山利弘の言を要約すれば，このシーンに，主人公が良心の声に促され決心した場面を見出すことができます。真に深い反省は，このようにして自分の過去を振り

第2章 読み物資料を解釈する

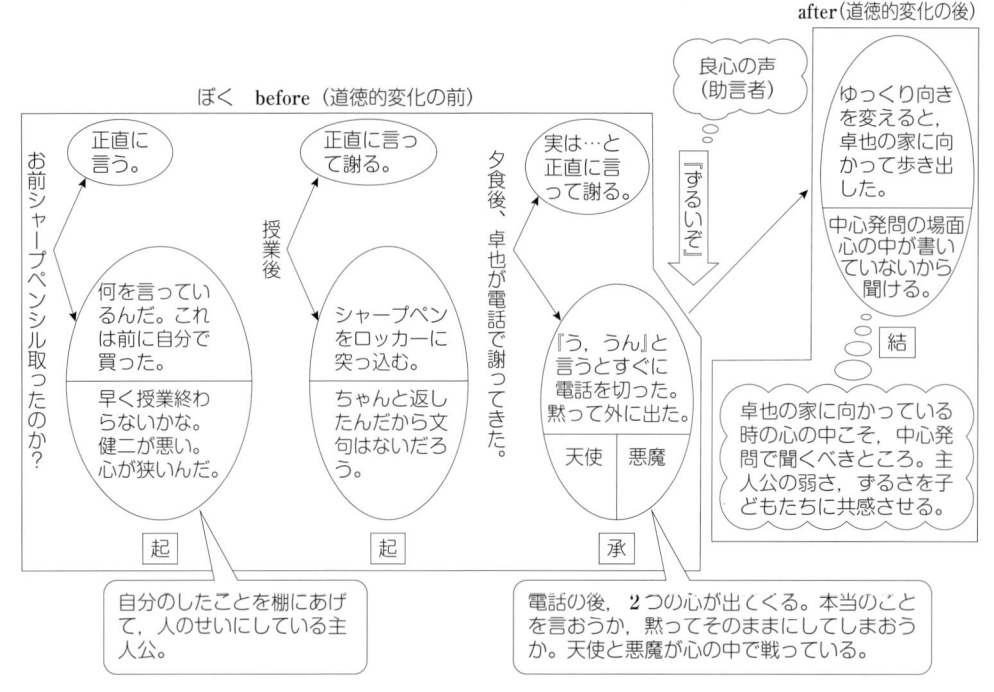

```
                                                    after（道徳的変化の後）
                                        良心の声
                                        （助言者）
              ぼく  before（道徳的変化の前）              ゆっくり向き
                                                   を変えると，
     正直に     正直に言っ         実は…と                 卓也の家に向
  お    言う。    て謝る。          正直に言っ               かって歩き出
  前                             て謝る。                した。
  シ                                           「ず
  ャ                     授    夕                い    中心発問の場面
  ー   何を言って     業    食    『う，うん』と    ぞ    心の中が書い
  プ   いるんだ。これ  後    後    言うとすぐに          ていないから
  ペ   は前に自分で         ，    電話を切った。         聞ける。
  ン   買った。           卓    黙って外に出た。
  シ   早く授業終わ         也                              結
  ル   らないかな。         が
  取   健二が悪い。         電    天使   悪魔       卓也の家に向かっている
  っ   心が狭いんだ。        話                   時の心の中こそ，中心発
  た                     で                   問で聞くべきところ。主
  の                     謝                   人公の弱さ，ずるさを子
  か                     っ                   どもたちに共感させる。
  ？                     て
                        き
          起            た    承
                        。
     自分のしたことを棚にあげ       電話の後，2つの心が出くくる。本当のこと
     て，人のせいにしている主       を言おうか，黙ってそのままにしてしまおう
     人公。                   か。天使と悪魔が心の中で戦っている。
```

資料分析表5　資料名：銀色のシャープペンシル

出典：河原田剛『平成21年度　京都府現職教育職員長期研修　研修報告書』51頁に広岡が加筆した。

返り，根こそぎにこれまでの生き方を問いつめてくるのです。自己の内なる良心の声こそが，哲学者カントも言う，「この世の崇高な導き手」なのです。よってこの資料の中心は，人間の醜さと，それを克服する強さ気高さを，人間ならば誰もがもっていることを知ることにあるということなのです。これは友人を裏切るとか裏切らないという友情の話ではないのです[15]。

　ここで「助言者の構図」に引きつけて論じるならば，主人公が本当のことを言うのか，あるいは黙って真実にふたをしたままやり過ごすのか，まさに主人公自身の内で壮絶な葛藤が展開された直後，「お前はずるいぞ」という自らの内にある良心の声が聞こえてくることになります。そのことによって，主人公は生き方を変えるのですから，ここで助言者は「自分自身の内面の良心」ということになり，本来の自分以外の者や事柄が「助言者の構図」となっている点と比較すると，やや変則的・応用的な「助言者の構図」と言えるでしょう。

　主題名は「良心のめざめ」で，ねらいは「内なる良心の声を自覚し，自分を奮い立たせることで，目指す生き方に近づこうとする心情を育てる。」となります。内容項目は3—(3)の「人間には弱さや醜さを克服する強さや気高さがあることを信じて，人間として生きることに喜びを見出すように努める」です[16]（［資料分析表5］参照）。

（2）中学校２年生対象　「一冊のノート」（作：北鹿渡文照(きたかどふみてる)）

　あらすじは，同居している祖母と，男子二人（主人公は長男）の孫との人間関係を通して展開される「家族愛」です。作者の北鹿渡文照さん自身が経験したことを踏まえた作品であるので，ひときわ感動を覚える内容となっています。主人公の「ぼく」は，祖母の老いが原因で様々な不利益を被ることに腹立たしく思いながら日々を過ごしていました。他方，祖母は孫たちの成長を見守ることに生きがいを見出して，精一杯毎日の生活と向き合っていたのですが，徐々に両者の気持ちのすれちがいが生じ始めます。忙しい両親に代わって，祖母に身の周りの世話をしてもらうことに主人公たちも感謝しつつ暮らしているものの，しかし成長期にさしかかった主人公たちと，老いのなかで認知症が進行しつつある祖母との間に様々な軋轢が生じ始めたのです。そんなとき，主人公の長男の「ぼく」がふと祖母の日記である「一冊のノート」を読む機会が与えられて初めて，祖母がどれほど自分たちのことを深い愛情で考えてくれていたのかと気づくことになります。しかし逆に自分たちは祖母に対してひどい態度で接したり，挙句の果ては，ののしったりさえしてしまったことを主人公は深く反省することになります。

　ここでは祖母の日記である一冊のノートが「助言者の構図」に該当します。祖母のノートから感じられる孫への愛情の深さを発見したことで，主人公の祖母を見る目がここで一変し深く反省することになるのです。ぽつんと滲(にじ)んだインクの痕(あと)を見たときにいたたまれなくなって，祖母への思いが大きく変化します。そして主人公の「ぼく」の道徳的な心の変化が，庭に出て静かに祖母と並んで草をとる行動へと向かわせることになります。そのときに，赤ん坊の時から祖母にお世話になっていたこと，ひどい言葉をかけて傷つけたことへの深い反省，祖母を大事にする決意等を心のなかで誓うことになるのです。それゆえ，一冊のノートが「助言者の構図」であることが把握できた後の中心発問は，「おばあちゃんと並んで一緒にだまって草をとりながら，ぼくは心のなかでおばあちゃんにどのように語りかけていたでしょう？」となります。阿部隆によれば，これがもし「……ぼくは心のなかでおばあちゃんに，どのようなことを思っていたでしょう？」では子どもたちは返答のイメージがわきにくいと横山とともに発問の仕方の重要性を強調しています。「……ぼくは心のなかでおばあちゃんに，どのように語りかけていたでしょう？」のような発問の方が子どもたちに答えやすく，実り豊かな多くの答えが返ってくるというのです[17]。いずれにせよ教師には，原則的に子どもたちのどのような意見もすべて受け入れることが求められます。実体験に裏打ちされた読み物資料の迫力と同時に，これほど劇的な「助言者の構図」が配置されている資料はそれほど多くないでしょう。

　「一冊のノート」は，それゆえ主題名が「家族への敬愛」となり，「ねらい」は，一冊のノートを読み，祖母の苦悩と自分たちへの愛情の深さに気づき，ぽつんと滲(にじ)んだインクの痕(あと)を見たときにいたたまれなくなって，祖母への思いが大きく変化し

第2章 読み物資料を解釈する

資料名：「一冊のノート」
内容項目　家族愛　4-(5)
中心発問　おばあちゃんと並んで草取りをしながら、心の中で、おばあちゃんになんて語りかけているでしょう。

中心部分（主人公が道徳的に変化した場面）は、いたたまれなくなって外に出た所だが、この場合中心発問を結の部分にすることによって、子ども達が答えやすく、多様な意見が出る場合がある。

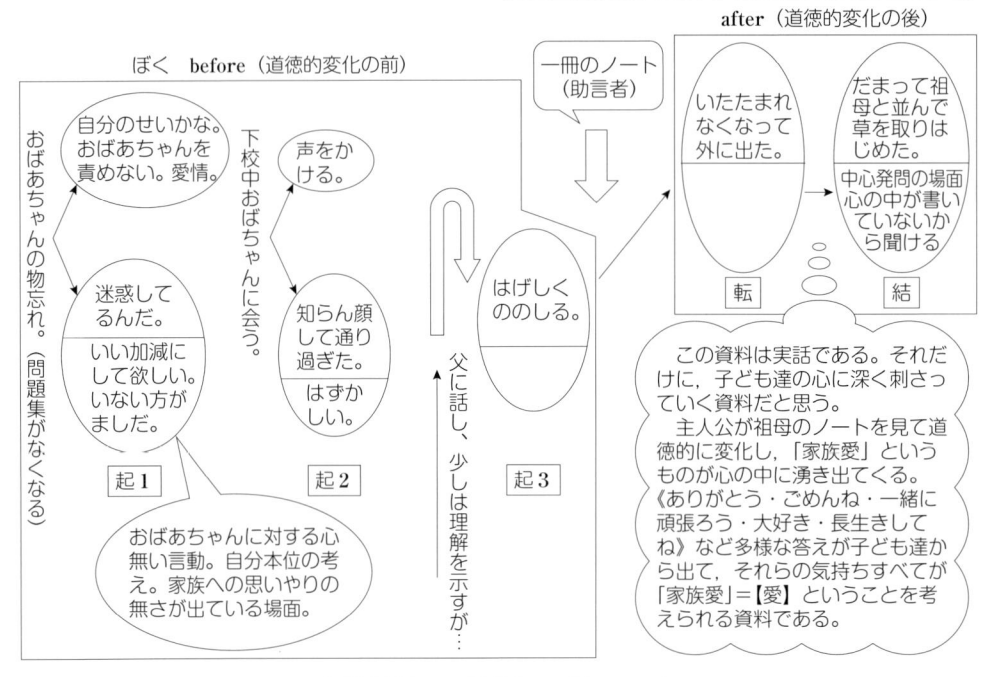

ぼく　before（道徳的変化の前）

一冊のノート（助言者）

after（道徳的変化の後）

おばあちゃんの物忘れ。（問題集がなくなる）

自分のせいかな。おばあちゃんを責めない。愛情。

迷惑してるんだ。いい加減にして欲しい。いない方がましだ。

下校中おばあちゃんに会う。

声をかける。

知らん顔して通り過ぎた。はずかしい。

父に話し、少しは理解を示すが…

はげしくののしる。

いたたまれなくなって外に出た。

だまって祖母と並んで草を取りはじめた。

中心発問の場面　心の中が書いていないから聞ける。

起1　起2　起3　転　結

おばあちゃんに対する心無い言動。自分本位の考え。家族への思いやりの無さが出ている場面。

この資料は実話である。それだけに、子ども達の心に深く刺さっていく資料だと思う。
主人公が祖母のノートを見て道徳的に変化し、「家族愛」というものが心の中に湧き出てくる。《ありがとう・ごめんね・一緒に頑張ろう・大好き・長生きしてね》など多様な答えが子ども達から出て、それらの気持ちすべてが「家族愛」＝【愛】ということを考えられる資料である。

資料分析表6　資料名：一冊のノート
出典：河原田剛『平成21年度　京都府現職教育職員長期研修　研修報告書』29頁に広岡が加筆した。

た主人公の姿を通して、家族の大切さを知り、敬愛の念を深め、家族の一員として積極的に協力していこうとする道徳的実践意欲を育てる、となります。そして内容項目は小学校では4—(5)、中学校では4—(6)の「父母、祖父母に敬愛の念を深め、家族の一員としての自覚をもって充実した家庭生活を築く」こととなります[18]（[資料分析表6] 参照）。

(3) 中学校2年生対象　「加山さんの願い」（作：藤永芳純）

さらに、「加山さんの願い」では、主人公の加山さんと中井さんとの関係の全体部分が、「助言者の構図」になっていることを理解しなければなりません。最初に中井さんを訪問した時は、加山さんは追い出されてしまい、中井さんの態度に腹をたてることになります。しかしそのなかでも特に加山さんの父親の話題をきっかけとして、初めて加山さんは胸襟（きょうきん）を開いて中井さんと交わることができるようになる部分がでてきます。その中井さんと加山さんとの関係は、狭い意味での「助言者の構図」のなかに位置づけられることになるのです。この資料の構成はやや複雑で、それはこの資料では、「助言者の構図」が二重の構造になっているのが特徴的な作品だからです。つまり加山さんと中井さんの関係が道徳的に一気に変化するきっか

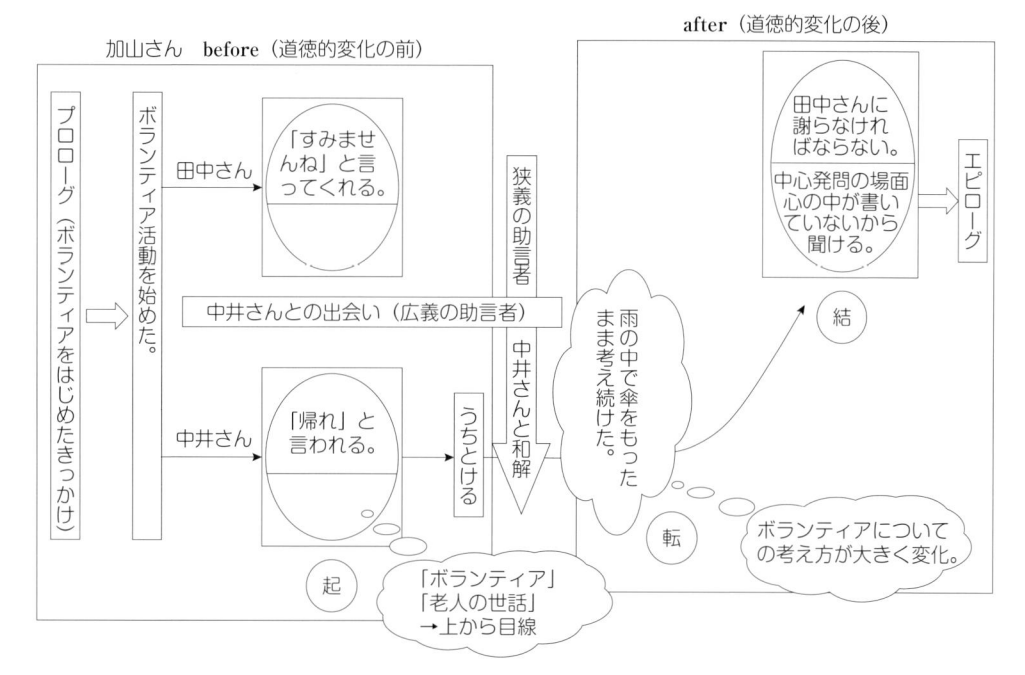

資料分析表7　資料名：加山さんの願い

出典：遠藤利恵（2010）『平成21年度　立山町教育委員会派遣　内地留学報告書——新学習指導要領に即応した道徳教育の在り方』45頁の資料分析図に一部広岡が加筆した。

けになる場面が第二の助言者であり，第一の助言は加山さんと中井さんの関係全体部分であると考えることができるでしょう。

　加山さんは，最初に訪問した中井さんに追い返されてしまいます。せっかくボランティアで中井さんを訪ねたのに，なぜあんなにけんもほろろに冷たくされなければならないのかと立腹してしまうのでした。しかし次の田中さんを訪問したときには，逆に申し訳なさそうに加山さんにお礼をいってくれました。

　ある雨の日，加山さんは自分の父親の話題をきっかけにして，中井さんと初めて心から打ち解けて話せるようになり，ようやく加山さんは満たされた気持ちになりました。「私も楽しみになりましたよ。」と中井さんが加山さんに心を開く場面が，狭い意味での「助言者の構図」です。

　その後，雨のなかでふと田中さんのことが気になり，どうして田中さんはつらそうにするのだろうかとの思いに到り，これまで自分は上から施しを与えるような強い態度を無意識にとっていたのではないかと，主人公は気づくようになるのです。その傲慢な自分の態度が田中さんに世話をしてあげているという強い態度にでたのではないかと反省することになります。お世話をしてあげているという上から目線になっていたことを自ら反省した加山さんは，その後，ボランティア活動とは元来，当たり前のことを自然な形で臨むということに気づけたのです。その後，ようやく晴れ晴れとした気持ちで「ちょっといってくるよ」と，今日もボランティアにでか

けることができた，という話です。

「加山さんの願い」は，加山さんと中井さんの全体のかかわりが広義の「助言者の構図」としてあり，そのなかで加山さんが胸襟を開いて中井さんと交わることができるようになる部分が狭義の「助言者の構図」として位置づけられている，二重構造になっている資料です。このように中学校の資料になると「助言者の構図」もさらに複雑になることが明瞭です。

内容項目は，勤労で4—(5)となります。ねらいは，「勤労は個人のためだけでなく，社会を支えていることを理解し，公共の福祉と社会の発展に尽くす実践意欲を培う」となります。それゆえ，中心発問は「雨の中で傘を持ったまま加山さんが考え続けたことは何だろうか？」がふさわしいでしょう（[資料分析表7]参照）。

注
(1) 定期的に実施される「横山利弘先生を囲む道徳教育研究会」（兵庫・大阪・京都）等，他多数の研修会が開催されている。
(2) 「はしのうえのおおかみ」（奈街三郎著）『道徳の指導資料1集　第1学年』文部省，現在は『1ねんせいのどうとく』文溪堂，2010年度版に収録。
(3) 「ヒキガエルとロバ」（徳満哲夫著）『道徳教育推進指導資料（指導の手引）3　小学校　読み物資料とその利用——「主として自然や崇高なものとのかかわりに関すること」平成5年3月文部省』（小学校3年対象），現在『みんなのどうとく3年』（学研）に収録。
(4) 「まどガラスとさかな」（奈街三郎著『小学校読み物資料とその利用3』所収。現在「まどガラスと魚」として内容が一部変更され『小学どうとく　生きる力3年生』（日本文教出版）に収録。
(5) 「ナシの実」（浅田俊夫著）『小学校　読み物資料とその利用——主として自分自身に関すること　平成3年3月文部省』（小学校3・4年対象）。
(6) 「加山さんの願い」（藤永芳純著）『中学生の道徳2　自分を考える』廣済堂あかつき（2013）。
(7) 「一冊のノート」（北鹿渡文照著）『中学生の道徳2　自分を考える』廣済堂あかつき（2013）。
(8) 「銀色のシャープペンシル」（木下一著）「中学校読み物資料とその利用3」所収。現在は『中学生の道徳1　自分を見つめる』（廣済堂あかつき）に収録。
(9) 「月明かりで見送った夜汽車」（武藤春枝著），オリジナルは「生きる」PHP研究所所収。現在は『中学生の道徳3　自分をのばす』（廣済堂あかつき）に収録。
(10) 「バスと赤ちゃん」（中野茂子著）オリジナルは「心にしみるいい話」全国新聞連合シニアライフ協議会編（講談社）。現在『中学生の道徳1　自分を見つめる』（廣済堂あかつき）に収録。
(11) 澤理佳，道徳学習指導略案「はしのうえのおおかみ」参照。
(12) 河原田剛（2009）『平成21年度　京都府現職教育職員長期研修　研修報告書』，24頁の道徳学習指導案参照。
(13) 横山利弘，(2007)『道徳教育，画餅からの脱却』暁教育図書，226頁参照。
(14) 河原田，前掲書，16頁の道徳学習指導案（略案）参照。
(15) 横山，前掲書，235頁。
(16) 『中学生の道徳1　自分を見つめる』（廣済堂あかつき）142頁参照。
(17) 阿部隆（2007）『平成19年度　京都府現職教育職員長期派遣研修　研修成果報告書——道徳教育の基礎　道徳の時間の授業改善を中心にして』37頁参照。
(18) 『中学生の道徳2　自分を考える』（廣済堂あかつき），178～183頁参照。および名和優著，道徳教育学習指導案（略案）参照。
(19) 『中学生の道徳2　自分を考える』160～165頁参照。

参考文献

川崎雅也『カリキュラムナビ・相談会』報告記録資料（2010年9月30日の時点で第20集まで刊行中，毎月1回，大阪府教育センター等で「カリナビ研修会」として開催され，現在も継続中）。

名和優（2007）『平成19年度　京都府現職教育職員長期派遣研修報告書』。

広岡義之編著（2009）『新しい道徳教育』ミネルヴァ書房。

広岡義之（2011）「道徳の読み物資料における『助言者の構図』概念の類型比較についての一考察」兵庫大学論集16号，兵庫大学。

兵庫県道徳教育推進連絡協議会（2013）「副読本の効果的な実践のために」兵庫県教育委員会。

村田寿美子（2006）『平成18年度京都府現職教育職員長期派遣研修報告書』。

横山利弘（2007）『道徳教育とは何だろう』暁教育図書。

「横山利弘先生を囲む道徳教育研究会」での配布資料・講演内容，当研究会は毎月1回神戸・大阪・京都で開催。2005年9月以来継続し2014年12月で110回を迎えている。

（広岡義之）

第3章
「道徳的価値の自覚」を深める授業づくり入門

本章は、「道徳的価値の自覚を深める」道徳の時間を創造するために、教師がどのような「授業づくり」を進めればよいかということについて、考察したものである。

　その際、筆者が依拠したのは、横山利弘氏の理論である。月に一度、関西地区で開催されている「横山利弘先生を囲む道徳教育研究会」において、筆者がこれまでに学んできた読み物資料の分析手法を用いながら論を進めていくものとする。

1　めざすべき道徳の時間とはどのような時間なのか？

　道徳の時間がめざしているのは、「道徳的価値の自覚を深める」ことによって主体的により良い行為を選択し、実践できるような内面的資質（＝道徳的実践力）を育成することである。ここでいう「道徳的価値の自覚を深める」ためには、以下の三つの事柄が必要であることが示されている。[1]

> ① 道徳的価値について理解すること。
> ② 自分とのかかわりで道徳的価値をとらえること。
> ③ 道徳的価値を自分なりに発展させていくことへの思いや課題を培うこと。

　子どもたちは日々の生活の中で様々な体験をし、「道徳的価値」についてもそれぞれに理解しているが、必ずしも深く自覚しているわけではない。また、自分の「生き方」や「価値観」を変えるような体験には、そうそう出会えるわけでもない。多くの子どもたちは、たとえば「生命の尊さ」や「友情の大切さ」などについてはすでに知っているし、理解もできている。しかし、分かっていながら誤った行動をしてしまうことも多い。

　そうした子どもたちにとって、道徳の時間は、「読み物資料」を使うことによって、自分自身の生き方を見つめ直す契機となる「疑似体験」を与えてくれるのである。「真実」が描かれている資料ならば、「事実」ではなくても、深い「気づき」が期待できる。子どもたちが「登場人物」に自己を投影しながら「中心発問」で自分の考えを深めることができれば、ねらいとする「道徳的価値」と自分の生き方とを重ねて考えることができるだろう。

　道徳の時間は、これまでまったく知らなかった新しいことを学ぶ時間ではなく、誰もが知っていること（＝知っているつもりになっていること）をもう一度学び直す時間であるといえる。これまでのものの見方を、新たな見方、考え方へと再構築する時間であるといえる。

2 「授業づくり」に不可欠な「資料分析」の視点

(1)「読み物資料」を読み解くための四つの読み

　道徳の時間が「道徳的価値の自覚を深める」時間となるためには，授業者である教師が，「読み物資料」をしっかりと読み解いておく必要がある。教師自身がまず，「資料をきちんと読む」ということが大切である。資料を読むという場合の「読む」は，4点にまとめることができる。

> 「読み物資料」を読み解くための四つの読み
> ① ストーリーを理解すること。
> ② 登場人物全員の心理を読むこと，それによって状況を正しく理解すること。
> ③ 道徳上の問題を把握すること。
> ④ 日常の自分自身を振り返りながら人間というものを読むこと。

　①の「ストーリーを理解する」ためには，まず，一読者として，作品の世界に浸りながら読む必要がある。「初読」の段階で授業づくりを意識し，発問等を考えながら読むことは，純粋な作品理解の妨げになるおそれがあるからである。

　②の「登場人物の心理を読む」ときには，資料中に出てくる副詞，副詞句（＝動詞や形容詞などの用言を主として修飾する語）に注目するのが効果的である。私たちは「心」そのものを見ることはできないが，行動やしぐさ，表情や話しぶり等によって，内面を推し量ることが可能である。「がっかりして」「悲しそうに」「そわそわして」などの表現に注目することによって，その人物の行動を支えている心の在りように迫ることができる。副詞，副詞句に注目することは，後の発問づくりの際にも役立つ。

　①②の読みは，国語科においてもなされているが，③の「道徳上の問題を把握する」ことは，道徳の時間においては特に重要である。その資料には，主としてどんな「道徳的価値」が描かれているのかを見極める必要があるからである。全てに当てはまるわけではないが，多くの資料の場合，登場人物の「心理的な変化」と共に，「道徳的な変化」が描かれている。

　①〜④のうち，特に④の「人間を読む」というのは，人間本来が持っている「弱さ・醜さ」も含めて人間理解を深めるということであり，主人公の過ち等にも共感できる視点を持つことだともいえる。すなわち，道徳の時間の「目標」ともいうべき「道徳的価値の自覚」とも深くかかわった「読み」である。道徳の時間が「英雄の倫理」を学ぶ時間になってしまうことを防ぐためにも，大切にしたい読みである。

(2) 発問づくりの基礎・基本

　前述したように，読み物資料には，「言葉」と「行動」で表された「心」が描かれている。一例を挙げるならば，「少女は，雪道をとぼとぼ歩いて帰った。」という

表現からは、少女の「悲しげな」あるいは「寂しげな」心の様子が感じ取れる。授業での発問は、「少女はどんなふうに歩いていたのだろう。」と問い、「とぼとぼ歩いていた」と出させるだけでは、心は見えてこない。「とぼとぼ歩いて帰りながら、どんなことを考えていただろう。」や「その時の少女の思いは？」と問うことで、初めて、子どもたちは、少女の心について考えるようになるのである。さらに一例を挙げるなら、「少年は『やったぁ』と叫んで飛び出して行った。」という表現から、少年のどんな心が見えてくるだろうか。「少年は何て言ったのかな。」と問い、「やったぁ。」とだけ答えさせていても、心は見えてこない。まさに問うべきは「やったぁ」の中身なのである。

資料には（言葉）と（行動）で表された「心」が描かれている。

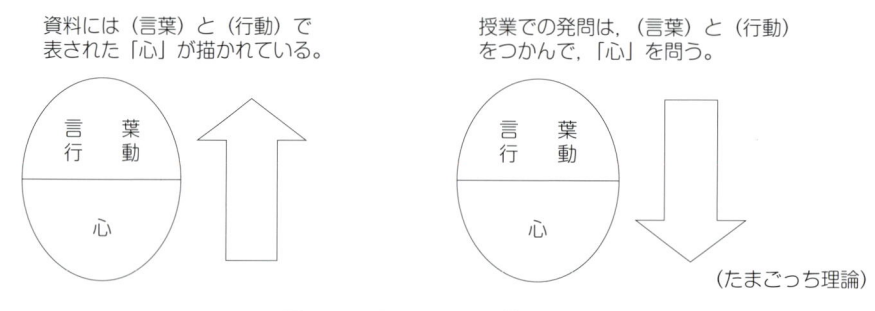

授業での発問は、（言葉）と（行動）をつかんで、「心」を問う。

（たまごっち理論）

図3-1　発問づくりの基礎・基本

　私たち授業者は、時折、道徳の授業で、「行動」を問うことがある。たとえば、「少年はこの後、どうしただろうか。」と言う問いが、それである。あるいは、一通り、資料を学んだ後で、「君たちはこれからどうすればいいだろうか。」と、子どもたち自身の在り様を問うこともある。しかし、このように「行動」を問う発問には、注意が必要である。このような問いは、ややもすると、子どもたちの「本音」の話し合いを阻害し、「模範解答」としての「建前」だけを述べ合ったり、むやみに子どもたちの「決意表明」を引き出すことになりかねないからである。

（3）場面分け ①――「主人公」と「助言者」

　道徳の時間は、子どもたちが、「読み物資料」の中の「登場人物」に自己を投影しながら読み進めることによって、「疑似体験」をしながら、ねらいとする「道徳的価値」の自覚を深めることが大切である。では、登場人物のうち、どの人物の「着ぐるみ」を着て、読み進めるのが良いのであろうか。
　==登場人物の中で最も大きく道徳的に変化した人物に注目==し、その人物を「道徳上の主人公」として、==その人物の視点を中心に読み進めて==いくことが大切である。その人物がどんな事件に遭遇し、悩み・葛藤し、何をきっかけに気づき、どのように変化したのかについて考えることが、ねらいとする「道徳的価値」の自覚を深めることにつながるからである。
　また、資料の中には、主人公の「道徳的な変化」に重要な示唆（＝ヒント）を与

える人物（あるいは物など）が現れる。この「助言者」こそが，ねらいとする「道徳的価値」を体現した存在であるということができる。

> ① 誰の視点で場面分けするか？…「**道徳的に最も大きく（変化）した**」人物の視点で
>   　　　　　　　　読んでいく。（＝道徳上の「**主人公**」を探す）
> ②「助言者」とは？…主人公の「道徳的変化」について，重要な（ヒント）を与える存在。
>   　　　　　（＝人物とは限らない。モノの場合もある。）
>   　　　　　ねらいとする「価値」を（体現）している存在。（＝あるいはその逆）

（4）場面分け ②——「Before‐After」による場面分け

　資料を「読む」ことの次に必要な作業が，「場面分け」である。「道徳上の問題」の発生から，順を追って場面分けするときの手法として，「『Before‐After』による場面分け」が有効である。

①「道徳的な変化をする前の主人公の姿」

　資料全体を大きく場面分けするとしたら，前半部分は，「道徳的な変化をする前の主人公が描かれた」場面であるといえる。たとえば「まどガラスとさかな」(5)という資料では，「よその家のガラスが割れてしまった」直後に，友人の「にげろ。」という声に反応して，夢中で駆け出して（逃げて）しまい，次の日の朝も，次の日も，気になって「事件現場」を訪れるという場面が描かれている。このように，自分の犯した過ちを，悔いてはいるが，正直に謝ることができず，思い悩んだり，葛藤したりするのが，「変化する前」の主人公の姿である。「いつわりのバイオリン」(6)では，無理な注文を受けてしまったバイオリン職人のフランクが様々に悩みながら，罪を犯していく。さらに，弟子が去った後も苦悩し続けるのであるが，その「**変化前**」**の姿を丁寧に追うことで，次の「転」の場面での発問が生きてくるのである。**

②「転」：道徳的変化　と　助言者の役割

　「道徳上の問題の発生」から「主人公の苦悩・葛藤」を経て，「主人公が道徳的に気づき，変化する場面」がある。この「**道徳的変化**」**の場面こそが作品のヤマ場（＝クライマックス）であり，教師が授業で最も多くの時間を費やして，生徒と共に深めていきたい「中心場面」となるべき場面である。**

　多くの場合，「変化前」とこの「転」の間には，主人公の「道徳的変化」について重要な示唆を与える存在が登場する。それがいわゆる「助言者」である。この助言者は人物とは限らない。「一冊のノート」(7)においては，まさに一冊のノートがそれであるし，「美しい母の顔」(8)では，父が語る母のエピソードがその役割を担っている。「助言者」は，主人公の変化に貢献するだけでなく，「授業づくり」の重要な

49

示唆を我々教師に示してくれる存在でもある。多くの場合,「助言者」はねらいとする「道徳的価値」を体現する存在(もしくはその逆の存在)として描かれる。したがって,教師は,この**助言者のありように注目することによって,その道徳の時間で追求すべき「道徳的価値」を明らかにすることができる**。

③「道徳的な変化をした後の主人公の姿」
　資料によっては,主人公の「道徳的変化」(=「転」の場面)までを描き,主人公の「行動面での変化」までは描かずに終わっているものも少なくない。
　また,多くの場合「転」の場面が中心発問の箇所となるが,「変化後」の場面で中心発問をした方が良い場合もある。前述した「一冊のノート」では,「転」の場面では,祖母のノートを読み,いたたまれなくなって外に飛び出した主人公の道徳的な変化が描かれているが,「変化後」の場面では,その後主人公が祖母と一緒にだまって庭の草とりの作業をする姿が描かれている。行動面での変化とともに描かれている「だまって」という部分に注目し,「心の中で,おばあちゃんにどんなことを語りかけていたのか?」という「心のつぶやき」や内面に関する発問をした方が,ねらいに迫りやすく,生徒も考えやすい。このような場合は,「変化後」の場面で中心発問をした方が効果的である。

Before:「道徳的な変化をする(前)の主人公の姿」
――助言者の登場――(主人公の「道徳的変化」について重要なヒント(示唆)を与える存在。)
　(転)
After :「道徳的な変化をした(後)の主人公の姿」

「主人公」は,この物語で,結局
　①何に気づいたのか?
　②なぜ,気づいたのか?
　③その結果,どう変化したのか? (=「価値」を自覚したのか?)

---

(5)「中心発問」と予想される生徒の反応
　子どもたちに最も時間をかけて話し合わせたいのが「中心発問」である。その際,作品のヤマ場(物語の転換点としての「主人公の道徳的変化」)に注目し,生徒の多種多様な反応が返ってくるような問いかけを工夫する必要がある。
　「このときの主人公の気持ちは?」という発問した場合,生徒は,「悲しい」や「嬉しい」という感情だけを答えてしまうことが多い。教師はその答えに対して,さらに「なぜ,悲しいの?」「どんなことが悲しいの?」と追発問をしなければならなくなる。それならば,具体的に生徒がイメージを膨らませやすい発問を最初から工夫すべきである。「『はっとした』とは,何に対してはっとしたのかな?」「『ずしんと重く』感じたのはなぜだろう?」「おじいさんの『最後の贈り物』とは何だ

ろう？」「主人公たちが『石と一緒に落としたもの』は何だろう？」など，ねらいとする「道徳的価値」とかかわって，副詞・副詞句や「キーワード」となる言葉をいくつかピックアップしながら，「中心発問」を考えることが大切である。ちなみに，生徒に意見を求めると，「前の子と同じです。」と答える場合も多い。思春期特有の「照れ」もあり，本音を語りたがらない傾向もあるが，ここは教師として見過ごすことなく，「どこが同じかな？」と切り返したいところである。一見同じように思えても，友だちの意見と「同じところ」を説明させることで，微妙な差異が明らかになることがある。その部分こそが大切なのである。

　出来上がった「発問」に対しては，その有効性を確かめる意味でも，「期待される反応」ばかりではなく，自分のクラスの生徒の顔を思い浮かべながら，どのような答えをするか，具体的に予想しなければならない。教師の考えるねらいや主題と違う反応が予想されるのであれば，主題そのものが間違っているか，中心発問の箇所がずれていることも考えられる。答えによっては「切り返し」や「追発問」も考えておく必要がある。「中心発問」が，子どもたちの「心の扉を開ける」発問であるとするならば，追発問や補助発問は，その開いた心の扉から，さらに中に入り込んで，子どもたちの考えを深めたり，子ども同士をつなげたりしながら，道徳的価値の自覚を深めていくために工夫されなければならない。

　時には，子どもたちの意見に大いに共感しながら，時には「揺さぶり」をかけながら，深めていくのである。

```
                「道徳授業づくり」で大切なこと
①「同じ発問」はしない。
　＊同じ発問（＝子どもたちから同じレベルの答えばかりが出る発問）
②「心の（扉）を開ける」発問　と　「（扉）から中へ入っていく」発問。
　＊発問を絞り込んで，繰り返し児童に問う。「（扉）を開けたあと，どれだけ深められるか？」
③道徳的（価値）を追求する。
　＊テーマにかかわる発問（＝道徳的（価値）にかかわる発問）
```

3　「『Befor-After』による場面分け」の資料分析の実際

(1) 小学校資料「ブラッドレーのせい求書」の場合

　前述した「『Befor-After』による場面分け」で資料分析を用いた場合，誰の「視点」で場面分けをし，誰を「助言者」にするかによって，ねらいに関わる「内容項目」が変わり，場面分けにも違いが出てくるはずである。

　そこで，小学校中学年の読み物資料「ブラッドレーのせい求書」[9]を題材として取り上げ，資料分析の例を示したい。

「ブラッドレーのせい求書」あらすじ

　ある朝，ブラッドレーは，朝食時に，母のお皿の横に，「請求書」を置くのであった。その請求書の内容とは，「お使い賃1ドル，お掃除代2ドル，音楽の稽古に行ったご褒美1ドル，合計4ドル」と記されてあった。

　母はにっこり笑うと，昼食時に，ブラッドレーの請求通り，4ドルのお金を置くとともに，母からの請求書も置くのであった。「親切にしてあげた代0ドル，病気の看病代0ドル，服や靴やおもちゃ代0ドル，食事代と部屋代0ドル，合計0ドル」

　その請求書を見たブラッドレーは目に涙をいっぱいため，母の所へ行き，お金を返すとともに，

「お母さんのために，ぼくにも何かさせてください。」と言うのであった。

資料分析「ブラッドレーのせい求書」(『わたしたちの道徳　小学校3・4年』P. 142-145)

1．誰の視点で読んでいくか？（道徳的に最も大きく変容した人物）「ブラッドレー」
2．「助言者」は誰か？　　　…「お母さんからのせい求書」
3．（内容項目は？）…「4―(3)」(家族愛)
4．場面分け…（「主人公」を主語にして分ける）

Bfore	ブラッドレーは，一まいの紙をお母さんのお皿の横に置いた。お皿の横の4ドルを見て自分の取り引きがうまくいったと考えて，喜んだ。
助言者の登場「転」(道徳的変化)（＝中心場面）	(助言者)(お母さんからのせい求書)→一枚の小さな(せい求書)がありました。 ブラッドレーの目は，なみだでいっぱいになりました。
After	お母さんの所へかけて行き， 「お母さん，このお金は返します。そして，お母さんのために，ぼくにも何かさせてください。」と言いました。

5．授業での発問（例）
　　問1：なぜ，ブラッドレーは，せい求書を置いたのか？
　　問2：お金を手に入れたブラッドレーはどう思ったか？
　　問3：どうして，ブラッドレーの目は涙でいっぱいになったのだろう？
（予想される反応）

○うれしかったから。（→何がうれしかったの？）　　○感動したから。（→どんなことに感動したの？）
　お母さんのやさしさがうれしかった。　　　　　　　こんなにも自分のことを思ってくれていたから。
○恥ずかしかったから。（何が恥ずかしかったの？）　○悲しかったから。（→何が悲しいの？）
　お金のことしか考えていなかった自分が恥ずかしい。　お母さんに悲しい（がっかり）思いをさせたから。

（2）中学校資料「夜のくだもの屋」の場合

次に，中学校の読み物資料「夜のくだもの屋」(10)を題材として取り上げ，資料分析の例を示したい。

「夜のくだもの屋」あらすじ

　大きなコンクールを前に，合唱部の練習のため，毎晩，帰りが遅くなる列車通学の少女は，いつも，心細さを紛らわすため，一人で課題曲を歌いながら，家路を急いでいた。

　自宅の団地近くの商店街はもうとっくに店じまいして，真っ暗になっているはずの時刻にもかかわらず，その，ちいさな「くだもの屋」だけはまだ店を開いていて，あかあかとあかりをともしていた。暗い夜道にこの店のあかりがあるだけで，わけもなく落ち着くのを覚える少女は，それから，毎日，そのあかりに守られながら，帰宅するのであった。

　コンクールも無事すんで，そんなあかりのこともすっかり忘れていたが，入院中の友の見舞いの品を買うために入ったそのくだもの屋で，店のおばさんから，くだもの屋があかりをともし続けた本当の理由を聞くことになる。くだもの屋夫婦は，見ず知らずの少女が暗い夜道を帰る際の心細さを少しでも減らしてもらおうと，少女の歌声が聞こえなくなるまで，店を開け，あかりをともし続けていたのである。しかも，最近は歌声が聞こえないのでどうしたのかと心配していたという。少女は，くだもの屋夫婦の思いやりの心に感謝し，頭を下げるのであった。

資料分析「夜のくだもの屋」（『中学生の道徳1　自分を見つめる』廣済堂あかつき）

1. 誰の視点で読んでいくか？（道徳的に最も大きく変容した人物）「少女」
2. 「助言者」は誰か？　　…「くだもの屋夫婦」
3. （内容項目は？）…「2―(2)」（思いやり・親切）
4. 場面分け…（「主人公」を主語にして分ける）

Before	あかあかと灯のともっているのが見えた。（＝何ともいえず，あたたかい。） 少女は，くだもの屋のあかりに守られながら，暗い夜道を帰った。 コンクールがすむと，もうどうでもいいことになっていた。
助言者の登場 「転」（道徳的変化） （＝中心場面）	＊店の奥から，楽しそうなハミング。―いいえ，どういたしまして。 （助言者）（くだもの屋夫婦）
After	少女は，①ふたたび，声もなかった。 　　　　②この店のあかりがあんなにあたたかく見えたのは，当然だったと思う。 コンクールが終わってからは早く帰れることを話し， 少女は　③もう一度頭を下げた。

5. 授業での発問（例）
   問1：少女はくだもの屋のあかりのことをどんな思いで見ていたのだろう？
   問2：どうして，少女は，頭を下げたのだろう？
   問3：もう一度頭を下げた少女は，どんな思いを込めて，頭を下げたのだろう？

（予想される反応）
○ありがとう。（→何に対して？）　　　　　　○ごめんなさい。（どんなことが？）
　いつもあかりをつけてくれたこと。　　　　　おばさんたちの思いやりに気づかなくて。
　見守っていてくれたこと。　　　　　　　　　お世話になったことをすっかり忘れていて。
　歌声が聞こえなくなった後も心配してくれて。　お礼も言わずに。

○あいさつ。(誰に対する，どんな？)	○かなわないなぁ。(「かなわない」ってどんなこと？)
今やっと，出会えましたね。	私にはとても真似できない「思いやりの深さ」に負けました
これからも，よろしくお願いします。	参りました。

4　まとめにかえて

　横山利弘氏の理論に依拠し，読み物資料「ブラッドレーのせい求書」「夜のくだもの屋」を取り上げて，読み物資料の分析手法を用いながら，主要な登場人物の変化に注目しながら，授業の構想を考えてみた。

　ここで提案した指導過程を参考に，「道徳的価値の自覚を深める」道徳の時間の創造をめざして，授業実践していただけたら幸いである。

注

(1)　文部科学省『中学校学習指導要領解説　道徳編』平成20年，31〜32頁。『小学校学習指導要領解説　道徳編』平成20年，30頁。
(2)　横山利弘（2007）『道徳教育，画餅からの脱却』暁教育図書，220〜222頁。
(3)　同上，242頁。
(4)　横山によると，道徳の読み物資料には，大きく分けて二つのパターンがあり，第一が「登場人物の道徳的変容が見られる資料」であり，第二は「登場人物の道徳的変容がない（＝書き手である筆者の道徳的な気づき，もしくは筆者が遭遇した『場』が道徳的に変化する）資料」である。本稿では，第二のパターンについての論考は次の機会に譲ることとし，道徳資料の大部分を占める第一のパターンに限定して，論を進めていくこととする。
(5)　奈街三郎「まどガラスとさかな」小学校中学年の資料として，多数の副読本に所収。
(6)　鴨井雅芳「いつわりのバイオリン」『中学生の道徳1　自分を見つめる』廣済堂あかつき。
(7)　北鹿渡文照「一冊のノート」『中学生の道徳2　自分を考える』廣済堂あかつき。
(8)　藤井均「世界通信教育情報」世界通信社。
(9)　「ブラッドレーのせい求書」『わたしたちの道徳　小学校3・4年』142〜145頁。
(10)　杉みき子「夜のくだもの屋」『中学生の道徳1　自分を見つめる』廣済堂あかつき。

（杉中康平）

第4章
小学校の道徳の時間をつくる

1 かぼちゃの つる

① 主題名　節度（わがままな行動をしないで節度ある生活をする。）　1—(1)
② ねらい　相手や周囲の事情をかえりみず，自分勝手をしたかぼちゃのつるが，道で荷車にひかれ，つるが切れてしまう。かぼちゃのつるが，泣きながら，今までの自分のわがままな振る舞いについて振り返って考えることを通して，わがままをしないで，節度ある生活をしようとする道徳的心情を育てる。
③ 出　典　『小学校　道徳の指導資料第三集』文部省

1．資料解説

① あらすじ：かぼちゃのつるは，ある日「ぼく，こっちへのびよう。」と自分の畑の外へとのびていく。
　道を通り，となりのすいか畑まで，ぐんぐんのびていく。途中，みつばち，ちょうちょ，こいぬに注意され，すいかからは，すいか畑に入って来ないように頼まれるが，かぼちゃのつるは，みんなの言うことを少しも聞こうとはしない。そこへ荷車を引いた人が通りかかり，道にのびたかぼちゃのつるは，あっという間にひかれ，つるがぷつりと切れてしまう。「いたいよう，いたいよう，あーん，あーん……。」かぼちゃのつるは，ぽろぽろ，ぽろぽろ，涙をこぼして泣くのだった。
② 資料の読み
　(1) 主人公は…かぼちゃのつる
　(2) 助言者は…ちょうちょ，みつばち，こいぬ
　(3) 変化したところは…なみだをこぼしてないたところ。

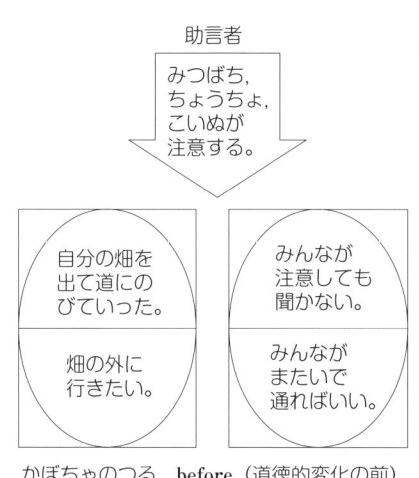

1 かぼちゃの つる

```
                    助言者
                   ┌─────────┐
                   │みつばち, │
                   │ちょうちょ,│
                   │こいぬが  │
                   │注意する。│
                   └────┬────┘
                        ▼
```

```
  ┌──────────┬──────────┐        ┌──────────────┐
  │自分の畑を│みんなが  │        │  にぐるまに  │
  │出て道にの│注意しても│        │  ひかれて泣く。│
  │びていった。│聞かない。│        │              │
  ├──────────┼──────────┤        ├──────────────┤
  │畑の外に  │みんなが  │        │              │
  │行きたい。│またいで  │        │              │
  │          │通ればいい。│        │              │
  └──────────┴──────────┘        └──────────────┘
                                        ▲
                                  中心発問の場面
                                  心の中が書いてないから聞ける

  かぼちゃのつる  before（道徳的変化の前）    after（道徳的変化の後）
```

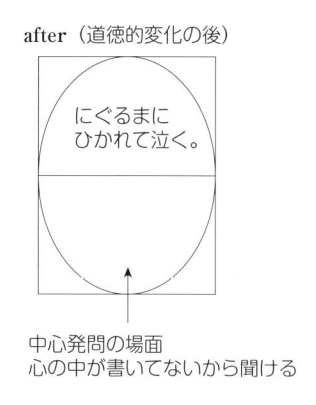

■ 2．指導のポイント ■

① 低学年の児童は，発達段階上，人間関係が十分に理解できておらず，自己中心性も強いため，わがままなものである。したがって，この資料のねらいである「わがままをしないで，節度のある生活をする」ことは，この時期の児童にとって特に必要なものである。日常生活における指導では，内容項目の2の視点の友だちとの関係や，4の視点の学級集団との関係で指導することが多い。

　　　　　　（『道徳教育，画餅からの脱却』横山利弘著　暁教育図書　参考）

② この資料は，1年生の副読本の多くに文部省資料を簡略化，現代化（荷車⇒トラック，つるが切れた⇒つるがぺしゃんこになった等）したものが採用されている。低学年の児童がお話の世界に入って考えやすいように，挿絵等を効果的に使うとよい。

③ 主人公は，「かぼちゃのつる」であり，児童一人一人が「かぼちゃのつる」になりきって考えることで，初めて自分の心におち，自分自身の生活を振り返って考えることができる。だが，主人公である「かぼちゃのつる」は，子どもたちの目から見ても，明らかに悪役であり，「かぼちゃのつる」になりきるのには，ちょっと抵抗を感じる児童もいるであろう。そこで，指導者は，児童が上手に「かぼちゃのつる」になりきれるように，児童に対してうまく声かけをする必要がある。この方法については，低学年での経験が豊富な先生方に相談してみることをおすすめする。（②についても同様である。）

④ 発問1については，かぼちゃのつるが，自分の畑の外にのびようと思った理由を，自分なりに持つことができればよい。だから，それぞれの考えをまとめたり，深めたりする必要はあまりなく，時間をかけずに，さっとすすめていく。発問2についても同様である。

⑤ 発問3は，中心発問の場面である。通常，中心発問の場面では，問い返しを行うことで，児童の答えを深めていく。だが，予想される答えと児童の発達段階を考え合わせると，問い返しを重ねてすぎても，本時のねらいに迫るような道徳的深まりは，あまり期待できないと思われる。この資料については，問い返しにたくさん時間を使うよりも，多くの児童が発表できる機会を持つようにした方がよい。その結果，同じような意見ばかりがたくさん出て，一見意味がないように思えるかもしれない。しかし，低学年の児童にとって，自分の言葉で，自分の考えをみんなに発表できたという喜びや自信が，児童一人一人の道徳的価値の自覚へとつながっていく。

3．「私たちの道徳」との関連

　この時期の児童にとって必要な「わがままをしないで，節度のある生活をする」ことは，日常生活における指導では，内容項目の2の視点の友だちとの関係や，4の視点の学級集団との関係で指導することが多い。本時の学習後に，4の視点である「やくそくや　きまりを　まもって」（1・2年用，118・119ページ）の絵を見せながら考えさせることで，自分の生活を振り返り，わがままをせず，みんなで使う場所をいつでも気持ちよく，安全に使おうとする道徳的実践意欲につなげることもできる。

4．展開過程

	学習活動	発問と予想される児童の反応	指導上の留意点
導入	・本時の資料について知る。	ある日のかぼちゃのつるのお話です。みなさんは，かぼちゃが畑で育っているのを見たことがありますか？ ・見たことある。 ・どんなお話かな。	・夏にかぼちゃやアサガオ，ゴーヤ，すいか等，子どもたちが学級園で育てているような植物がぐんぐんとつるを伸ばして大きくなることを押さえておく。 ・導入なので時間はかけない。
	・資料を読む。 ・登場人物等を確認する。	お話の中には誰が出てきましたか。 ・かぼちゃのつる ・みつばち　・ちょうちょ　・すいか ・こいぬ　　・にぐるまと人	・教師が丁寧に範読する。 ・かぼちゃのつるになったつもりで読んでいくことを確認する。 ・さっとすすめる。

1 かぼちゃの つる

段階	学習活動	主な発問と予想される児童の反応	指導上の留意点
展開	・自分の畑の外へ行きたくなったかぼちゃのつるの気持ちを理解する。	かぼちゃのつるは、どうして外へのびて行こうと思ったのでしょうか。（発問１） ・外は、楽しそうだ。 ・広いなあ、出てみたいな。・探検してみたいな。 ・ちょっとほかの畑に行ってみよう。 ・だれかのじゃまをしたいな。	・自分の畑の外へ出てみたくなったかぼちゃのつるの気持ちに共感できるようにする。 ・さっとすすめる。
	・みんなの注意を聞かないかぼちゃのつるの気持ちを理解する。	かぼちゃのつるは、みんなから注意されて、どう思いましたか。（発問２） ・うるさいなあ、ほっといて。 ・ぼくのじゃましないで。 ・もう自分の畑には戻りたくないんだ。 ・ぼくは、あっちへ行きたいんだよ。 ・よし、じゃましてやる。	・みんなの注意を聞こうともしない、かぼちゃのつるの気持ちに共感できるようにする。 ・さっとすすめる。
	・にぐるまにひかれて、泣いているかぼちゃのつるの思いを考える。	にぐるまにひかれたかぼちゃのつるは、なきながらどんなことを思っていたのでしょうか。 ・いたいよ。・ふまれて、かなしい。 ・ばちがあたった。 ・自分が悪いことをしたからひかれた。 ・こんなことしなかったらよかった。 ・自分の畑にいればよかった。 ・みんなのじゃまをしなかったらよかった。 ・みんなの言うことを聞かなかったから、こんなことになった。 ・みんなの言うことを守ったらよかった。 ・次からみんなのいうことを聞こう。 ・次からは、やめよう。 ・次から自分の畑やほかのところにのびよう。	・泣いているかぼちゃのつるの思いを考えることで、かぼちゃのつるの心の変化について考えられるようにする。 ・クラスの友だちと考えを交流し合うことで、一人一人が道徳的心情を深め合えるようにする。
終末	・本時の内容を振り返り、考えを深めることで、道徳的心情を深める。	感想カードに、本時の感想を書きましょう。 ○感想の交流を行う。	・児童一人一人が、自分自身の生活を振り返って考えることができるようにする。 ・机間支援を行い、書くことが得意でない児童も、自分なりの考えが書けるように支援する。

5．板書記録

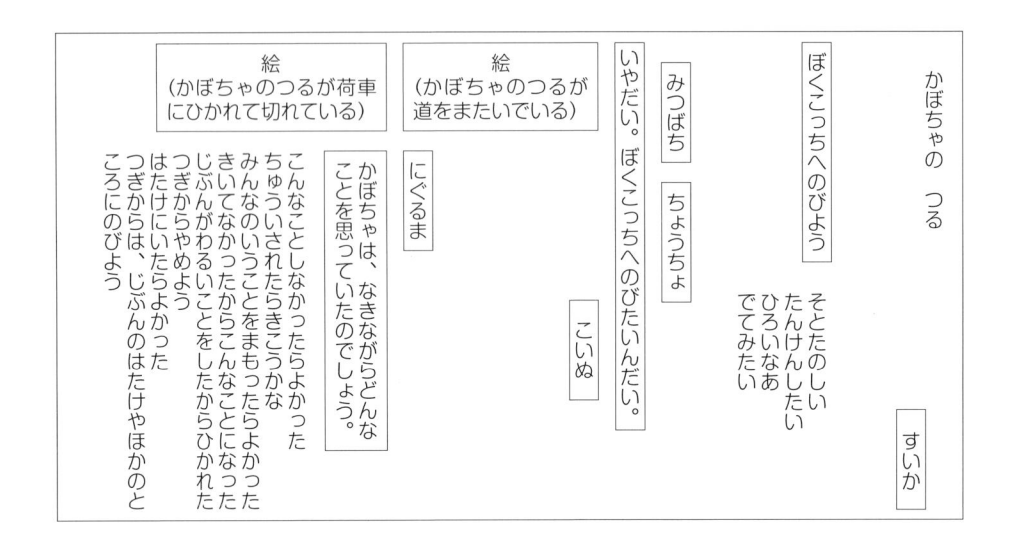

```
かぼちゃの　つる

  ぼくこっちへのびよう        みつばち  いやだい。ぼくこっちへのびたいんだい。
    そとたのしい                ちょうちょ
    たんけんしたい
    ひろいなあ                  こいぬ
    でてみたい

  すいか

┌─────────────┐ ┌─────────────┐
│    絵        │ │    絵        │    にぐるま
│(かぼちゃのつるが│ │(かぼちゃのつるが│
│ 荷車にひかれて │ │ 道をまたいで  │   かぼちゃは、なきながらどんな
│ 切れている)   │ │ いる)        │   ことを思っていたのでしょう。
└─────────────┘ └─────────────┘

こんなことしなかったらよかった
ちゅういされたらきこうかな
みんなのいうことをまもったらよかった
じぶんがわるいことをしたからこんなことになった
はたけにいたらよかった
つぎからやめよう
つぎにのびるころには、じぶんのはたけやほかのところにのびよう
```

6．授業記録

〈前半は省略，中心発問より〉

T ◎にぐるまにひかれたかぼちゃのつるは，なきながらどんなことをおもっていたのでしょうか。

C1：こんなことせんかったらよかったと思ったと思います。

T ：こんなことってどんなこと？

C1：じゃましたり悪いこと。注意されたら，聞こうかなと思った。

T ：そうですね。大事なことに気付いたんですね。

C2：自分がこんなことをしなかったら，いたい目にあわなかった。

T ：そうでした。かぼちゃさん「いたいよ」って泣いていたよね。

C3：みんなのいうことを守っていたらよかった。

T ：そういえば，ちょうちょさんや，みつばちさんたちが注意してくれてたね。

C4：みんなのいうことを聞いていたらよかった。聞いてなかったからこんな目にあった。

T ：そうですね。みんながいってくれたことをよく考えて，聞いていたらよかったね。

C5：自分が，こんな悪いことをしたから，ひかれてしまったけど，次からやめようと思った。

T ：本当ですね。ところで，悪いことってどんなこと？

C5：…

T：かぼちゃさんは，どんなことを悪かったって思ってるのかな？
C5：どんどんのびて，道路とかをめちゃめちゃにした。畑におったらよかった。
T：そうでしたね。ちょうちょさんから「あなたの畑はまだまだすいていますよ。」といわれたのに，道路や，すいかさんの畑にめちゃめちゃのびていってたね。
C6：みんなやちょうちょさんのいうことを聞いて，畑をでなかったらよかったと思った。
C7：次から，道路や畑とかに勝手にのびたらあかん。
C8：次から，自分の畑やほかのところにのびよう。
〈以下は省略，終末へ〉

7．児童の感想

・かぼちゃが にぐるまに ひかれて かなしいと おもった。
・みちに でなかったら ふまれなかった。
・やっぱり もとの ばしょに いれば よかった。
・じぶんの いえで あそんだら よかった。
・ひとが とおる ところに つるを のばしたら あぶない。
・ひかれて かなしい。もう にどと しないように。
・はちさんや ちょうちょさんや すいかさんの いうことを きいてたら よかったな。
・こんどからは めいわくかけないぞ こんどから ちゅういされたら きく。
・みんなに おしえて あげようと おもった。
・みんなで どうとくを したので たのしかった。

8．同じ内容項目の他の資料

「おもちゃの かいぎ」（『みんなのどうとく　1年』学研）
「やすみじかん」（『小学校どうとく　生きる力1』日本文教出版）

かぼちゃの つる

　あめいろの お日さまが，ぎんぎら ぎんぎら，まぶしい あさです。
　かぼちゃばたけの かぼちゃのつるは，ぐんぐん ぐんぐん，のびていきました。
「ぼく，こっちへ のびよう。」
　かぼちゃのつるは，はたけのそとへ のびていきました。
「かぼちゃさん，かぼちゃさん。」
　みつばちが とんできて，よびかけました。
「なんだい，みつばちさん。」
「あのね，そっちへ のびては だめですよ。そこは，人のとおるみちですよ。」
「人のとおる みちだって，そんなこと かまうものか。ぼく，みちふさいで しまうんだ。」
　かぼちゃのつるは，そう いって，ききません。
　みつばちは，ぶーん ぶーん，むこうへ とんで いきました。
「かぼちゃさん，かぼちゃさん。」
　こんどは，ちょうちょが とんできて，はなしかけました。
「なんだい，ちょうちょさん。」
「あのね，こちらへ のびるより，そちらへ のびたほうが いいですよ。あなたの はたけは，まだまだ，すいていますよ。」
「いやだい。ぼく，こっちへ のびたいんだい。」

よけいな おせっかいなど しないでおくれ。」
　かぼちゃのつるは，ちょうちょの ちゅういも，きこうとは しません。
　ちょうちょは，ひらひら ひらひら，みちの むこうの すいかばたけへ とんでいきました。
　かぼちゃのつるは，みちを こえて，すいかばたけに のびていきました。
「かぼちゃさん，かぼちゃさん。」
と，すいかのつるが よびとめました。
「なんだい，すいかさん。」
「あのね，ここは わたしの はたけだから，はいってこないでくださいよ。」
「なんだと，けちけちするない。ちょっとくらい はいったっていいじゃないか。」
　かぼちゃのつるは，すいかの たのみなど，きこうとは しないで，ぐんぐん ぐんぐん，すいかばたけのなかに のびていきました。すいかばたけに はいりこんだ かぼちゃのつるは，すいかのつるの上(うえ)を，へいきな かおで のびていきました。
「かぼちゃさん かぼちゃさん，そんな らんぼうを しないでくださいよ。」
　すいかのつるは，かなしそうに たのみましたが，かぼちゃのつるは，すこしも きこうとは しません。
「かぼちゃくん，かぼちゃくん。」
　そこへ，こいぬが とおりかかって，はなしかけました。
「なんだい，こいぬくん。」
「ここは，ぼくや 人の とおるみちだよ。こんな ところに のびては こまるよ。」
「ぜいたく いうない。またいでとおれば いいじゃないか。」
　かぼちゃのつるは，いじわるそうに こたえました。
「なんだと。おとなしく いえば いいきになって，なんてことをいうんだい。」
　こいぬは おこって，かぼちゃのつるを，どしん どしん，ふみつけました。
「へっへへへ……。おまえなんかにふまれたって，へいきのへいざさ。」
かぼちゃのつるが，へいきな かおを しているので，こいぬは あきらめて むこうへ いって しまいました。
ごとん ごとん ごとん ごとん，にぐるまを 人が ひいて，きました。そして あっというまに，くるまのわで，ぷつりと，かぼちゃのつるを きって しまいました。
「いたいよお，いたいよお，あーん，あーん……。」
　かぼちゃのつるは，ぼろぼろ，ぼろぼろ，なみだを こぼしてなきました。
　お日さまは，あいかわらず，ぎんぎら ぎんぎら，てりつけていました。

（大蔵宏之 作による）

2 はしのうえのおおかみ

① 主題名　思いやり　2—(2)
② ねらい　熊の後ろ姿を見て心情を変化させるおおかみを通して身近にいる人に温かい心で接し，親切にしようとする道徳的実践意欲を育てる。
③ 出　典　『どうとく①　みんななかよく』東京書籍

1．資料解説

① あらすじ：一本橋の上で，向こうから動物が来ると，「もどれ，もどれ」と，追い返していたおおかみは，そのいたずらが次第におもしろくなってきた。ある日，いつものように「もどれ，もどれ」と言おうとすると，相手はくま。自分が戻ろうとすると，くまは「ほら，こうすればいいのさ。」とおおかみを抱きかかえて橋の反対側に渡した。そのくまの後ろ姿をいつまでも見送るおおかみ。次の日，うさぎが，おおかみの姿を見つけて，戻ろうとすると，おおかみはうさぎを抱き上げて後ろにそっとおろした。
② 資料の読み
　(1) 主人公は…おおかみ
　(2) 助言者は…くま
　(3) 変化したところは…くまがおおかみを抱きかかえて後ろにおろしたところ。

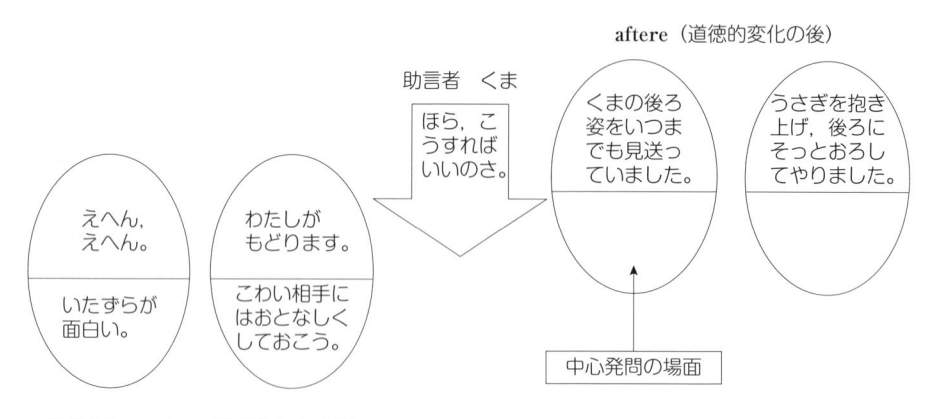

aftere（道徳的変化の後）

助言者　くま
ほら，こうすればいいのさ。

くまの後ろ姿をいつまでも見送っていました。

うさぎを抱き上げ，後ろにそっとおろしてやりました。

えへん，えへん。
いたずらが面白い。

わたしがもどります。
こわい相手にはおとなしくしておこう。

中心発問の場面

おおかみ　before（道徳的変化の前）

2．指導のポイント

① 導入では，すれ違いができないこの橋を渡るしか道がないことを確認しておく。
② 挿絵を使いながら，話の展開をおさえていく。
③ 中心発問の前に，いたずらがおもしろくなってきたこと（相手が困っていることが面白い），くまにあわてて「わたしがもどります。」と言っていること（くまはこわい）を捉え，おおかみがが相手によって態度を変えていること，弱い者いじめをして面白がっていることをおさえる。
④ 中心発問では，助言者であるくまのおおらかさや体の大きさを想像できるよう工夫する。
⑤ 追発問として，おおかみがうさぎを抱き上げ，後ろにそっとおろしてやるときの心を考える。

　「いい気持ちでした。」と本文に書いてあるが，そこから「どうしていい気持ちになったと思う。」「いい気持ちってどういうこと。」など，ねらいとしている道徳的価値を深めていく。

3．「私たちの道徳」との関連

　資料自体が内容を少し変えて掲載（1・2年用，70～73ページ）されている。
　終末で，感想を回収したあと，「たすけ合って生きる」（一・二年用　68・69ページ）を朗読することが考えられる。
　また，「あたたかい　心で　親切に」（1・2年用，66・67ページ）を拡大コピーして教室に掲示し，日常的に意識させることも考えられる。

4．展開過程

	学習活動	発問と予想される児童の反応	指導上の留意点
導入	・一本橋をイメージする。	一本橋ってどんな橋だと思いますか。 ・丸い木でできている。　・すれ違いができない。 ・落ちれば危ない。	・すれ違いができない橋であることを押さえておく。
	・範読を聞く。 ・資料の内容を確認する。	主人公はだれですか。 ・おおかみ	・資料を範読する。 ・主人公を確認し，今日は主人公の気持ちを考えていくことを伝える。

展開	・意地悪をしているときのおおかみの心情を考える。	「『えへん，えへん。』このいじわるが，とてもおもしろくなりました。」と書いています。おおかみは，どんなことを考えていたのでしょう。	・何が面白いのか，どうして面白いのかを問い返しの発問で深める。
		・また，やってやろう。 ・みんなが自分の言うことを聞くから面白い。 ・森で，自分が一番えらいんだ。 ・偉そうにできるから，たのしい。 ・他の動物がこまっているから，面白い。 ・ざまあみろ。 ・他の動物にもやってやろう。	
	・橋で出会ったくまに慌てるおおかみの心情を考える。	くまにあわてて「わたしがもどります」と言ったのは，どんな気持ちからですか。	・相手によって態度をかえていることに気づかせる。
		・やばい，くまだ。　・こわい。 ・しまった。 ・くまには，さからわないようにしよう。 ・こわい相手にはおとなしくしておこう。	
	・くまの後ろ姿を見るおおかみの心情を考える。	くまのうしろ姿をみながらどんなことを考えていましたか。	・「やさしい」「かっこいい」という反応は容易に出てくると思われるので，「まえよりずっといいきもちだったのはどうして。」と追発問することにより，やさしくすることによって生まれる感情に気付かせたい。
		・くまさんかっこいい。 ・くまみたいにしないといけない。 ・これから自分もくまさんみたいにしよう。 ・自分のことばかり考えていたことを反省した。 ・自分も意地悪をしないでやさしくできるようにしていきたい。	
終末	・感想を書く。		・授業で学んだことを感想に書かせる。

5．板書記録

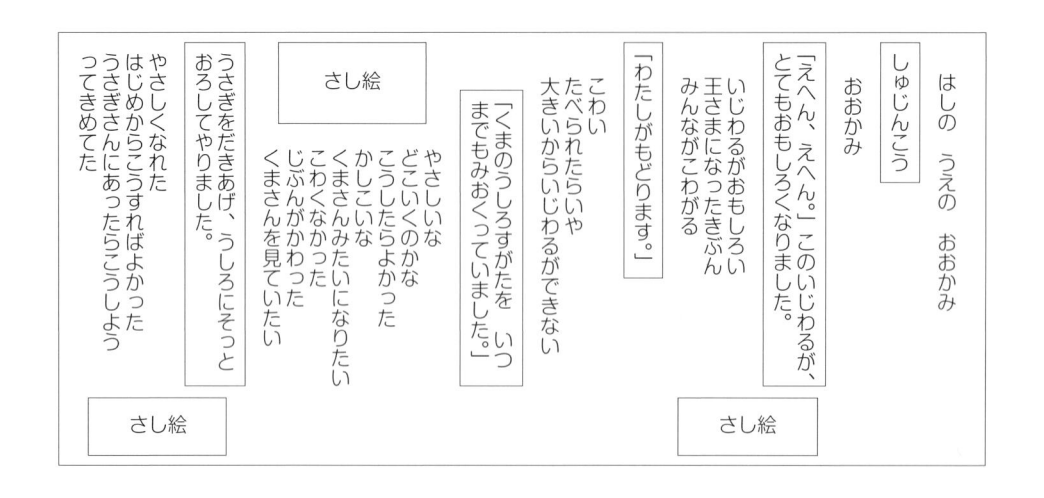

```
はしの うえの おおかみ

しゅじんこう
おおかみ

「えへん，えへん。」このいじわるが、
とてもおもしろくなりました。
いじわるがおもしろい
王さまになったきぶん
みんながこわがる

「わたしがもどります。」
こわい
たべられたらいや
大きいからいじわるができない

「くまのうしろすがたを いつまでもみおくっていました。」
やさしいな
どこいくのかな
こうしたらよかったかな
くまさんみたいになりたい
じぶんがかわった
こわくなかった
くまさんを見ていたい

うさぎをだきあげ、うしろにそっとおろしてやりました。
はじめからこうすればよかった
うさぎさんにあったらこうしよう
やさしくなれた
ってきめてた

さし絵　　さし絵　　さし絵
```

6．授業記録

〈前半は省略，中心発問より〉
 T：おおかみさんは，熊のうしろすがたをずっとみていました。くまの背中をみてどう思っていたのでしょう。
C1：くまさんってやさしいな。
C2：くまさんどこいくのかな。
C3：くまさん怖いけど，こうしたらよかったんやなと思った。
 T：こうするって。
C3：くまさんがおおかみさんをだっこして，うしろにおいたこと。
C4：くまさんってかしこいな。
C5：ぼくも，くまさんになりたい。
 T：どうしてなりたいの。
C5：やさしいから。
C6：くまさんてわるくないんだなって思った。
C7：たぬきさんやきつねさんにもしたいなって思った。
C8：ほんとは，いじわるが好きやったけど，かわった。
C9：やさしくなった。
C10：くまさんやさしいと思った。
C11：くまさんを見ていたい。
 T：どうして。
C11：やさしかったから。
 T：一番最後に，まえよりずっといいきもちだったのはどうして。
C12：くまさんみたいにやさしくなれたから。
C13：くまさんのやさしさを知ったから。
C14：はじめからこうすればいいやとわかった。
〈以下は省略，終末へ〉

7．児童の感想

・くまさんは，どうやって，やさしくなる方法を知ったのかな。
・おおかみさんは自分がやさしくしてもらったから，やさしくできたのかな。やさしさはうつるのかな。
・わたしも，おおかみさんがやさしくなったみたいにやさしくなりたいです。
・おおかみさんがやさしくなったら，うさぎさんもうれしいし，うさぎさんにもや

さしくしてもらえたと思います。
・やさしくした方が，みんなと友だちになれると思います。

8．同じ内容項目の他の資料

「ぼくの はな さいたけど」（『どうとく①　みんななかよく』東京書籍）
「ごろりん ごろん ころろろろ」（『１年生のどうとく』文溪堂）

はしのうえのおおかみ

　一ぽんばしが ありました。
　うさぎが わたって いくと むこうから おおかみが わたって きました。
「こら こら，もどれ，もどれ。おれが さきに わたるんだ。」
　おおかみが こわい かおで，どなりました。うさぎは びっくりして，すごすごと あとへ もどって いきました。
「えへん，えへん。」
　おおかみは，この いじわるが，とても おもしろく なりました。
　それからは，きつねが きても，
「こら こら，もどれ，もどれ。」
　たぬきが きても，
「こら こら，もどれ，もどれ。」
と，おいかえして しまいました。
　ある ひ，おおきな くまが，はしを わたって きました。
　おおかみは あわてて いいました。
「わたしが もどります。」
　くまは，てを ふって いいました。
「ほら，こう すれば いいのさ。」
　くまは おおかみを だきあげると，うしろに そっと おろして やりました。
　おおかみは くまの うしろすがたを いつまでも みおくって いました。
　つぎの ひ，おおかみは，はしの うえで うさぎに あいました。うさぎは あわてて もどろうと します。おおかみは やさしく よびとめました。
　おおかみは うさぎを だきあげ，うしろに そっと おろして やりました。
　おおかみは なぜか，まえより ずっと いい きもちでした。

（奈街三郎 作による）

3 くりのみ

① 主題名　思いやり　2―(2)
② ねらい　うさぎさんのきつねさんへの思いやりの行動を通して，他人への思いやりとは，なんて素晴らしいんだろうかと考えるきつねさんの心に，気がつくことにより，だれに対しても思いやりの心をもち，相手の立場に立って親切にしようとする道徳的実践力を育てる。
③ 出　典　『小学校どうとく　生きる力2』日本文教出版

1．資料解説

① あらすじ：北風の吹く寒い日，おなかをすかせたきつねとうさぎが，食べ物を探していた。きつねは，運よくたくさんのどんぐりを見つけて，腹一杯食べることができた。また，残ったどんぐりを誰にも見つからないように落ち葉で隠す。その後，きつねは，うさぎとばったりと会うが，「何も見つからない」と言う。ところが，うさぎはやっと見つけた二つのくりのみのうち一つを，きつねに差し出した。それも，「しなびた」くりのみである。きつねは，「しなびた」くりのみと共にうさぎの「思いやり」を受け取る。うさぎの気持ちに感動して，自分の行いを恥じるきつねは，涙を流す。
② 資料の読み
　(1) 主人公は…きつね
　(2) 助言者は…うさぎ
　(3) 変化したところは…出されたくりのみを見ているうちに，きつねの目から涙が落ちてくるところ。

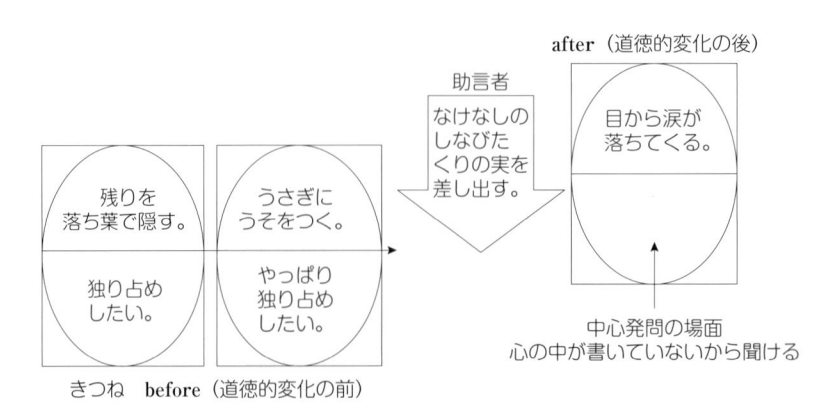

きつね　before（道徳的変化の前）
- 残りを落ち葉で隠す。
- 独り占めしたい。
- うさぎにうそをつく。
- やっぱり独り占めしたい。

助言者
なけなしのしなびたくりの実を差し出す。

after（道徳的変化の後）
- 目から涙が落ちてくる。

中心発問の場面
心の中が書いていないから聞ける

3 くりのみ

2．指導のポイント

① 導入では，発達段階を考慮し，後で深く考えたいヒントを出す一方，さらっと流すことで，価値観を押しつける授業にしない。
② 中心発問までの発問では，発問の近くの文章を再度読みながら，場面の様子がわかりやすいように展開していく。
③ 中心発問で，きつねの心情を問いながらも，なぜ，うさぎがこのような行動をとったかも考えさせるために，最後にくりの実にうさぎが託した思いを考えさせる。

3．「わたしたちの道徳」との関連

「1・2年用」の66，67ページ「(2)あたたかい　心で　親切に」を活用したり，68ページの「読んでみよう」を読んで終わるだけでもよい。

4．展開過程

	学習活動	発問と予想される児童の反応	指導上の留意点
導入	1「み」と書く。	「み」とは，なにがはいっているだろうね。 答えは，聞かない。	簡単に本時への意識づけをする。
展開	資料を読む。 2 どんぐりを独り占めにしたい「きつねさん」の心情を考える。	「きつねさん」はどうして，どんぐりの残りをだれにも見つからないようにかくしたのかな？ ・後で食べよう。 ・誰かに取られたらいやだ。 ・また，後で，いっぱい食べたい。 ・大切な食べ物だから。 ・やっと見つけたものだから。	資料を範読する。 ・自己本位の考えでいる「きつねさん」をおさえる。
	3 「きつねさん」がうそをついた心を読む。	「きつねさん」は，どうして，困った顔をして，うそをついたのかな？ ・見つけたものは，ぼくのものだから。 ・うさぎさんに分けるのが嫌。 ・うさぎさんにほしいと言われたら，困る。 ・ぼくが全部食べたい。	・困った顔までしている「きつねさん」の心の内をおさえる。ただし，前問でたくさんの意見が出たら，重複する部分が多いはずなので，多くを聞かない。

展開	4「きつねさん」の心の気づきをつかむ。	きつねさんは，どうして，目から涙が落ちてきたのでしょう？ ・ごめんなさい。ぼくために…。 ・ありがとう。ぼくのために…。 ・あったかいよ。 　（内容を聞き，深める。） ・ぼく，今日のことを忘れないよ。 ・今度は，僕の番だよ。（何が？） ・うさぎさん，かっこいいなぁ。（何が？）	・「うさぎさん」がくれたくりのみに託された「うさぎさん」の思いをともに感じとれるよう発問を深めることができれば5はなくてもよい。
	5 しなびたくりのみに詰まったうさぎさんの思いやりの中身を考える。	しなびたくりのみに何がつまっていたのかな？ ・思いやりのこころ。 ・やさしさ。 ・命。 ・いろいろな感謝。	・子どもの思わぬ回答の中身をきちんと把握する。
終末	6 感想を書く。	感じたことや考えたことをまとめる。	・感想を書かせる。 ・時間がなければ，省略。

5．板書記録

アミカケ のところは，最後に板書している。

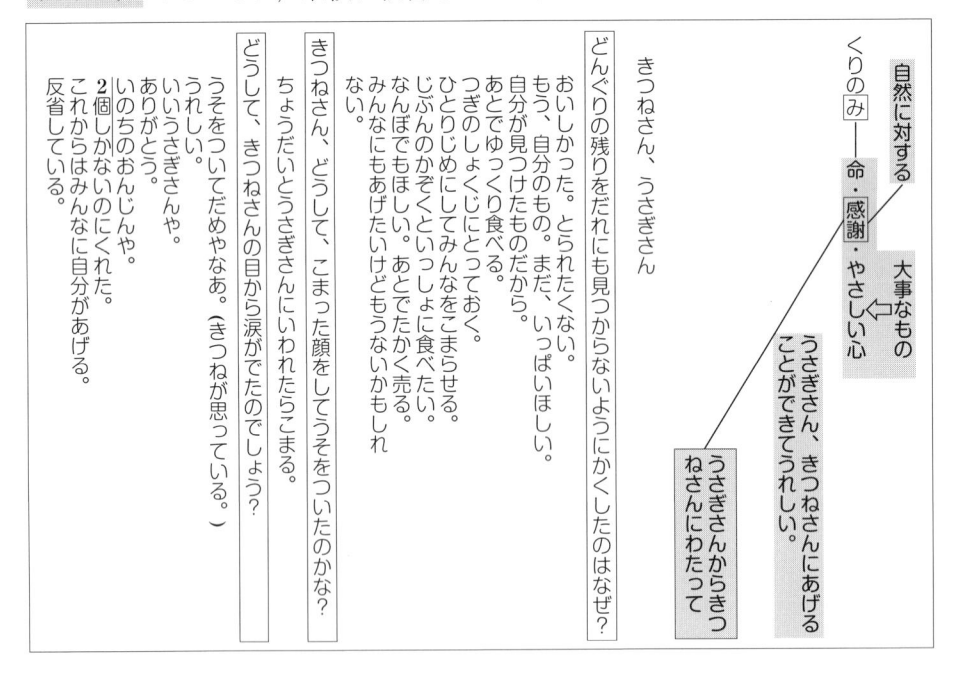

きつねさん，うさぎさん

どんぐりの残りをだれにも見つからないようにかくしたのはなぜ？
・おいしかった。とられたくない。
・もう，自分のもの。まだ，いっぱいほしい。
・自分が見つけたものだから。
・あとでゆっくり食べる。
・つぎのしょくじにとっておく。
・ひとりじめにしてみんなをこまらせる。
・じぶんのかぞくといっしょに食べたい。
・なんぼでもほしい。あとでたかく売る。
・みんなにもあげたいけどもうないかもしれない。

きつねさん，どうして，こまった顔をしてうそをついたのかな？
・ちょうだいとうさぎさんにいわれたらこまる。
・どうして，きつねさんの目から涙がでたのでしょう？〈きつねが思っている。〉
・うそをついてだめやなぁ。
・いいうさぎさんや。
・ありがとう。
・いのちのおんじんや。
・2個しかないのにくれた。これからはみんなに自分があげる。反省している。

くりのみ → 命・感謝・やさしい心

自然に対する
大事なもの

うさぎさん，きつねさんにあげることができてうれしい。

うさぎさんからきつねさんにわたって

6．授業記録

〈発問に対する発言は，できるだけまんべんなく，できればすべての子どもが発言

できるように教師があてる。〉
〈前半は省略，中心発問より〉
　T：どうして，きつねさんの目から涙がでたのでしょう？
C1：うそをついてだめやなあ。（きつねが思っている。）
C2：うれしい。
C3：いいうさぎさんや。
C4：ありがとう。
C5：いのちのおんじんや。
C6：2個しかないのにくれた。
C7：これからはみんなに自分があげる。
C8：反省している。

　T：くりのみ，このお話の実の中にはどんなものがつまっていたのかな？
C9：命。
　T：なんで？
C9：くりのみを食べて助かるから。
C10：ありがとう。
　T：だれが，ありがとうって言っているの？
C10：きつねさん
　T：どうして？
C10：うさぎさんからきつねさんにわたったから。
　T：うさぎさんからきつねさんにわたったからか。ふうーん。
　T：そうか，うさぎさんから，きつねさんに手渡されてきつねさんの思いにかわっているんだ。
C10：うん。
　T：すごい意見だね。

　T：ほかには？
C11：実を作ってくれた木へありがとう。
　T：はかにもある？
C12：大事なもの。
　T：どんなもの？
C12：こころ
　T：どんなこころ？
C13：優しい心。
C14：（うさぎは，）あげることができてうれしい。

T：そうか。そうだね。
〈以下は省略，終末へ〉

7．児童の感想

・きつねがいいなと思った。
・きつねがないていました。うさぎさんは友情があります。
・きつね，うそつくなよ。
・きつねが悪いことをして，うさきさんをこまらせてしまった。でも，うさぎさんがやさしいからすぐになみだが　すぐなきやみました。うさぎさんに感謝しています。
・うさぎさんは，めちゃくちゃやさしかった。
・きつねさんは悪かったと思っている。
・きつねとうさぎが今度からきつねさんが優しくなれるかなーと思っている。
・うさぎが優しい。
・きつねがうそをついているのにくりをくれた。
・わたしは，こう思いました。きつねさんは，なぜうそをついたのかなーと思いました。
・きつねがうそをついたけどうさぎさんがどんぐりのみをくれたのがよかった。
・うさぎさんがやさしかった。きつねさんがうそをついたからわるいってきつねさんがはんせいしてた。
・きつねがうさぎにあげてやさしかった。
・きつねさんとうさぎさんは仲良しだと思った。
・きつねがくりを1個もらえてよかったね。
・きつねはうそをついたけど，さいごいいきつねになった。

8．同じ内容項目の他の資料

「はしのうえのおおかみ」（『どうとく①　みんななかよく』東京書籍）

くりのみ

　　　ビュービューと，北風のふいている原っぱで，きつねが，うさぎにであいました。
「うさぎさん，うさぎさん。そんなにいそいでどこへいくのです。」
ときつねがききました。
「たべものを見つけにいくのです。」
と，うさぎはいいました。
「わたしもたべものをさがしにいくところです。」
「たくさん見つかるといいですね。では，気をつけて，いってらっしゃい。」

　うさぎとわかれてしばらくいくと，森の中に，どんぐりがたくさんおちていました。
「しめた」
　きつねは，よろこんではらいっぱいたべました。
　のこりは，だれにも見つからないように，おちばでかくしておきました。

かえるとちゅうで，また，さっきのうさぎにあいました。
「きつねさん，どうでしたか。」
と，うさぎがききました。
　きつねはきゅうにこまった顔をして，
「だめなんです。なんにも見つかりませんでした。」
といいました。
「それはお気のどくですね。」
といって，うさぎは，しばらくかんがえていましたが，しなびたくりのみをとり出しました。
「やっと，二つ見つけたのです。一つさし上げましょう。」
「えっ。」
　出されたくりのみを見ているうちに，きつねの目から，なみだがおちてきました。

4 まどガラスと魚

① 主題名　正直に明るい心で　1—(4)
② 飼い猫が魚をくわえて帰ってきたのを見て，一軒ずつ聞いて回り，千一郎の家に謝りに来た近所のお姉さんの姿を見て，お母さんに本当のことを話そうと決心した千一郎の姿を通して，過ちは素直に認め，正直に明るい心で元気よく生活しようとする道徳的心情を育てる。
③ 出　典　『小学校どうとく　生きる力3』日本文教出版

1．資料解説

① あらすじ：キャッチボールをしていた千一郎の投げたボールがそれて，よその家の窓ガラスを割ってしまう。千一郎は謝らなければならないと思いつつも逃げてしまう。気になって次の日もその次の日も，千一郎は学校へ行くときに遠回りして見に行く。1枚だけぽかんと穴があいている窓ガラスを見て，自分の身体にもぽかんと穴があいたように思われたり，「ガラスをわったのは誰だ？」という張り紙を見て，口の中で「ぼくです。」と叫びながらも，その家の人にも，お母さんにも，なかなか正直に話すことができない。そんな時，飼い猫が魚をくわえて帰ってきたのを見て，一軒ずつ聞いて回っている近所のお姉さんが，千一郎の家に謝りに来る。この出来事をきっかけに，千一郎はお母さんに本当のことを打ち明けることができ，お母さんと一緒におわびに行くこととなる。

② 資料の読み
　(1) 主人公は…千一郎
　(2) 助言者は…お姉さんが謝りに来た
　(3) 変化したところは…お姉さんが訪ねてきたその夜。
　　＊資料の文中にはないが，「次の日，…朝おきると，まっ先に，…お母さんに話しました。」とあるので，自覚した（している（—ing））ところは前日の夜，寝る前。

4　まどガラスと魚

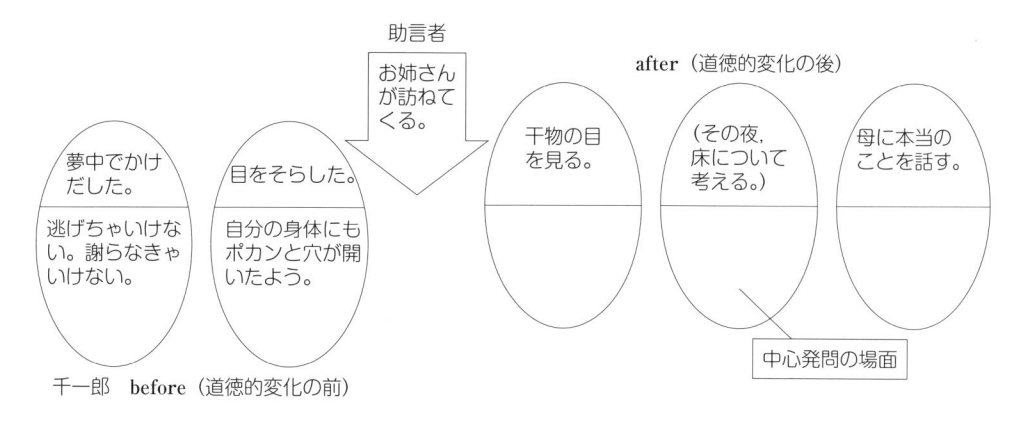

```
千一郎　before（道徳的変化の前）                    助言者                    after（道徳的変化の後）
┌─────────┐  ┌─────────┐   お姉さん    ┌─────────┐  ┌─────────┐  ┌─────────┐
│夢中でかけ │  │目をそらした。│   が訪ねて   │干物の目  │  │(その夜,  │  │母に本当の│
│だした。   │  │自分の身体にも│    くる。    │を見る。  │  │床について│  │ことを話す。│
│逃げちゃいけ│  │ポカンと穴が │      ↓       │          │  │考える。) │  │          │
│ない。謝らな│  │開いたよう。 │              │          │  │          │  │          │
│きゃいけない。│  │              │              │          │  │          │  │          │
└─────────┘  └─────────┘              └─────────┘  └─────────┘  └─────────┘
                                                              中心発問の場面
```

2．指導のポイント

① 価値への導入ではなく，資料への導入から入る。
○ キャッチボールってしたことある？
　生活経験の違いを補充する程度でよい。
　（必ずしも相手の手の届くところに投げられるわけではない。）
② 中心発問までの発問では，千一郎が迷い悩みながらも変化しきれない場面を，誰でもがもっている人間的な弱さに気づかせ共感させながら進めていく。
　＊「人間は小さな過ちはすぐに謝れても，身に余るような大きな過失からは逃げようとしてしまうもの。」
○ なぜ目をそらしたのか？　○なぜあわててかけ出したのか？　について考えイメージをふくらませ答えることにより，望ましい行動を引き起こすもとになる内面的なものに対する心情が広がり深まりやすくなる。
③ 中心発問に至る前に，文中にはないが「はっと」してから翌朝まで，つまりその夜床に入って眠りに就くまでに（何か）を決意したことに気づかせておく。
④ 中心発問では，子どもたちの「おそらく千一郎はこう考えたであろう」という発言を広く深く大切に受け止めていく。
○ なぜ決心できたのか？　○どんな風に考えた結果，お母さんに本当のことを話すに至ったのか？　について，みんなの言葉でえがきだした「正直」という道徳的価値に関しての自覚を深めていけるようにする。
⑤ 終末は（短く）。「正直に明るい心で」という主題に添って，正直であることの難しさや晴れやかさを感じられれば良い。長い説論は必要ない。余韻を持って終わる。

3.「わたしたちの道徳」との関連

小学校3・4年用38から41ページに「自分に正直になれば，心はとても軽くなる」という項目がある。「すなおな心」や「すなおになれない心」の両方があることに気づかせながら，「心のつな引き」や「正直に生きることは，自分の心を明るくします」ということが自覚できるように授業を進めていきたい。終末で必ずしも使わなければならないことはないが，授業の主題にあった語りかけをしていくことも，一つの方法として考えられる。

4．展開過程

	学習活動	発問と予想される児童の反応	指導上の留意点
導入	・資料への導入。	キャッチボールってしたことある？ ・ある。　・やったことない。　・野球してる。 ・やったけどうまく投げられない。	・短く・深入りしない。 ・生活経験の違いを補充する程度にする。
展開	・資料を黙読する。 ・夢中でかけ出してしまった千一郎の心情を理解する。	どうして，千一郎は夢中でかけ出したのでしょう。 ・文助が逃げろといったから。　・怒られる。 ・元に戻せないし，自分の責任だから，怖い。 ・どうしていいか分からなくて。 ・その場に居れなくて。	・資料を範読する。 ・逃げちゃいけない謝らなければいけないと思いながらもどんどん先へ走ってしまう千一郎の心情を理解させる。
	・自分の過失を受け入れられなくて直視できない千一郎の気持ちを共感的に理解する。	千一郎は，どうして目をそらしたのでしょう。 ・見たくなかった。 ・やっぱり本当にガラスがわれていたから。 ・われてると認めたくなかった。 ・自分の身体にもぽかんと穴があいたよう。	＊「人間は小さな過ちはすぐに謝れても，身に余るような大きな過失からは逃げようとしてしまうもの」
	・「ぼくです」と口の中で叫びながらも，慌てて駆け出した千一郎の気持ちを理解する。	「ガラスをわったのはだれだ？」という張り紙をみて，あわててかけ出した千一郎はどんな気持ちだったのでしょう。 ・ぼくです。　・その家の人は怒ってる。 ・ここにいたら怪しまれる。　・どうしよう。 ・謝らなければいけない。	＊人間的な弱さに気づき，多様な意見がたくさん出るようにすることによって，中心発問への答えに広がりが出てくる。

展開	・どんな風に考えて、お母さんに本当のことを話そうと決意したのかを、千一郎になりきって考える。	お姉さんが訪ねてきたその夜、千一郎は、どんなことを考えてお母さんに本当のことを話そうと決心したのでしょう。 ・お姉さんのようにしよう。 ・黙っているのは苦しい。 ・自分がしたことだから謝ろう。 ・お母さんは怒らず助けてくれるかもしれない。 ・このままなら、割れたガラスの家のひとの心にも穴があいたままになる。 ・猫はお姉さんに謝ってもらったけど、自分は自分のしたことを自分で謝ろう。		・文中にはないが、あじの目で見つめられたように思ってから翌朝まで、つまりその夜床に入ってから寝るまでに、悩み、自覚し、決意した事に気づかせ、主人公になりきって考え、中心発問に対する多様な答えを引き出す。 ・互いの考えに刺激を受けながら考えを広げ深めることにより心情を豊かにしていく。
終末	・自分もまわりの人も晴れやかな気持ちになれることを共感する。 ・感想を書く。	「楽しみに待っていました。」というおじいさんの言葉を聞いて、千一郎はどんな気持ちだったでしょう。 ・驚いた。・ほっとした。・喜んでくれている。 ・気持ちが晴れた。・言ってよかった。・もっと早く。		・晴れやかな心情を共有させる。 ・余韻を残して終わる。 ・感想用紙を配る。

5. 板書記録

まどガラスと魚

ガチャン！
・むちゅうでかけ出した
・こわかった ・逃げろ
・どうしていいか分からなかった

（ふきだし）にげろ
（ふきだし）にげちゃいけない
（ふきだし）あやまらなきゃいけない

（つぎの日）
目をそらした
・見たくなかった ・みとめたくなかった
・ほんとうにいわれてしまってたから ・苦しくて
・自分の体にも、ぽかんとあながあいたように思えた

（そのつぎの日）
あわててかけ出した
・ぼくです ・あやまらなければ
・おこってるんだ ・こわい
・ここにいたら自分だとばれる ・どうしよう

（夕方、お姉さんがあやまりにきた）
＊あじの大きな目で見つめられたよう

ガラスをわったのはだれ？

その夜、千一郎はどんなことを考えて、お母さんに本当のことを話そうと決心したのでしょう

・苦しい
・お姉さんのように
・文助とは違うんだ
・きっかけが先に言うかも
・あじの干物の目
・猫と同じ
・逃げたいわけじゃない
・おじいさんの心に穴があいたまま
・ぼくですといいたい
・はき出したい
・怒られないかも
・怒られても
・お母さんは怒らず助けてくれるかも
・もう、考えたくない
・本当のことを言うきっかけが欲しかったかも
・猫とおなじ
・自分で謝りたい

（お母さんといっしょに、おわびに行く）
「楽しみにまっていました」
・驚いた ・ほっとした ・待っていてくれたんだ ・気持ちいい
・もっと早く ・気持ちが楽になった ・言って良かった

第4章 小学校の道徳の時間をつくる

6．授業記録

〈前半は省略，中心発問より〉

　T ：◎その夜，千一郎はどんなことを考えて，お母さんに本当のことを話そうと決心したのでしょう。
　C1 ：ずっと気にしていたと思います。
　T ：どんなことを気にしていたの？
　C1 ：このままだまってたら苦しい。
　C2 ：きっかけが欲しかった。
　C3 ：お姉さんのように謝ろう。
　T ：なぜ？
　C4 ：猫のしたことまでお姉さんは謝っている。
　C5 ：ぼくは文助とは違うんだ。
　C6 ：文助が先に言うかも。
　C7 ：あじの干物の目を思い出してた。
　T ：なるほど，思い出してどんなことを考えてた？
　C8 ：おじいちゃん大丈夫かなあ。
　C9 ：息苦しい。
　C10：はき出したかった。
　C11：逃げたいわけじゃない。
　C12：夜ずっと泣いてた。
　T ：なぜ泣いてたの？
　C12：なんであんなことしたんやろう。
　T ：あんなことって？
　C12：逃げなかったらよかった。
　C12：お母さん怒るかなあ。
　C13：お母さん助けてくれるかも。
　C14：もう，考えたくない。
　T ：なぜ，もう考えたくないの？
　C14：気持ちがしんどい。なんとかしたい。
　C15：謝らなかったら猫と同じ。
　C16：やったことは自分でちゃんと謝りたい。
　C17：このままだったら，おじいちゃんの心にもぽかんと穴があいたままになってしまう。

〈以下は省略，終末へ〉

7. 児童の感想

- 千一郎は「逃げろ」と言われて，どうしたらいいか分からず，逃げてしまったんだと思います。でも，気になって見にいったのはとても心配になったからだと思います。ずっと心配してたから，お母さんに本当のことを話したんだと思います。
- 千一郎は謝りに行けて良かった。お母さんに本当のことが言えて良かった。言わなかったらみんないやな気持ちのままだったと思う。千一郎の心にもおじいさんの心にも穴があいたままだったとぼくも思います。
- あじの干物と目があったとき，とても怖くなって「はっと」したんだと思います。あじの干物の目はおじいさんの目だったと思います。おじいさんに見られているように思って怖かったと思います。でも，お母さんに本当のことを言って謝りに行ったから，もう怖くないと思います。
- おじいさんが「楽しみに待っていました」と言ってくれてとても嬉しかったと思います。夜にいっぱい考えて，正直にお母さんに本当のことを言って良かったと思っていると思います。千一郎はすごいなあと思いました。

8. 同じ内容項目の他の資料

「『正直』五十円分」（『4年生のどうとく』文溪堂）

まどガラスと魚

　　ガチャン！　千一郎の投げたボールが，文助の頭をこえて，よその家のまどガラスにあたったのです。
　「にげろ。」
という文助の声に千一郎もむちゅうでかけだしました。
　（にげちゃいけない。あやまらなきゃいけない。）と思いながら，足のほうはどんどん先へ走りました。
　つぎの日の朝，学校へ行くとき，千一郎は遠回りをして，その家の前を通ってみました。まどガラスは，一まいだけ，ぽかんとあながあいていました。はっとして，千一郎は目をそらしました。自分のからだにも，ぽかんとあながあいたように思われました。
　つぎの日も，やっぱり気になって，学校へ行くとき，遠回りしてみました。今度は，白い紙がはってありました。紙いっぱいに〔ガラスをわったのはだれだ？〕と書いてありました。
　「ぼくです。」
と，口の中でさけびながら，千一郎はあわててかけだしました。
　その日の夕方です。千一郎は，宿題をしていました。すると，台所でお母さんが，「あら，どこかのねこが，お魚をさらっていったわ。」とさけびました。千一郎もお

どろいて，台所へ行きましたが，ねこはゆうゆうと，うら通りをまがるところでした。

夕はんをすませたころ，近所のお姉さんがたずねてきました。

「あのう，おたくで，もしや，ねこに魚をとられませんでしたか。」

「ええ，さっきとられましたけど。」

お姉さんは，一けん，一けん聞いて回っていたのです。ていねいにあやまってから，おわびにと大きなあじのひものを二枚さしだしました。千一郎は，なんだか，あじの大きな目で見つめられたように思いました。

つぎの日は，休日でした。朝おきると，真っ先に，千一郎は，よそのうちのガラスをわったことをお母さんに話しました。そして，お母さんといっしょに，おわびに行きました。まどには，もう，新しいガラスがはまっていました。

お母さんは，ガラスのお金をさし出しましたが，その家のおじいさんは手をふりました。

「いや，ガラス代なんかいりませんよ。わたしは，正直な子どもの来るのを楽しみにまっていました。」

そう言って，千一郎のボールを返してくれました。

（奈街三郎 作による）

5 ヒキガエルとロバ

① 主題名　生命尊重　3—(1)
② ねらい　ヒキガエルの命を助けるロバを見て道徳的に変化する主人公を通して，生命の尊さを感じ取り生命あるものを大切にしようとする道徳的心情を養う。
③ 出　典　『小学校　読み物資料とその利用3』文部省

1．資料解説

① あらすじ：学校帰りのアドルフたちがヒキガエルを見つけ，おもしろ半分で石を投げつけ始める。ヒキガエルは必死の思いでわだちに逃げ込むが，そのわだちに沿って重い荷車を引いたロバがやってくる。石を投げるのを止めてどうなるか見守るアドルフたち。ヒキガエルに気づいたロバは，農夫にムチで叩かれ重い荷車を引きながらも足を踏ん張り，荷車はわだちを抜けて行く。ヒキガエルは助かった。それを見ていたアドルフの手から，石が静かにすべり落ちていった。
② 資料の読み
　(1) 主人公は…アドルフ
　(2) 助言者は…ロバ
　(3) 変化したところは…「石が足もとに静かにすべり落ちていった」

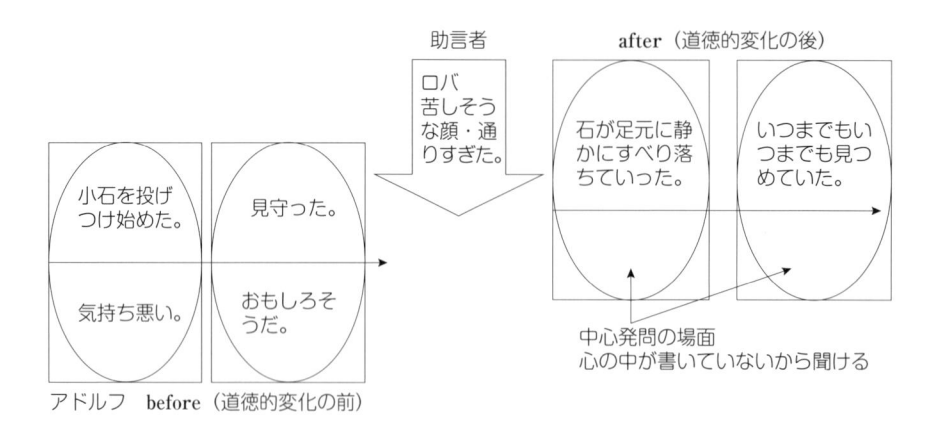

助言者
ロバ
苦しそうな顔・通りすぎた。

after（道徳的変化の後）

石が足元に静かにすべり落ちていった。

いつまでもいつまでも見つめていた。

小石を投げつけ始めた。

見守った。

気持ち悪い。

おもしろそうだ。

アドルフ　before（道徳的変化の前）

中心発問の場面
心の中が書いていないから聞ける

2．指導のポイント

① 価値への導入ではなく，資料への導入から入る。
○ ヒキガエルって知ってる？（写真を見せる）
　・気持ちが悪い！　という主人公たちと同じ声がでてくるかもしれない。
② 中心発問までの発問では，挿絵も使いながら場面の様子がわかりやすいように展開していく。
③ 中心発問前の発問は主人公とは離れるが，助言者のロバをおさえないと中心発問でロバと比較した答えが出ないので，発問しておく。
○ ロバはどう考えて苦しそうに荷車を引いてヒキガエルの横を通り過ぎたのだろう。
　・ヒキガエルさんを助けてやろう。
　・ヒキガエルさん，かわいそうに。
　・荷車は重いけどヒキガエルさんのためにがんばるぞ。
④ 中心発問の場面は変化した直後でもよいが，
○ 石が静かにすべり落ちたとき，どんな気持ちでしょう。
　では，力が抜けたことはわかるが考えにくいので，
◎「いつまでもいつまでも見つめていた」どんなことを考えながら見つめていたのだろう。
　の方が考えが出やすいと思われる。その後，補助発問で変化した場面を使いたい。

3．「私たちの道徳」との関連

　生命の大切さが出れば「自分の生活を振り返る」は必要ないので，「すごいこと考えたね」と言って終末を「小学校3・4年用」100・101ページを読んで終わりたい。
　また，「みんなも生命を大切にしようね。自分の生命も大切にしようね」とまとめてもよい。

4．展開過程

	学習活動	発問と予想される児童の反応	指導上の留意点
導入	・今日の資料について知る。	ヒキガエルって知ってる？（写真を見せる） ・知らない。見たことない。　・気持ち悪い！	・導入なので時間はかけない。
展開	・資料を黙読する。 ・ヒキガエルに対して悪意を持つ主人公の心情を理解する。	 ヒキガエルめがけて小石を投げつけ始めたアドルフは，どんな気持ちだったでしょう。 ・気持ち悪いヒキガエルだ，あっちいけ！ ・石をぶつけてやる。 ・あたった，あたった。やったー！	・資料を範読する。 ・主人公への批判にならないようにする。また，ここでは面白半分であったことにとどめる。
	・ロバが来ることを楽しみにしている主人公の判断力を理解する。	アドルフは，どう考えてロバが荷車を引いてくるのを見守ることにしたのだろう。 ・石を当てるよりもこっちの方がおもしろいぞ。 ・ヒキガエルがどうなるか楽しみだ。 ・ヒキガエルめ，ざまあみろ。	・このあとどうなるのかを楽しみにしている主人公の心情をおさえる。
	・ヒキガエルを助けようと決意するロバの判断力に共感する。	ロバはどう考えて苦しそうに荷車を引いてヒキガエルの横を通り過ぎたのだろう。 ・ヒキガエルさんを助けてやろう。 ・ヒキガエルさん，いじめられてかわいそうに。 ・荷車は重いけどヒキガエルさんのためにがんばるぞ。 ・同じ生き物として命を守ってやるぞ。	・主人公とは離れるがロバの行動をていねいに説明していき，ロバの判断力に共感させる。
	・自分の行動を反省し，生命を大切にしなければと考える主人公の心情を理解する。	アドルフは，どんなことを考えながら小さくいきをしているヒキガエルと遠く去っていくロバのすがたをいつまでもいつまでも見つめていたのだろう。 ・どうしてロバはヒキガエルをよけたのかな。（疑問） ・ヒキガエルに石を投げたのはよくなかった。（反省） ・ロバはすごいなあ。小さなヒキガエルの命を大切にしている。（尊敬） ・どんな生き物にも命があるんだ。（生命の自覚） ・これからは生き物の命を大切にしよう。（決意）	・変化した場面についても考えさせたい。 ☆アドルフは石と共に何を（どんな心を）落としたのだろう。
	・生命についてどう考えているか，自己を見つめる。	みんなも周りの動植物が生きているなあと感じたことはありませんか。 ・犬にえさをあげたら喜んでいた。 ・花に水をやるのを忘れていたらしおれていた。	・中心発問で生命の大切さが充分に出れば「すごいこと考えたね」とまとめて省略する。
終末	・感想を書く。 ・「わたしたちの道徳」を読む。	「わたしたちの道徳」にこんな詩がありました。（100・101ページを読む） みんなみんな，生きてるんだね。生きているって，すごいよね。自分の生命もみんなの命も大切にしようね。	・感想を書かせる。 ・余韻を残して終わる。

5．板書記録

【板書内容】

ヒキガエルとロバ
ピエール
アドルフ

- 小石を投げつけ始めた
- 石を投げるのをやめた　アドルフたちは見守った
- びっくりした　気持ち悪い！　ぶつけてやれ！
- こっちの方がおもしろそう　どうなるのかな？　楽しそうだぞ

- ロバがやってくる　年をとった重い荷車
- 友だちを見るようなやさしい目でじっと見つめつづけていた
- かわいそうだなあ　ケガはだいじょうぶ？　いたそうだなあ　仲間（友だち）だよ　自分（友だち）と同じだ
- ガタンゴトンと大きな音をたてながら通りすぎたのだった。
- 命だってあるんだ

- ひかなかったんだ…。
- いいロバだ　やさしいロバだ　カエルさんごめんね　わるかったなあ　ぼくたちよくなかった
- 大変なことをした！
- いじわるな心　わるい心　いじめた心

- 小さく息をしているヒキガエルと遠く去っていくロバのすがたをいつまでもいつまでもながめていた。
- 生き物を大切にしよう！

6．授業記録

〈前半は省略，中心発問より〉

T ◎アドルフは，どんなことを考えながら小さくいきをしているヒキガエルと遠く去っていくロバの姿をいつまでもいつまでも見つめていたのだろう。

C1：どうしてひかなかったんだろうって考えていたと思います。

T：初めはそうだったかも知れないよね。何で？　ってね。

C2：私は，ロバはやさしいなあって思いながら見ていたと思います。

C3：ロバは，いいロバだなあって見ていたと思います。

C4：同じで，いいロバだなあって思っていたと思います。ヒキガエルを助けてすごいなあって。

C5：すごいロバだなあって見ていたんじゃないかと思います。

T：何がすごいの？

C5：荷物が重いしムチで叩かれているのに，わざわざヒキガエルをよけて行ったことがすごい。

C6：付け足しで，命を助けてあげたことがすごい。

T：命を助けたのがすごいんだ。

C7：ぼくは，悪かったなあと思っていると思います。

C8：ぼくも，「ぼくたちよくなかったなあ」と思っていると思う。石なんか投げて，悪かったなあと考えたと思う。

C9：ふざけてやっていたけど，かわいそうなことをしたなあと反省しているんじゃないかな。

（何人かがうなずく）

C10：大変なことをしたなあと思っていると思う。
 T ：大変なことって，どういうこと？
C10：ヒキガエルに石を投げたこと。もし石が当たってたら，死んじゃうかもしれない。
 C1：ロバがひいてたら死んじゃう。
 C7：それを黙って見ていたことも大変なことだと思う。
 T ：なるほどなあ。
C11：いやなことしたなあと思っています。
C12：命があるんだから，大切にしたいといけないなあと考えていると思います。
 T ：これからのことも考えているんだね。
 C2：生き物を大切にしようって思っていると思います。
C13：もう石なんか投げんとこって思っている。
 T ：☆そうだよね。アドルフは静かに石を落とすんだよね。アドルフは石と共にどんな心を落としたのだろうね。
C12：意地悪な心だと思います。
 T ：どうして？
C12：ヒキガエルに石を投げたりロバにひかそうとしたから。
C14：私は，命を大切にしない悪い心だと思います。
C15：ぼくは，ヒキガエルをいじめた心だと思います。
〈以下は省略，終末へ〉

7．児童の感想

・これからも生き物を大切にしたいです。友達とか魚とか犬とかも大切にしたい。アドルフとピエールは，本当はとってもやさしい心を持っていて，石を落としたときに，意地悪な心や悪い心を落としたと思います。
・ロバは友達のように大切にしてあげてやさしいと思う。
　ヒキガエルもロバのことを「ありがとう」とか思っていると思います。
・このお話に出てくるロバは，とてもやさしいなと思いました。なぜかというと，カエルをよけたからです。
　私も，これからも命を大切にしたいです。
・これからもこのお話に出てきたアドルフとピエールみたいにカエルに石を投げたりしないようにします。どんな生き物でも命は大切やから，1回死なせたらプラナリアみたいに1回切ったらまたはえてくるわけじゃないから，どんな生き物でも大切にします。

8．同じ内容項目の他の資料

「命の祭り—ヌチヌグスージー」（『小学校どうとく3年　きみが いちばん ひかる とき』光村図書）

「チャンプ，きみのことをわすれない」（『小学校どうとく4年　きみが いちばん ひかるとき』光村図書）

ヒキガエルとロバ

　　雨あがりのはたけ道。学校帰りのアドルフとピエールたちの前に，ヒキガエルが一ぴき飛び出してきた。
「うわっ，なんだ！」
「気持ち悪い！」
「ヒキガエルだぞ！」
「石をぶつけてやれ！」
子どもたちは口々にそうさけびながら，ヒキガエルめがけて，小石を投げつけ始めた。
「あたった，あたった。」
「おい，もっと石を持って来いよ。」
　　アドルフに言われて，ピエールたちは，道ばたから石を集めてきた。
　　ヒキガエルは，子どもたちに追われながら，どろんこ道にある車のわだちへころがりこんだ。わずかに水がたまって緑色をしたそのくぼみの中で，ほっとした気持ちになったようだ。ゆっくりと，からだにつけられたきずをあらい始めた。
　　ちょうどそのとき，としをとったロバが荷車を引いてやって来た。耳も聞こえず，目もよく見えないようなやせたロバだった。荷車にも，せなかにしょっている大きなかごにも，野菜がいっぱいにつまれていた。荷車に乗った農夫から，たえずピシ

リピシリとむちで打たれていた。きっと一日のつらい仕事と長い道のりにつかれはて,へとへとになって自分のうまやに帰っていくとちゅうなのだろう。一歩一歩ふみしめるようにどろんこ道を進んできた。
「アドルフ,ヒキガエルのやつ荷車にひかれるぞ。」
「そっちを見ているほうが面白(おもしろ)そうだ。」
アドルフたちは,見守った。
　ガタン　ゴトン　ガタン　ゴトン。くぼみにロバが近づいて来るが,坂道にあるわだちのあとがでこぼこでなかなか前に進まない。
　農夫(ふ)は,ぐいぐいとたづなを引っぱり,むちを打ちつづける。
「ハア　ハア……。」
ロバの息があらくなる。一歩一歩近づいてきたロバは,そのときふと,自分の足もとできずをおってじっとしているヒキガエルに気がついた。
　くぼみの中のヒキガエルは,もう動く力もないようだった。ロバは,目をとじている小さな生き物に鼻を近づけ,友だちを見るようなやさしい目でじっと見つめつづけていた。
　農夫は急に前に進まなくなったロバにはらをたて,何度もむちを打っている。
「ヒヒーン！」
とつ然ロバはいななくと,グーンと足をふんばった。自分に残ったすべての力をふりしぼるかのように,歯をくいしばって足に力を入れたのだ。せおったかごが横にふられた。重い野菜がたくさんつんである荷車も少し動いた。ロバの顔は,さらに苦しそうになった。
　そしてついに,車輪(りん)はゆっくりと動きだし,新しいわだちをつけていったのである。荷車は,ヒキガエルのいるくぼみの横を,ガタン　ゴトン,と大きな音をたてながら通り過ぎたのだった。
　ヒキガエルは助かった。
　それを見ていたアドルフの手から,石が足もとに静かにすべり落ちていった。ピエールたちも何も言わずに立っている。
　やがて,荷車の音もロバのうれしそうないななきも遠くになっていった。子どもたちは,くぼみの中で小さく息をしているヒキガエルと,遠く去っていくロバのすがたを,いつまでもいつまでもながめていた。

（徳満哲雄　作による）

> 6 ふり出した雨
>
> ① 主題名　誠実　1—(4)
> ② ねらい　雨がふり出しそうにもかかわらず学校に戻って当番の仕事をしようと道徳的に変化する主人公を通して，正直に明るい心で生活しようとする道徳的判断力を高める。
> ③ 出　典　『小学校どうとく　生きる力4』日本文教出版

1．資料解説

① あらすじ：せいちゃんたちは掃除当番を終えて外に出ると，空は今にも雨が降り出しそうです。せいちゃんは，けんちゃん，まさちゃんと家に向かってかけ出します。しかし，せいちゃんがにわとり小屋の掃除を忘れていたことを思い出して立ち止まります。「一日ぐらい放っておいても，だいじょうぶだよ」というまさちゃんの言葉。まさちゃんとけんちゃんは家に向かって歩き出しますが，せいちゃんは思い切ったように二人とは反対に学校の方へかけ出します。
　せいちゃんはにわとり小屋の掃除をしますが，終わった頃には雨が降り出します。雨の中を走って帰らなければなりません。でも，靴のひもをきつく結び直しているせいちゃんの顔は，生き生きと輝いていました。
② 資料の読み
(1)主人公は…せいちゃん
(2)助言者は…当番がえさやりを忘れて，にわとりが死にそうになったことを思い出した。
(3)変化したところは…「思い切ったようにかけ出しました」

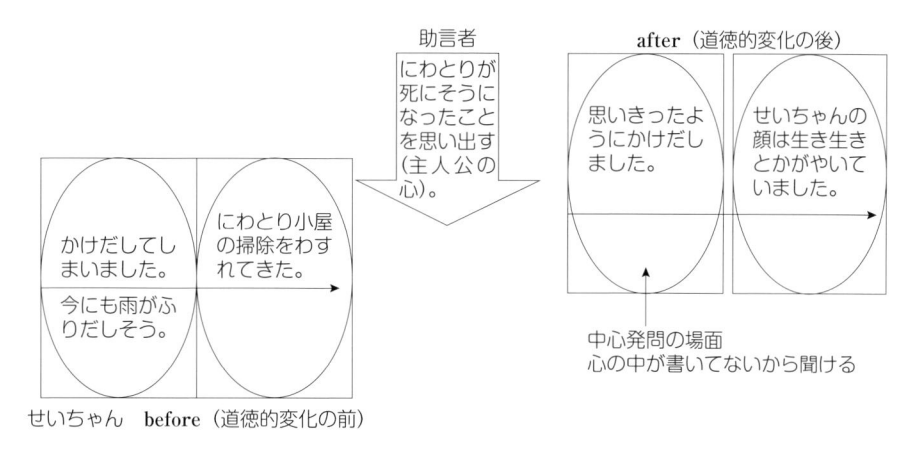

```
            助言者                after（道徳的変化の後）
            にわとりが
            死にそうに
            なったこと
            を思い出す
            (主人公の
            心)。
  ┌─────┬─────┐              ┌─────┬─────┐
  │かけだ│にわと│              │思いき│せいち│
  │してし│り小屋│              │ったよ│ゃんの│
  │まいま│の掃除│      →       │うにか│顔は生│
  │した。│をわす│              │けだし│き生き│
  │今にも│れてき│              │ました│とかが│
  │雨がふ│た。  │              │。    │やいて│
  │りだし│      │              │      │いまし│
  │そう。│      │              │      │た。  │
  └─────┴─────┘              └─────┴─────┘
  せいちゃん  before（道徳的変化の前）    中心発問の場面
                                        心の中が書いてないから聞ける
```

2．指導のポイント

① 価値への導入ではなく，資料への導入から入る。

○雨がふり出して困ることってあるかな。

・中学年ということもあり，たくさん手が挙がると考えられるが時間をかけないようにしたい。

② 中心発問前の発問では，補助発問も入れながら，主人公の迷う気持ちも出させてから中心発問に入りたい。

○まさちゃんの「一日ぐらいほうっておいても，だいじょうぶだよ」という言葉を聞いたせいちゃんは，どう思っただろう。

・生き物だからから毎日世話をしないといけない。

・当番なんだから，ちゃんとしないと。

☆でも，すぐには行かないよね。何を迷っているんだろう。

・ぬれるのイヤだなあ。

・早く帰りたいなあ。

3．「私たちの道徳」との関連

「小学校3・4年用」39ページの「心のつな引き」という言葉を使ってまとめる。

4．展開過程

	学習活動	発問と予想される児童の反応	指導上の留意点
導入	・今日の資料について知る。	今日は「ふり出した雨」というお話です。雨がふると困ることってあるかな。 ・靴の中がぬれてしまう。 ・靴下やカバンがびしょびしょになる。	・導入なので時間はかけない。
展開	・資料を読む。 ・雨が降り出しそうなのでかけ出す主人公の心情を理解する。	いつの間にか，かけ出したせいちゃんは，どんなことを思っていただろう。 ・早く帰ろう。 ・雨がふりそうだ。 ・ぬれるのはイヤだなあ。	・資料を範読する。 ・挿絵も使いながら状況を確認する。
	・友達の言葉を聞いて迷う主人公の心情に共感する。	まさちゃんの「一日ぐらいほうっておいても，だいじょうぶだよ」という言葉を聞いたせいちゃんは，どう思っただろう。 ○生き物だから毎日世話をしないと…。 ○死んじゃったらどうしよう。 ○当番なんだから…。 ○困ったなあ，どうしよう…。 ●一日ぐらい大丈夫だろう。 ●ぬれるのいやだな，雨が降る前に帰ろう。 ●まさちゃんも帰るんだし，僕も帰ろう。 ●先生がやってくれるよ。	・主人公の葛藤する心情を考えさせたい。 ☆でもすぐにはいかないよね。何を迷っているんだろう。
	・学校にかけ出す主人公の判断力を考える。	せいちゃんは，どう考えて学校の方に思い切ってかけ出したのだろう。 ・ニワトリが死んでしまうかも知れない。 ・当番だからちゃんと世話をしないといけない。 ・このまま家には帰っても気になって寝れない。 ・僕がやらないと誰がやるんだ。	・学校に向かうときの主人公の心情をていねいに聞いていく。
	・ごまかさないで仕事をやりきった主人公の心情に共感する。	雨が降り出しているのに，せいちゃんの顔が生き生きと輝いているのはどうしてだろう。 ・にわとりは大丈夫だから。 ・自分の仕事を果たしたから。 ・迷っていた気持ちがスッキリしたから。 ・これで安心して帰ることができる。	・変化した後であるが，主人公の輝きについても考えさせたい。 ☆せいちゃんの何が輝いているのだろう。
終末	・感想を書く。 ・心のノートを読む。	「わたしたちの道徳」にこんな言葉がありました。 「心のつな引き」 正しいことを「ちゃんとしよう」という心と「まあいっか」という心のつな引き。そんな時，あるよね。心のつな引きに勝てる強い心を持ちたいね。	・感想を書かせる。

5. 板　書

（板書図）

雨がふり出した／せいちゃんの顔は生き生きとかがやいていました。／にわとり小屋も心もスッキリした／やってよかった／気持ちが楽になった／にわとりのために自分の仕事だやっぱりやらないと！／学校の方へ思い切ってかけ出したせいちゃん／だいじょうぶかなあ／もしかしたらぼくの仕事だしお母さんにおこられそうめんどくさい！！／雨がふりそうカサがないしぬれたくない／不安　モヤモヤ／心のつな引き／だいじょうぶ　一日くらい　平気平気／当番をわすれた！／黒いくも／いつの間にかかけ出したせいちゃん／ぬれちゃうよ雨がふりそうだ早く帰りたい／ふり出した雨

6. 授業記録

〈前半は省略，中心発問より〉

T：○まさちゃんの「一日ぐらいほうっておいても，だいじょうぶだよ」という言葉を聞いたせいちゃんは，どう思っただろう。

C1：まさちゃんはそう言うけど，にわとりたちはだいじょうぶかなって心配していると思います。

C2：もしかしたら，あの時みたいになるんじゃないかって。

T：あの時みたいって？

C2：前，当番が忘れてにわとりが死にそうになった時みたいにまたなるんじゃないかって。

T：なるほど，にわとりを心配しているんだね。

C3：にわとりがかわいそうだなあと思っていると思います。

C4：大変なことになっちゃうんじゃないかなって考えていると思います。

C5：ぼくの仕事だし，やっぱり戻ろうかなって考えていると思います。

C6：同じような意見で，先生がやってくれるけど，やっぱりだめじゃないかなあ。

T：でもすぐには戻らないよね。何を迷っているんだろう。

C7：傘もないし早く帰ったら濡れないから，帰りたい。

C8：同じで雨がふりそうだから。

C9：濡れて帰ったらお母さんに怒られそう。

C10：C8くんに付け足しで，戻ったら雨が降るからだと思います。

C11：戻るのはめんどくさい。

C12：めんどくさいし、先生がしてくれるから大丈夫。
 T ：いろんな思いが出てきたね。帰りたいけど…戻りたいけど…
C3 ：どうしようかなぁって、不安な気持ちでいると思います。
 T ：不安か…。確かに安心してはいられないね。それで、せいちゃんはどうした？
C12：学校の方へ駆け出した。
 T ◎せいちゃんは、どう考えて学校の方に思い切ってかけ出したのだろう。
C2 ：にわとりのためにやっぱり帰らなくちゃと思ったんだと思います。
C4 ：C2さんと同じで、もうあんなことはイヤだと思った。
C13：私も同じで、生き物の命は大事にしないといけない。
 T ：なるほど、にわとりだって生きているんだもんね。
C14：ぼくは、自分の仕事だからやっぱり帰ろうと思った。自分の仕事は自分でせなあかん。
C11：めんどくさいんはめんどくさいんやけど、自分の仕事はちゃんとやった方がいい。
 T ：なんでちゃんとした方がいいの？
C3 ：このまま帰っても不安な気持ちのままだし…だから戻ったと思います。
C14：小屋もすっきりするし、自分の心もすっきりする。
 T ：小屋もすっきりするし、心もすっきりするんだ。うまいこと言うなあ。
 T ○小屋の掃除が終わりました。思っていた通り、雨が降り始めます。でも、くつひもをきつくむすび直しているせいちゃんの顔は、生き生きと輝いていました。雨が降り出しているのに、せいちゃんの顔が生き生きと輝いているのはどうしてだろう。
C4 ：やってよかったと思っているからだと思います。
C1 ：仕事がちゃんとできてよかったと思っているから。
C15：C14くんも言ってたけど、心がすっきりしたからだと思います。
C2 ：気持ちが楽になったからだと思います。
 T ：それってどういうこと？
C2 ：何ていうか…。
 T ：何て言おう。言葉にするのって難しいよね。
C2 ：心の中がどうしようってモヤモヤしていて、それがなくなったって感じかなあ…。
 T ：モヤモヤした感じか、何か分かる気がするね。それがすっきりしたんだね。なるほど。
〈以下は省略、終末へ〉

7．児童の感想

・せいちゃんは，さいしょ，にわとり小屋の仕事をもどってしに行くかまよっていたけど，自分やみんなやにわとりのためにちゃんとそうじをしたり水をかえたりえさをあげたりしていいと思いました。
・小屋のそうじの仕事をわすれて，けんちゃんは「平気，平気」と言っていたけど，せいちゃんはそんなゆうわくを消して正しいことをしていいと思いました。
　せいちゃんがなぜ学校に向かったのかと言うと，たぶん，自分の服は洗えてまた使えるけど，ニワトリの命は一生に一度だからだと思います。
　ぼくもせいちゃんのように正しいことをするとスッキリします。せいちゃんは，正しいことをするとってもいい人だと思いました。

8．同じ内容項目の他の資料

「『正直』五十円分」（『4年生のどうとく』文溪堂）
「まどガラスと魚」（『小学校どうとく　生きる力3』日本文教出版）

第4章　小学校の道徳の時間をつくる

ふり出した雨

　空は，黒い雲におおわれ，今にも雨がふり出しそうです。せいちゃんたちは，そうじ当番です。だれもかれも，早く帰りたいので，そうじもぐんぐんはかどりました。けんちゃんもまさちゃんも，急いでぞうきんがけをしました。そうじが終わったころ，あたりはまるで夕方のように暗くなっていました。

　せいちゃんは，けんちゃん，まさちゃんといっしょに，うちへ帰ります。三人とも大またに歩いていましたが，いつの間にか，かけ出してしまいました。少し行ったとき，
「あっ，にわとり小屋の仕事を忘れてきた。」
　だしぬけにせいちゃんが言って，立ち止まりました。けんちゃんと，まさちゃんの足も止まりました。
　当番の者は，にわとりの世話をして帰ることに決まっていたのです。
「ああ，そうだった。」
　けんちゃんはしょげました。今にも雨がふり出しそうです。とても引き返す気にはなりません。
「そんなこと，平気，平気。一日ぐらいほうっておいても，だいじょうぶだよ。」
　まさちゃんは，こう言って歩き出しました。
　けんちゃんも，そのあとをついていきそうです。

でも，せいちゃんは，いつかのできごとを思い出していました。
　当番がえさをやるのをわすれたために，にわとりが死にそうになったことがあったのです。
　そのときは，先生が世話をしてくれて，やっと助かったのでした。
　せいちゃんは，思い切ったようにかけ出しました。二人とは反対に，学校の方へです。

　運動場はしずかで，だれ一人いません。にわとり小屋は，戸がバタン，バタンと風にあおられていました。にわとりは，目をまるくして，すみの方にかたまっていました。
　せいちゃんは，道具を持ってくると，そうじをしました。えさをやり，水をかえました。にわとり小屋の中は，さっぱりしました。戸もきちんとしめました。
　そのとき，つめたい雨つぶが，ぽつんとせいちゃんのひたいに落ちてきました。ついに雨がふり出したのです。あめは音を立てて，にわとり小屋のトタン屋根をたたき始めました。
　せいちゃんは，雨の中を走って帰らなければなりません。でも，くつのひもをきつくむすび直しているせいちゃんの顔は，生き生きとかがやいていました。

　　　　　　　　　　　　　　　　　　　　　　　（加藤輝男　作による）

7 「正直」五十円分

① 主題名　正直な心　1―(4)
② ねらい　多かったおつりをどうしようかと悩んだ末に返しに行こうと道徳的に変化する主人公を通して，過ちは素直に改め，正直に明るい心で元気よく生活しようとする道徳的判断力を高める。
③ 出　典　『4年生のどうとく』文溪堂

1．資料解説

① あらすじ：二人の兄弟（たけし・あつし）は野球の帰りに，いつもの店に行く。二人はジュースを買うのだが，おつりが50円少ない。気づいた二人は，すぐさま，おばちゃんの店に走る。次の日，たこ焼き屋へ行き，たこ焼きを買うと今度はおつりが50円多い。しかし，お金をそのまま財布に入れてしまう。弟に「どうする。」と言われたたけしは，正直に行動しようかそれとも黙っておこうか葛藤しながらも，最後にはおつりが多いことを正直に話すことを決心する。
② 資料の読み
　(1) 主人公は…たけし（兄ちゃん）
　(2) 助言者は…心の声（……いや，……よし。）
　(3) 変化したところは…「あつし，五十円を返しに行くで。」

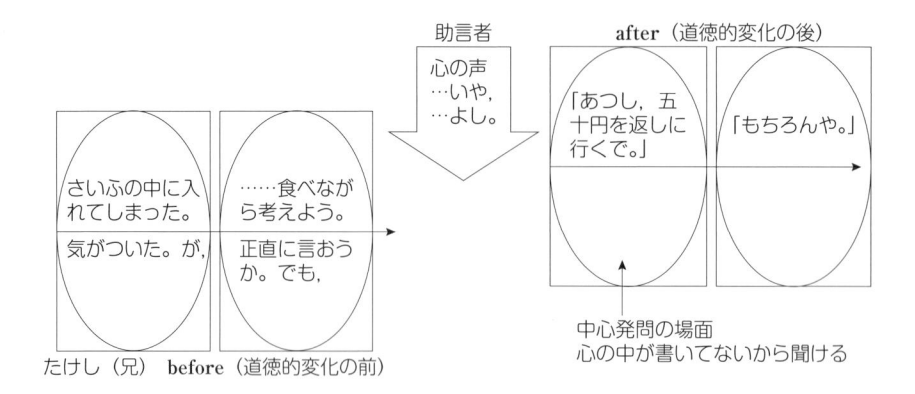

助言者
心の声
…いや，
…よし。

after（道徳的変化の後）

「あつし，五十円を返しに行くで。」　「もちろんや。」

さいふの中に入れてしまった。気がついた。が，　……食べながら考えよう。正直に言おうか。でも，

たけし（兄）　before（道徳的変化の前）

中心発問の場面
心の中が書いてないから聞ける

2．指導のポイント

　指導に当たっては，まず，おつりが足りない時にはすぐさま走る主人公（たけし）の心情を理解させておきたい。次に，おつりが多い時にはポケットに入れてしまい，たこ焼きを食べながら正直に言おうかどうしようか迷う心の中の葛藤を理解させていきたい。そして，中心発問では「どう考えて，たけしは五十円を返しに行くことにしたのだろう。」と問いかけ，主人公が正直に言おうと道徳的に変化した判断力を考えさせたい。また，正直に言った後にたこ焼きを食べる主人公の心情を想像させ，言う前の心情と比較し考えさせることで，正直に行動することの大切さに気づかせ，明るい心で生活する快適さに共感させたい。

3．「私たちの道徳」との関連

　正直であることのよさが出れば「自分の生活を振り返る」は必要ないと思われる。特に，正直という徳目で振り返りをすると反省の時間となりがちなので気をつけたい。「わたしたちの道徳　小学校3・4年」38ページの「自分に正直になれば心はとても軽くなる」という言葉でまとめ，正直な心でいたいという気持ちを大切に育てたい。

4．展開過程

	学習活動	発問と予想される児童の反応	指導上の留意点
導入	・今日の資料について知る。	自分でお店に行って買い物をしたことあるかな。 ・ないなあ。 ・あるよ。ジュースなんかを買いに行っている。	・詳しく聞くことはしないで，簡単に導入をする。
展開	・資料を聞く。 ・おつりが足りないことを言いに行く主人公の心情を理解する。 ・黙ってたこ焼きを食べながら考える主人公の葛藤を理解する。	すぐさまおばちゃんの店に走ったたけしは，どんなことを考えていたのだろう ・早く行って返してもらおう。 ・おばちゃんわかってくれるかな。 ・ちゃんと説明して50円を返してもらおう。 たけしは，だまってたこ焼きを食べながら，どんなことを考えたのだろう。 ○正直に言おう。 ○返しに行かなくては。 ●そのままにしておけば，ばれないだろう。 ●五十円ぐらいならもらってもいいだろう。	・資料を範読する。 ・後の行動と対比しやすいように板書していく。 ・前の場面と比較しながら主人公の葛藤を考えさせる。 ☆おばちゃんの店にはすぐ行けたのに，どんなことを考えていたのだろう。

展開	・おつりを返しに行くことにする主人公の判断力を考える。	●間違えたおっちゃんが悪いんだ。 ●おっちゃんの店は儲かってるからいいだろう。 どう考えて，たけしは五十円を返しに行くことにしたのだろう。 ・後でばれたら怒られる。 ・このまま黙ってはいられない。 ・こんな気持ちじゃ，たこ焼きもおいしくない。 ・このまま家に帰っても，気持ちよくないなあ。 ・こんなことしたら，おっちゃんの店に行けない。 ・兄として弟にもよくない。手本を見せないと。 ・何も知らないおっちゃんに悪いなぁ。	・中心発問の話し合いの後，店の主人の粋な振る舞いについても考えさせたい。 ☆おっちゃんは，どんな思いで頭を下げて五十円玉を両手で受け取ったのだろう。
	・話の続きを考え，晴れ晴れとしている主人公の心情に共感する。	「正直」五十円分のたこ焼きを食べながら，たけしはどんなことを話しながら帰って行っただろう。 ・おいしいたこ焼きがもらえてよかったな。 ・正直に話すとたこ焼きもおいしいな。 ・正直に言うと気持ちいいな。 ・これでまたおっちゃんの店に行けるね。 ・おっちゃんも喜んでくれてよかったな。	・道徳的には決着しているが，主人公の心情を考えさせたい。 ☆公園で食べたたこ焼きと帰り道で食べたたこ焼きとは，味はちがうかな。
終末	・感想を書く。 ・教師の話を聞く。	「正直は一生の宝」という言葉があります。	・感想を書かせる。 ・ねらいとする価値を温める。

5．板書記録

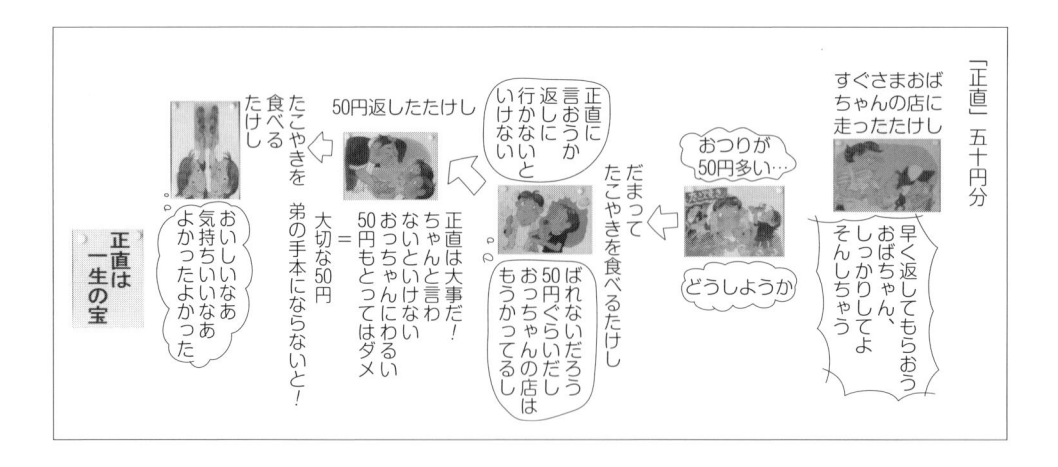

6．授業記録

〈前半は省略，中心発問より〉

T ◎どう考えてさ，たけしは返そうって決めたのだろう。

C1：自分がそうなったら嫌やから。自分が間違えて，五十円多すぎて返ってこなかったら嫌やなって。

T：自分がたこ焼き屋さんやったら嫌やな。
C2：私も似てて，昨日，自分が五十円足りなくって，で，すぐにもらいに行って。それでたこ焼き屋さんは五十円損したら自分みたいに嫌な気持ちがするから返さなあかん。
T：昨日の自分と重なったんだ。
C3：ぼくは，ちょっと似てて，もし自分がたこ焼き屋さんになって，もし五十円足りないことを知らなくて，その買った人が喜んでたら，あれ，前のことを思い出してなんか…嫌な気持ちになる。
T：どういうこと，どういうこと？
C3：え〜と，前，子どもの時，たこ焼き買って返さんかったから，あかんかったなあって。
T：大人になった時，思い出したとき，あ〜あかんかったなあって思うこと。なるほどなあ。
C4：昨日は足りなかったから，足りなくてすぐに行ったけど，今日は多かったから行かないってなるから，おばちゃんもすぐ返してくれたけど，おっちゃんが五十円なかったら嫌やから。
C5：同じで，昨日の事件で，すぐ行ったらおばちゃん返してくれたけど，今日返さんかったら，あのおばちゃんより悪い人になるから。
T：どういうこと？
C5：あのおばちゃんは返してくれたけど，ぼくが返さんかったら悪い人やから，おばちゃんより悪いってことになるから。
T：なるほど，自分がか。返さなかった自分が悪い人になっちゃうってことか。なるほどなぁ。
C6：昨日おばちゃんに五十円足らなかったでって注意したのに，今日のたこ焼き屋さんで返さんかったら，自分が注意したのに注意した人があかんことになってるから，あかん。

〈以下は省略，終末へ〉

7．児童の感想

・今日の道徳は，正直な気持ちを持てば，相手も自分も気持ちがいいとわかりました。あんなにちっさい50円玉でも，喜びはすっごく大きいとわかりました。あと，今日の道徳は全員発表できて，すごくよかったです。いっぱい緊張したけど，がんばれました。私も正直な気持ちを大事にしたいです。
・正直五十円分を勉強して思ったことは，おばちゃんの時はおつりが足りなかったけどおっちゃんの時はおつりが多くて返しに行った時，この兄弟は仲がよくて正

直な兄弟だなあと思いました。おっちゃんもこの兄弟に大人だのにちゃんと敬語を使っていたから，すごくよかったです。
・最後のところの味はちがうのかのところで，ぼくはDくんと一緒でちがうと思います。気持ちがいっぱいこもっているし，味は今までで食べた中で一番おいしいと思います。なぜ味は今までで一番おいしかったかというと，気持ちがこもっているしスッキリしているからだと思います。

8．同じ内容項目の他の資料

「まどガラスと魚」(『小学校どうとく　生きる力3』日本文教出版)

「正直」五十円分

　たけしと弟のあつしは，野球の帰りに，いつもの店によった。
「暑い，暑い。おばちゃん，ジュースもらうよ。」
「あらあっ，がんばっとるね。」
　おくから出てきたおばちゃんは，二人のあせだくのユニフォームに目を丸くした。
「二百二十円やね。おばちゃん，今日はお札やで。」
　あつしは，うれしそうに，さいふから千円札を出して，おばちゃんにわたした。
「ありがとう。はい，七百八十円のおつり。」
　あつしはおつりを受け取ると，そのままさいふに入れた。
「お金の管理はしっかりたのむで。二人の一週間分のお小づかいやからな。」
　帰り道，たけしは，あつしの顔をのぞきこんで言った。
「まかしといて，兄ちゃん。」
と言いながら，あつしはお金でふくらんださいふを開けた。
「大変や。お金が足らん。七百八十円のはずなのに，七百三十円しかない。」
「おばちゃんが，百円玉を一こ，五十円玉とまちがえたんや。返してもらおう。」
　二人はすぐさま，おばちゃんの店に走った。
「おばちゃん，さっきもらったおつり，五十円少なかったで。」
「まあ，悪いことしたね。ごめんね。はい，五十円。」
　おばちゃんは，エプロンのポケットから五十円を出して，あつしにわたした。
「兄ちゃん，よかったな。」
「五十円，そんするところやったな。」

　次の日，二人は，たこ焼き屋へ行った。大ぜいのお客さんがならんでいた。列にならんで，やっと二人の番が来た。
「おっちゃん，たこ焼き，一つ。」
「毎度おおきに。はい，三百五十万両。」
「ぎょええっ。」
　いつものことなのに，あつしが大げさな声を上げた。
「はい，おっちゃん。五百万両。」
「ありがとう。おつりは百五十億円。」
　おっちゃんは，たけしにおつりをわたした。
「あっ。」
　たけしは，おつりが百五十円でなく，百円玉が二こなのに気がついた。が，人に

おしのけられて，そのままさいふの中に入れてしまった。
　公園で，たこ焼きを食べようとしたとき，あつしが言った。
「兄ちゃん，おつり，たしかめたか。」
「もちろん，……たしかめた……と思う……けど。」
「ちょっと見せて。」
あつしは，たけしのポケットからさいふを取ると，お金を数えた。
「大変や。今日は，おつりが五十円多いみたいや。」
「お，おっちゃんがまちがえたんやな。」
「兄ちゃん，どうする。」
「……，食べながら考えよう。」
　二人は，だまってたこ焼きを食べ始めた。食べながら，たけしは考えた。
――五十円多かったって，正直に言おうか。でもおっちゃんのたこ焼き屋はもうかっているようやから，今日は特売ということで，……いや，……よし。
「あつし，五十円を返しに行くで。」
「さすが，兄ちゃんや。」
　二人はたこ焼きを食べ終わると，おっちゃんの店にもどった。
「おっちゃん，さっきのおつり，まちごうとったで。」
「そうか。ごめんな。いくら足らんかったんや。」
「ちがうんや。五十円多かったから，返しに来たんや。」
　おっちゃんは，たこ焼きにソースをぬっていた手を止めて，目を丸くした。
「おつりが少なかったと言われることはあっても，多かったと返しに来たのは，ぼくら兄弟が初めてや。では，ありがたく，受け取らしてもらいます。」
　まじめな顔をしたおっちゃんは，頭を下げて五十円玉を両手で受け取った。見ていたお客さんたちからはく手がおこった。
「お客さん方，おそれ入りますが，ちょっと待ってください。」
おっちゃんは，そう言うと，できたてのたこ焼きを三こずつわりばしにさすと，ソースをぬって二人にわたした。
「はい。これは，二人の『正直』五十円分に対する，おっちゃんのうれしい気持ちの表現や。」

「兄ちゃん，『正直』五十円分，おいしいな。」
「もちろんや。」
　「正直」五十円分のたこ焼きを食べながら，二人は夕焼けの道を家へ帰った。
　　　　　　　　　　　　　　　　　　　　　　　　（楠　茂宣　作による）

8 友の肖像画

① 主題名　信頼・友情　2—(3)
② ねらい　友の肖像画を見て変化する主人公の気持ちを通して，互いに信頼し，友情を深め協力し助け合おうとする心情を養う。
③ 出　典　『小学校　道徳の指導資料とその利用3』文部省

1．資料解説

① あらすじ：ぼく（和也）と正一はふたごの兄弟のように仲の良い幼なじみ。小学校3年生の1学期に正一が難病にかかり，療養のために九州へ転校してしまう。手紙を通して励ましあう二人だったが，そのうちに正一からは手紙がこなくなる。ぼくの方もなんとなく手紙を書かなくなってしまい1年ほどたったある日，正一の学校の子どもたちの作品展をテレビで知ったぼく。翌日母と会場へ急ぎ，むちゅうになって正一の作品を探すぼくが見たのは「友の肖像画」に描かれていた自分の姿。手紙を書けなかった理由を知ったぼくの目からあふれる涙。帰りの電車の中ですぐに手紙を書こうと思うぼくの目に見える空は青くすきとおっていた。

② 資料の読み
　(1) 主人公は…ぼく（和也）
　(2) 助言者は…正一
　(3) 変化したところは…「ぼくの目からはなみだがあふれ，版画がかすんでしまった」

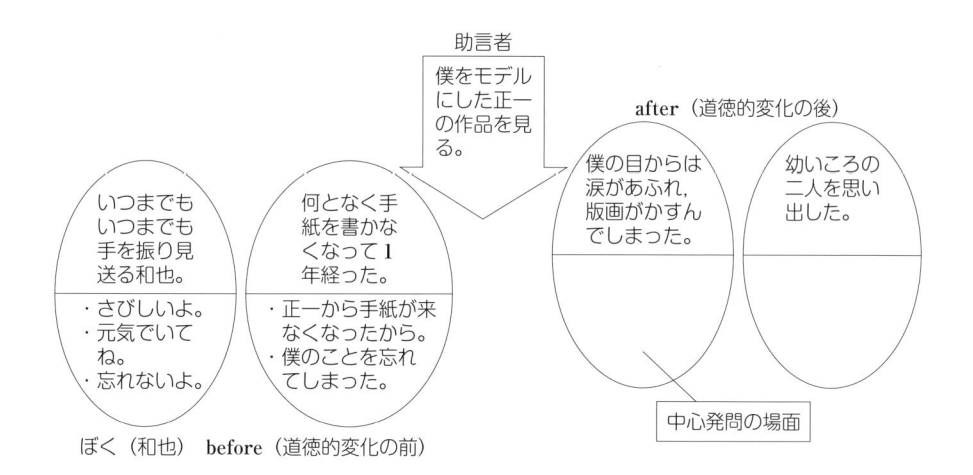

助言者
僕をモデルにした正一の作品を見る。

after（道徳的変化の後）

いつまでもいつまでも手を振り見送る和也。
・さびしいよ。
・元気でいてね。
・忘れないよ。

何となく手紙を書かなくなって1年経った。
・正一から手紙が来なくなったから。
・僕のことを忘れてしまった。

僕の目からは涙があふれ，版画がかすんでしまった。

幼いころの二人を思い出した。

中心発問の場面

ぼく（和也）　before（道徳的変化の前）

2．指導のポイント

① 導入時は「友だちとはどんな人？」と本時のねらいとする価値への方向付けをする。
② 正一から手紙が来なくなったときのぼくの気持ちを考えるときに，正一の心情を想像することで，相手の立場に立って考えることもさせる。
③ 作品展が開かれていることを知ったときの和也の様子をしっかりおさえ，和也の複雑な気持ちを感じさせる。
④ 「友の肖像画」を見たときの和也の気持ちを考えさせる時に，正一の肖像画に込めた思いを共感させることで，より深い考えをひきだすように工夫する。
⑤ 終末は，正一にあてた手紙を書かせて終わってもよい。

3．「私たちの道徳」との関連

　友情をテーマにした読み物資料は「知らない間の出来事」（5・6年用，76～79ページ）が掲載されている。終末において，「学び合い，高め合える友情を」（5・6年用，72ページ）の詩を紹介することや，拡大コピーして教室に掲示することが考えられる。

4．展開過程

	学習活動	発問と予想される児童の反応	指導上の留意点
導入	・本時の資料について知る。	「みんなにとって友だちとはどんな人ですか？」 ・親切にしてくれる人。　・一緒にいてくれる人。 ・助けてくれる人。　　　・一緒に遊ぶ人。 ・相談にのってくれる人。・励ましてくれる人。	・さっとすすめる。
展開	・範読を聞く。 ・登場人物を確認する。 ・離れていてもずっと友だちでいたいと強く願う和也の心情を理解する。	・ぼく（和也）　・正一 和也は，いつまでもいつまでも手をふりながらどんなことを考えていたのでしょうか。 ・さびしいよ。　　・元気でいてね。 ・早く良くなって。・早く会いたいよ。 ・忘れないよ。　　・忘れないでね。 ・手紙かくからね。・いつまでも友だちだよ。	・資料を範読する。 ・「和也」と「正一」の親しい関係を押さえる。 ・「正一」の病気が難病であることを押さえる。

8　友の肖像画

段階	学習活動	発問・予想される反応	指導上の留意点
展開	・正一からの手紙がこなくなり、手紙を書かなくなった和也の心情を考える。	【先行発問】 「正一から手紙が来なくなった時、和也はどんなことを考えたでしょうか。」 ・正一君、どうしたのだろう。　・悪くなったのかな。 ・大丈夫かな。　・手紙を書く約束忘れたのかな。 どうして和也は手紙を書かなくなったのでしょうか。 ・毎日が忙しくて。 ・正一よりも親しい友だちができたから。 ・約束したのにどうして手紙をくれないのかな。 ・正一は新しい友だちができたのだろうな。 ・ぼくのことなんか忘れてしまったのかな。 ・返事が来ないのにぼくから手紙を出すのはむなしいな。 ・正一のことを信じられなくて。 ・裏切られたような気持ちだから。	・正一を心配しながらも手紙を書かなくなった和也の複雑な気持ちを考えさせる。 ・正一を見送ったときの気持ちと比較して、自分も手紙を書かなくなっていった和也の気持ちの変化に気付かせる。
開	・「肖像画」を見ながら感じた和也の正一への思いを考える。	正一の描いた「友の肖像画」を見つめ涙を流しながら、和也はどんなことを考えたのでしょうか。 ・正一君、ありがとう。　　・元気で安心した。 ・手紙をくれないわけがわかった。 ・ぼくのことを忘れないでくれたんだ。 ・1年もかけてぼくの肖像画を完成してくれたんだ。 ・この1年病気と闘っていたんだ。 ・手紙を書かなくてごめんよ。 ・疑ってしまってごめんよ。 ・正一にくらべて何と自分は心が狭いのか。（←もう少しくわしく？） ・そんな自分を正一は信じてくれていたんだ。 ・離れていても会えなくても正一は変わっていない。（←何がいっしょ？） ・正一は、親友だ。・正一はぼくを信じてくれてるんだ。（←何を信じているの？）	・正一の学校の作品展があると知り、デパートへ行き夢中になり作品を探す和也の気持ちを押さえる。 ・中心発問を深めるために、正一の「肖像画」にこめた思いや強さも押さえ共感させる。 ☆正一は、なぜモデルに和也を選んだのか？ ☆正一は、和也が「肖像画」を見てくれると思っていたのだろうか？
	・和也がえがいた正一像を考える。	青く透き通る空を見ながら、和也は正一のことをどんな「友だち」だと感じているのでしょう。 ・自分のことを本当に思ってくれる友だち。 ・ぼくを忘れないでいてくれる。 ・本当の友達（←本当の友だちって？） ・ぼくのことを信じていてくれる友だち。 ・これからもこの友情を大切にしていきたい。（←大切にするとは？） ・どれだけはなれていてもぼくらは親友。（←親友って何？）	・正一に対する和也の思いから主題となっている道徳的価値に迫りたい。
終末	・「私たちの道徳」（72ページ）の言葉を聞く。 ・感想を書く。	・今日の授業で感じたことを書きましょう。	・余韻を残して終わる。 ・感想を書かせる。

5．板書記録

友の肖像画

和也　正一（ぼく）

和也はいつまでも手をふりながらどんなことを考えていたのでしょう。

・さびしいよ
・がんばって
・忘れないよ
・ずっと友だちだよ

どうして和也は手紙を書かなくなったのでしょうか。

毎日が忙しくて
正一から手紙が来ないのは自分のことを忘れたと思ったから
何かつらいことがあったのか心配で
返事がこないのに自分から出すのはむなしくて

「友の肖像画」を見つめ涙を流しながら、和也はどんなことを考えたのでしょう？

・手紙をくれない理由がわかった
・元気でよかった
・ぼくのことを忘れないでいてくれたんだ
・自分は、手紙も書かなかったのに、ぼくのことを思ってくれたんだ
・苦しい病気と闘いながら一年もかけて肖像画を完成してくれたのだ
・何てことだ それに比べて自分は…
・正一はすごいんだ。正一はぼくの親友だ
・一生の宝物だ
・離れていても信じあえる友だち
・すぐに手紙を書こう
・これからも大切にしたい

6．授業記録

〈前半は省略，中心発問より〉

T ：「友の肖像画」を見つめ涙を流しながら，和也はどんなことを考えていたのでしょうか。

C1：手紙を書けない理由がわかった。

C2：正一は苦しいのにぼくを描いてくれていたんだ。

C3：正一は自分のことをそんなに思っていてくれたんだ。

C4：自分は手紙を書いていないのにぼくのことを忘れずにいてくれた。

C5：不自由な体なのに，こんなに立派な絵を描いてくれてうれしい。

C6：一年もかけてぼくのこと思って作品にしてくれてうれしい。

C7：正一はぼくのことを忘れてないんだ。

C8：一年間忘れないでいてくれてありがとう。

C9：正一はずっと自分のことを思っていてくれたのに，手紙を書かないなんてひどいことをしてしまった。

C10：手紙をもっと続けて書いておいたらよかった。

C11：ごめんね。疑ってしまってごめんね。

C12：ぼくらは本当の親友なんだ。これからは手紙をぜったい書くよ。

C13：ありがとう。正一は一生の宝物だ。

T ：「一生の宝物」って？…
C13：本当に大切な友だちのこと。心が通じ合っている友だち。
C14：手紙で通じ合うことも大切だけど，心でお互いの顔を一生覚えているような友だち。
C15：親友。
C16：一生の友だち。
C17：一番の友だち，本当の友だち。
　T ：本当の友だち（親友）って，何が違うんだろう。
C17：離れていても心でずっと思っている。
C18：空でつながっているように離れていてもいつも思い出せる。
C19：離れていても信じあえる。
C20：一番の宝物。
〈以下は省略，終末へ〉

7．児童の感想

・正一が懸命に描いた絵を和也が見たときには，自分も感動しました。どんなに遠くても和也と正一の「友のきずな」はつながっていて，一生友だちだと思います。ぼくもこんな友をつくりたいです。
・友だちの大切さ，友だちがいる時の「ほこり」を感じさせてくれるいい話しだった。
・約束していたのに急に友だちが手紙をくれなくなっても，すぐにおこらず相手の気持ちを落ち着いてよく考えることが大切だということを学びました。
・友だちってどういう人のことなのかを考えました。
・自分のことを思ってもらってる時のうれしさや感動と友情やきずなの強さを感じました。何があっても「友だち」とのりこえられるという気持ちに感動しました。
・ぼくも，正一と和也のような友だちがほしいです。
・今日の授業で，「大切」「宝物」などの言葉が出てきたけれど，本当に友だちは大切です。友だちをいっぱいつくって自分の一番の宝物になるように努力したいです。
・どれだけはなれていても友だちのことを忘れずに，ずっと思っていたら友だちでいられる。
・親や先生たちとのきずなはあるけれど，友だちどうしだからこそあるきずなや関係があると思いました。離れていても，間に友情があるなら友だち，友だちは自分のことを忘れない，それは友だちだからということを感じました。
・改めて，友だちは大事だということがわかりました。離れていても，心が通じ合

っているから正一は，ぼく（和也）の顔を覚えていてくれたと思いました。もし，私の友だちが深刻な病気になっても，「いくら離れていても，君が退院できるのを待っているよ。だから，絶対元気になってよ。いつまでも待っているよ。」と伝えたいです。この授業で，とても二人の気持ちを考えました。もっと発表したいです。
- 私は，この授業を受けて友だちをもっと今より大切にしようと思いました。今までよりもっと友だちと仲良くしてケンカをしても相手の心が傷つかない言葉をしっかり考えてから口に出そうと思います。
- 今日の授業では，自分が考えたことを発表して，その発表したように友だちと接したいです。道徳さん，ありがとう。
- 今日の授業で友だちは一生の宝物だと感じました。幼稚園の時から仲良くしていた友だちが１年生の時になくなりました。そのことを思い出してとても悲しかったです。

8．同じ内容項目の他の資料

「星野君と定金君―星野仙一」（『５年生の道徳』文溪堂』）

友の 肖像画

　ぼくと正一は幼なじみである。家が近かったせいもあり，毎日いっしょに学校に通った。学校から帰っても，近くの空き地でよく野球をしたものだ。
　宿題をするのもいっしょ，遊ぶのもいっしょ。そんなぼくたちを見て母は，
「和也たちはほんとうに仲がいいのね。まるでふたごの兄弟のようね。」
と，笑った。
「ぼくたち，大きくなっても，ずっと友だちでいるんだ。」
ぼくは得意そうに答えたものだった。

　あれは，三年の一学期のことだった。
　正一が，突然，体の筋肉がだんだん弱くなって，縮んでいくという難病にかかってしまった。
　その年の秋，正一は親せきのすすめで，九州の療養所に入院することになった。その療養所の中には学校があり，療養しながら勉強ができるということだった。
　正一が九州へ出発する日，ぼくは両親と東京駅まで見送りに行った。正一はこれからの療養生活を考えているのか，あまり元気がなかった。
　ぼくはわざと明るく，
「正ちゃん。病気なんかに負けないでね。ぼく，きっと，手紙書くよ。」
と言うと，正一もうれしそうに，
「うん，ありがとう。ぼくも手紙書くよ。運動会のかけっこ，がんばってね。」
と言って，列車に乗りこんだ。
　ぼくは正一の乗った列車が見えなくなるまで，いつまでもいつまでも手をふっていた。

　それから，ぼくと正一の文通が始まった。
　正一の手紙には，療養所での生活がくわしく書かれていた。だんだん足の筋肉が弱くなって，自由に走り回ることができなくなったこと，看護婦さんが一生けん命に世話をしてくれること，毎日，院内の学校に通っていること，そこには，正一と同じように療養しながら勉強している子どもがたくさんいることなどである。いつも手紙の最後には，「もう一度，きみたちと野球がしたいな。」と書いてあった。
　ぼくの方も，正一がいなくなってさみしくなったこと，学校で友だちとけんかしてくやしかったこと，先生にしかられたことなどを書き送った。こうしてぼくたちは手紙を通して友情を深め，はげまし合った。

そのうちに正一からは，だんだん手紙が来なくなってしまった。（いったいどうしたのだろう。なぜ，手紙をくれないのだろう。）正一の家族も引越してしまって様子も分からなくなり，ぼくの方もなんとなく手紙を書かなくなって，何か月かが過ぎていった。

　正一から手紙が来なくなって，そろそろ一年になる。
　ある土曜日のことだった。ぼくは，夕食をすませて宿題をやっていた。
　そのとき，テレビのニュースを見ていた母が，大きな声で
「和也，今うつっているのは，正ちゃんの学校のことじゃないの。」
と言った。
「えっ，ほんと。」
　ぼくは急いでテレビの前に行った。
　テレビの画面には，新宿のデパートでもよおされている「療養しながら学ぶ子どもたちの作品展」の様子がうつし出されていた。やはり正一の学校のことだった。ぼくの胸は早がねのように鳴った。
　テレビによると，その作品展は五日も前から開かれ，明日の日曜日が最終日ということだった。
　翌日，ぼくと母はデパートの開店と同時に，会場へ急いだ。
　会場には，いろいろな病気で長い間療養している小学生から高校生までの作品が，たくさん展示されていた。水彩画，木版画，ガラス絵，切り絵，手芸など，作品は多彩だった。

（正一の作品はどこだろう。）

　ぼくはむちゅうになって、正一の作品を探した。
「あった。」
　正一の作品は、「友の肖像画」という題の木版画だった。その横には、つぎのような解説がつけてあった。

> 前の学校のときの友だちＫ君の顔です。ぼくの手や指の筋肉がだんだん弱くなり、えんぴつも持てないようになったので、筋肉をきたえるために版画に挑戦しました。この作品は完成するのに約一年かかりました。現在は、いくらか物が持てるようになってきました。

　Ｋというのはぼくのことだ。
（そうか、それで手紙をくれないわけがわかった。）
　ぼくの目からはなみだがあふれ、版画がかすんでしまった。そばにいた母も、
「不自由な手で、よく、こんなりっぱな作品ができたわね。」
と、ハンカチを目にあてていた。
　正一は病気に負けまいとがんばっているのだ。そして、正一の作品は、
（和也君、いつまでも友だちでいようね。）
と、語りかけてくるようだった。
　帰りの電車の中で、ぼくはじっと目をつむっていた。まぶたのうらには、幼い日の正一とぼくの姿がうつっては消えていった。
（家に帰ったら、すぐに正一に手紙を書こう。）
　電車の窓から見える空は、青くすきとおっていた。

（井美博子　作による）

9 ペルーは泣いている

① 主題名　外国との親善　4─(8)
② ねらい　ペルーの地で国の違いに悩みながらも選手と家族のようになった主人公を通して，外国の人々や文化を大切にする心をもち，世界の人々と親善に努めようとする道徳的心情を豊かにする。
③ 出　典　『みんなのどうとく　5年』学研

1．資料解説

① あらすじ：女子バレーの監督としてペルーに招かれたアキラだったが，練習方法など日本とペルーの考え方の違いの壁にぶつかる。しかし選手の明るさに支えられ，その後，お互いの国の歌を歌ったり，文化，習慣の交流をしたりすることを通して信頼関係を築いていく。その後，東京で行われた世界女子バレーボール選手権大会に出場したペルーチームだったが結果惜しくも4位。しかし，悔しさをこらえながらもアキラの為に「上を向いて歩こう」を歌ったペルーの選手に会場からわれるような拍手がおくられた。

② 資料の読み
　(1) 主人公は…アキラ
　(2) 助言者は…ペルーの選手たちの歌声
　(3) 変化したところは…「アキラの目からも，なみだがあふれそうでした」
　　　※選手たちの歌声により，会場全体の「場」も変化したと考えられる。

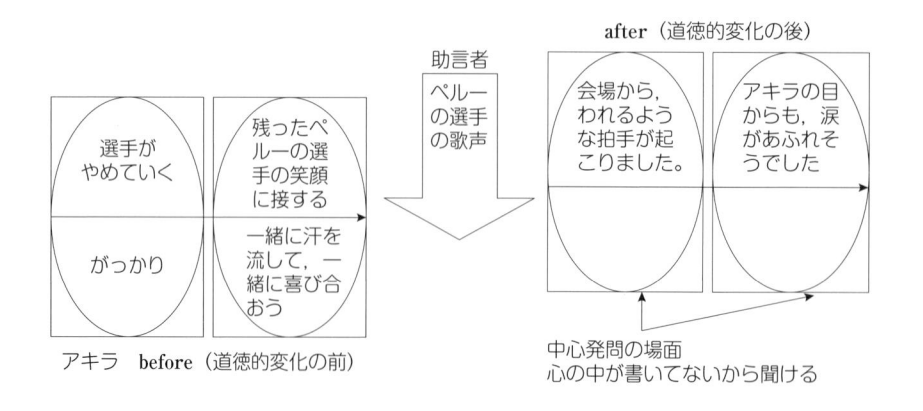

アキラ　before（道徳的変化の前）

- 選手がやめていく
- がっかり
- 残ったペルーの選手の笑顔に接する
- 一緒に汗を流して，一緒に喜び合おう

助言者　ペルーの選手の歌声　→

after（道徳的変化の後）

- 会場から，われるような拍手が起こりました。
- アキラの目からも，涙があふれそうでした

中心発問の場面
心の中が書いてないから聞ける

2. 指導のポイント

① 価値への導入ではなく，資料への導入から入る。
○ ペルーという国を知っていますか？（地図を見せる）
　・日本から遠く離れていることを押さえる程度で，短く導入する。
② 中心発問までは，この資料の感動の正体を考えさせたい。範読を聞き，感動したところを見つけて発表することで，感動した部分を児童に共感させるとともに，意見が集中するであろう「上を向いて歩こう」の場面を整理しながら，感動の正体を考えさせたい。
③ 中心発問をテーマ発問（価値についての発問）にすることで，人と人が深くつながりあうためには何が必要かを具体的に考えさせる。

3.「私たちの道徳」との関連

「私たちの道徳」179ページを読んで導入してもよい。

4. 展開過程

	学習活動	発問と予想される児童の反応	指導上の留意点
導入	・今日の資料について知る。	ペルーという国を知っていますか。 ・聞いたことがないな。 ・地図帳で見たことがあるよ。	・世界地図を用意しておき，簡単に場所を説明する。
展開	・資料の範読を聞き，感動したところを見つけて発表する。	心に残ったところと理由を発表しよう。 ・ペルーの選手たちと一緒に汗を流そう。 ・ペルーの選手があざやかな日本語で歌い始めた。 ・会場からのわれるような拍手。 ・日本の選手と抱き合いました。	・心に残った所に線を引くこと，後で理由をつけて発表することを伝えておいてから，範読する。
	・歌を聞くアキラの心情を理解する。	アキラは「上を向いて歩こう」を聞きながらどんなことを思っていたのだろう。 ・選手たちは良く頑張ってくれた。 ・自分のために歌ってくれるなんて嬉しい。	・「上を向いて歩こう」を聞かせながら考える。
	・拍手をする観客たちの心情に共感する。	観客たちの拍手には，誰に対するどんな思いがこもっていたのだろう。 ・ペルーの選手も良く頑張ったぞ！ ・金メダルをかけてあげた日本人選手もいいぞ！ ・監督も頑張った！	※心に残ったところの発表ですべて出てくることも考えられるので，その場合は発問しないでまとめる。

第4章　小学校の道徳の時間をつくる

	・人と人が深くつながりあえる価値について考える。	選手とアキラがこれほど深くつながりあえたのはどうしてだろう。 ・一緒に汗を流したから。 ・お互いの国の歌を歌うなどしてコミュニケーションをとったから。 ・相手の歴史や文化，習慣などを教えてもらい，それを理解しようとしたから。	・挿絵を使い，最初は新聞にも批判されていたことを押さえてから発問する。
終末	・感想を書く。 ・主人公の最後の話を聞く。	ペルーの人たちはどんな思いでアキラの名前をつけた学校を建てたのだろうね。	・余韻を残して終わる。

5．板書記録

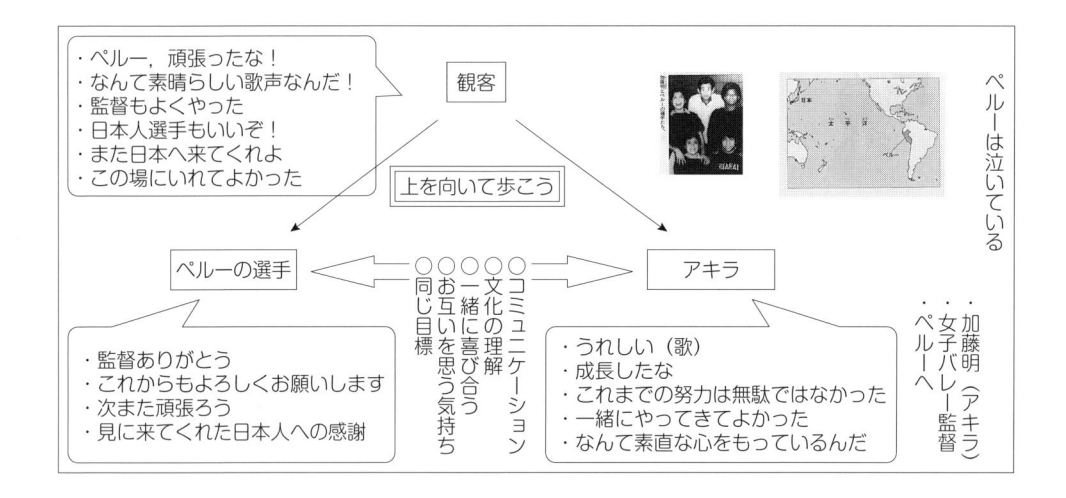

```
・ペルー，頑張ったな！
・なんて素晴らしい歌声なんだ！     観客
・監督もよくやった                              　　　　　　　　　　　　　　　　　　ペ
・日本人選手もいいぞ！                                                              ル
・また日本へ来てくれよ         上を向いて歩こう                                     ー
・この場にいれてよかった                                                            は
                                                                                    泣
     ペルーの選手  ←○○○○○→  アキラ                                              い
                    同お一コ文                                                      て
                    じ互緒ミ化                                                      い
                    目いにュの                                                      る
                    標を喜ニ理
                      思び合解                                                    ・加藤明（アキラ）
・監督ありがとう     うう　ケ　           ・うれしい（歌）                          女子バレー監督
・これからもよろしくお願いします 気ー              ・成長したな                    ・ペルーへ
・次また頑張ろう     持シ                  ・これまでの努力は無駄ではなかった
・見に来てくれた日本人への感謝  ちョ        ・一緒にやってきてよかった
                              ン          ・なんて素直な心をもっているんだ
```

6．授業記録

〈前半は省略，中心発問より〉

T ○アキラは「上を向いて歩こう」を聞きながらどんなことを思っていたのかな？
C1：自分のために歌を歌ってくれて嬉しいと思っていると思います。
C2：最初はやめていく人が多かったけど，なんていうか…選手たち成長したなと思っていたと思います。
C3：私はこれまで選手と一緒に頑張ってきてよかったなあと思っていると思います。努力が無駄でなかったというか…。
T ：なるほどね。
C4：僕は，自分のために歌ってくれるなんて，ペルー人はなんて素直な気持ちを持っているんだと思ったと思います。

T：じゃあペルーの選手はアキラに対してどんな思いで歌ったのかな？
C5：今まで教えてくれてありがとうの気持ちだと思います。
C6：僕はありがとうの気持ちもあるけど，やめて行った選手へ，アキラはこんなに素晴らしい監督だというのを観客の前で歌って伝えたかったのだと思います。
C7：僕は，悔しいけど，次頑張ろうという決意のようなものがあったと思います。
C8：私も似ていて，4位になったから終わりじゃなくて，次から3位になろうという気持ちを監督に伝えたかったのだと思います。
C9：僕は観客に対して，「試合を見てくれてありがとう」の気持ちがこもっていたと思います。
T○観客に対してか……なるほど。そんな観客からも，会場から割れるような拍手があったよね？　観客たちの拍手には，誰に対するどんな思いがこもっていたのだろう。
C10：ペルーの選手への拍手で，自分たちも悔しいのに，監督のことを慰めていることがすごいという気持ちが込められていると思います。
C11：私もペルーの選手への拍手だと思います。日本に負けて悔しいはずなのに，日本の歌を歌うなんてすごいという気持ちが込められていると思います。
C12：私は日本の選手に対して，国籍が違うのに金メダルをかけてあげるなんてすごいという思いが込められていると思います。
C13：僕は日本人とペルーの両方の人に向けた拍手だと思います。ペルーの選手へは，監督を慰めてあげて凄いという思いと，日本人選手へは「4位やったけどすごかったよ」と金メダルをかけてあげるスポーツマンとしての気持ちに拍手を送ったと思います。
T：スポーツマンシップに拍手をしたんだね。なるほど。他にあるかな？
C14：僕はペルーと日本との絆に拍手したと思います。その絆に「すごいな」と思って拍手したんだと思います。
T：個人に対してというよりも，つながりに対して拍手したのか。なるほど。すごいね。
T○最初は選手の父親に怒られたり，新聞に批判されたりしていたアキラ。でもこんなにつながりあうことができたんだね。選手とアキラがこれほど深くつながりあえたのはどうしてだろう。
C15：一緒に練習して，歌を歌ったり，喜びあったりして，コミュニケーションを取ったからだと思います。
C16：私も似ていて，お互いにお互いを思う気持ちがあったからだと思います。
T：もっと詳しく言うとどういうことかな？
C16：最初はアキラもペルー人のことを考えないでペルーに行ったと思うけど，だんだんペルーの人と歌を歌ったり，ペルーの人はペルーの人で日本の歌を日本

語で歌ったりしていって，気持ちがつながったんだと思います。
　T：歌などを通してお互いを思う気持ちができたんだね。なるほど。
C17：選手たちの上を目指そうという気持ちと，監督のチームを勝たせたいという思いが一緒になったからだと思います。だからきつい練習にも耐えてつながりあえたと思います。
　T：目標が一緒だったからか。なるほどね。
C18：お互いの国の事情というか，文化を知ろうとしたことが良かったのだと思います。
　T：もう少し詳しく言える？
C18：アキラもペルー人に合った練習を考えていたと思うし，ペルーの人も日本の歌を覚えたりしてアキラのことを知ろうと思ったと思います。
　T：だから深くつながることができたんだね
〈以下は省略，終末へ〉

7．児童の感想

- 試合の前には，アキラと選手は知らない内につながっていて，絆がすでに芽生えていたんだろうなと思いました。
- 始めは選手の父親に文句を言われたりしたけど，最後に選手がアキラの為に一生懸命歌ったのは，アキラのペルーの選手に対する思いが強かったからだと思いました。
- 私はアキラが本当にペルーの人と向き合っていたからこそ，選手たちは「上を向いて歩こう」を歌ったんだなと思いました。
- 違う国の人同士でも，心は通じ合えるのだなと思った。
- 人はやっぱりお互いに思う気持ちがあればつながるんだと感じました。国は違っていても目標が一緒で頑張れば大きなことができることがわかりました。
- 加藤明という人を知れてとてもよかった。ぼくはアキラの強い心と相手を想い，楽しみながらやれることが素晴らしいと思った。ペルーの人たちも，明るく素直な心が持てていいと思った。日本人が試合後の表彰式でとった行動は，さすが日本人だと思った。
- ペルーの人が今でもアキラのことを尊敬しているということは，やはりすごく偉大な人だったんだなと思いました。やっぱり日本の人がそんなことで活躍したら，日本人にとっても誇りだと思うから，僕も日本の誇りになるような人になりたいと思いました。
- 日本と外国がこうして人と人がつながっていったら，もっと人の気持ちもわかるようになると思った。

・とても良い話でした。アキラは厳しくてやめていく選手もあったのに、ペルーの選手たちが「上を向いて歩こう」を歌ったのには感動しました。アキラもペルーの明るさに支えられ、一緒に汗を流したからこそ、新聞に書かれ辛かったけど、ペルーの選手に「父親」とまで思われる関係になったのだと思います。ペルーの選手も、凄く厳しい練習にも耐えて、頑張ってこられたのは、アキラがいたからだと思います。アキラの優しさや思いやりがあったからこそだと思いました。ペルーの選手とアキラ、そしてメダルをかけてあげた日本人全ての人に感心します。

8．同じ内容項目の他の資料

「ブータンに日本の農業を」（『小学校どうとく6年　きみが いちばん ひかるとき』光村図書）

「太陽のかけ橋に」（『6年生の道徳』文溪堂）

ペルーは泣いている

　加藤 明（アキラ）は，母校の大学のバレーボールチームを学生日本一にした実績がみとめられ，南米ペルーの女子バレーチームのかんとくとして，招かれることになりました。
　アキラは，心をはずませて，ペルーへわたりました。
　ペルーチームの選手は十八人。各地から有望な選手が集まっていました。
「練習は土曜，日曜をのぞく毎日，夕方から五時間おこなう。」
アキラは，選手にいいわたしました。それまで，一日に一時間程度の練習しかしてこなかった選手たちは，口ぐちに不満をいいだしました。
　家族とすごす時間をもてなくなった選手のなかには，家族を練習場に連れてくる者さえいました。きびしい練習を見つめていたある父親が，
「うちのむすめは，もっとやさしくされる権利がある。この国ではそうだ。おまえの国とはちがうんだ。」
と，どなるようにいって，選手を連れて帰ってしまうこともありました。
　毎晩，ランニングやレシーブなどのきびしい練習がくり返され，何人かの選手は，たえられなくなってやめていきました。新聞にも「日本人監督が栄光の選手たちをやめさせた。」などと書かれてしまいました。
　がっかりしたアキラを支えてくれたのは，残った選手たちの明るさでした。ペルーのむすめたちの笑顔に接するたびに，
（ペルーの選手たちといっしょにあせを流そう。そして，いつかは世界のひのき舞台で活やくして，いっしょに喜び合おう。）
と，心にちかうのでした。
　アキラはペルーの選手たちの素直さや快活さを，もっと練習にとり入れられないだろうかと考え，そのためには，いつも選手たちの父親のような存在でなければいけないと思うようになりました。
　選手たちと，じぶんの教えた「上を向いて歩こう」や「さくら　さくら」，ペルーの歌などをいっしょに歌いました。選手たちは，アキラと家族のように結びついていることを，感じるのでした。
　アキラは，明るくて純すいなペルーの人たちにひかれていきました。選手たちからペルーの歴史や文化，習慣などを教えてもらい，じぶんもしだいにペルーの人になっていくように感じていました。
　練習場では，キャプテンがペルーの言葉で，「オーレ。」（がんばろう）と声をかけると，選手たちは日本語で，「ハーイ。」と答えて，ボールを追いかけます。練習

場には，元気なかけ声がひびいています。もう，やめていく選手はひとりもいなくなりました。

　一九六七年（昭和四十二年）に，東京で世界女子バレーボール選手権大会が開かれました。ペルーにとっては，南米代表としての初めての大舞台。しかもアキラの祖国での試合でもあったのです。

　結果は，おしくも四位に終わりました。

　表彰式では，一位から三位までのチームに，金，銀，銅のメダルがおくられましたが，ペルーチームにははく手がおくられただけでした。

　式が終わって，観客が席を立とうとしたときです。場内に思いがけない歌声がひびきました。

　♪　上を向いて歩こう。なみだがこぼれないように——♪

　ペルーの選手たちが，あざやかな日本語で歌い始めたのです。くやしいけれど，泣くまいとなみだをこらえて，アキラのために一生けんめいに歌っているようでもありました。一位の日本の選手たちがかけよって，じぶんの首から金メダルをはずすと，ペルーの選手にかけてあげました。会場から，われるようなはく手が起こりました。ペルーの選手は，うれしさとなみだでくしゃくしゃになった顔で，日本の選手とだき合いました。

　アキラの目からも，なみだがあふれそうでした。選手たちはこのとき，アキラを本当の父親のように感じたのでした。

「ペルーは泣いている」

　一九八二年三月，ペルーの新聞は，早すぎたアキラの死を報じました。

　そうぎは，いつも使っていたバレーボール練習場でおこなわれ，アキラのひつぎは，選手たちにかつがれました。

　数千人のペルーの人びとに見送られ，アキラはだびにふされました。おこつは，二つの箱に納められました。一つは故国日本に，もう一つは，アキラの第二の故国であるペルーにほうむるためです。

　それから九年たった一九九一年，ペルーのアテ市に，アキラの名まえをつけた小学校と中学校「AKIRA KATO」が建てられました。

　アキラのまいた国際親善の種は，しっかりペルーの地に根づいたのです。

　　　　　　　　　　　　　　　　　　　　　　　　（大野　真　作による）

JASRAC 出1502050-501

第 5 章
中学校の道徳の時間をつくる

1 町内会デビュー

① 主題名　自主自律　1―(3)
② ねらい　クマ対策のため町内の共同作業に参加することになった主人公の考え方の変化を通して，自律の精神を重んじ，自主的に考え，誠実に実行してその結果に責任をもとうとする道徳的実践意欲を育てる。
③ 出　典　『中学校道徳読み物資料集』文部科学省

1．資料解説

① あらすじ：明は町内会の草刈り作業に仕方なく参加する。教えられながら作業をしていくうちに，お年寄りには重労働である仕事があることに気付き，自ら進んで作業をする。そのことによって，町内会の人々に，中川家の代表として受け入れられ，自分も少し大人になったような気がする。翌日から自ら進んで町の人々にかかわろうとする。

② 資料の読み
　(1) 主人公は…明
　(2) 助言者は…足をとられそうな人もいる
　(3) 変化したところは…「よし。」

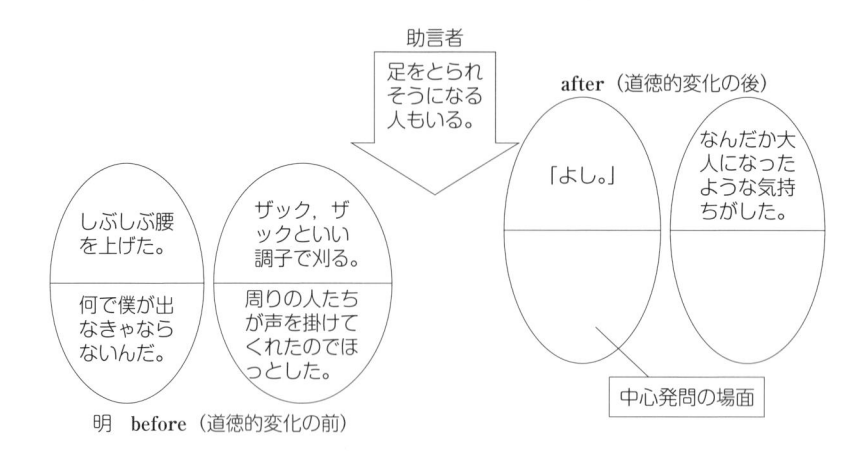

助言者
足をとられそうになる人もいる。

after（道徳的変化の後）
「よし。」
なんだか大人になったような気持ちがした。

しぶしぶ腰を上げた。
何で僕が出なきゃならないんだ。

ザック，ザックといい調子で刈る。
周りの人たちが声を掛けてくれたのでほっとした。

明　before（道徳的変化の前）

中心発問の場面

2．指導のポイント

① 道徳の時間の目標（ねらい）を提示
　○道徳の時間は何を勉強する時間？
　　・人間の魅力を考える。
② 中心発問までは生徒に答えさせなくても良い。教師がまとめて説明する方法が時間短縮につながる。
③ 中心発問で25分以上かける。もちろんここでクラスの全員に発言させる。
④ しぶしぶ参加した明が自分から取り組もうとしたところを中心にする。
　◎明はどう考えて「よし。」と草や枝を集めて運び始めたのだろう。
　　明が何に気付き，「よし。」と決意したのかを考えさせる。
（返）しぶしぶ参加したのではなかったの？
（返）ほめられたら自分からやろうと気がつくの？
⑤ 問い返しで中心発問を深める。
　○「なんだか大人になったような気持ちがした」のはなぜだろう。

3．「私たちの道徳」との関連

「自分で実行し責任をもつ」（22ページ），「こんな自分がいないだろうか？」（23ページ），「自律ってなんだろう」（24ページ）「saying」（27ページ）などを読む。自分の考えを書き込む。

4．展開過程

	学習活動	発問と予想される生徒の反応	指導上の留意点
導入	・町内会の行事を思いおこす。	○町内会の行事って？ ・溝さらえ　・盆おどり	・軽くあつかう。
展開	・資料を黙読する。 ○登場人物を整理する。 ①町内会の作業に参加しなければならない明の気持ちを考える。	・明（中学生）　・父（単身赴任）　・母（パート） ①しぶしぶ腰を上げた明は何を考えていただろう。 ・なんで僕が出なきゃならないんだ。部活もあるのに。 ・大人の中で自分だけ中学生なのは嫌だなあ。 ・お父さんもお母さんも出られないから仕方ないか。	・資料を範読する。 ・登場人物を確認させる。 ①しぶしぶ参加する明の心情を考えさせる。

展開	②教えられ，褒められ，張り切る明の思いを考える。	②ザクッ，ザクッといい調子で刈る明はどんな気持ちだったのだろう。 ・町内会の周りの人たちが声を掛けてくれたのでほっとした。 ・草の刈り方を教わったり，褒めてもらえてやる気が出た。 ・嫌だった気持ちがなくなった。	②褒められ元気が出た明の気持ちを考えさせる。
	❸明が「よし。」と決意した理由を考える。	❸明はどう考えて「よし。」と草や枝を集めて運び始めたのだろう。 ・力の要りそうな仕事なのでお年寄りより自分がやった方がいい。 ・若い自分がやった方が役にたつし，みんなのためになる。 ・教わるばかりではなく，自分から何かやりたい。	❸明が何に気付き，「よし。」と決意したのかを考えさせる。 (返) しぶしぶ参加したのでは？ (返) ほめられたら気がつくの？
	④主人公が大人になったように感じていることに共感する。	④「なんだか大人になったような気持ちがした」のはなぜだろう。 ・中川家の代表だから，あいさつぐらいできないとな。 ・自分から作業に取り組んだことで地域の仲間入りができた。 ・自分は中学生なんだ，いつまでも子どもじゃない。 ・これからはなんでも自主的にやろう。	④共同作業後の明の気持ちの変化を考えさせる。中心❸で深まれば省略してもよい。
	・キーワード	「自律」（自分で考え判断してやってみる）	自律 autonomy auto（自ら）＋ 　　　　　nomous （ギリシャ語・規範） ➡自分自身が規範の根拠 自己決定・自己責任
	・今日の魅力を考えさせる。	・自主性。・思いやり。・家族愛。・地域，郷土を大切に。	・すべて受け止める。
終末	・「私たちの道徳」22ページを読む。 ・感じたこと，考えたことを文章化する。		・道徳ノートに記入させる。

5. 板書記録

町内会デビュー

（登場人物）明（中学生）
佐藤さん（父の同級生）
吉田さん（5軒先）

○母から「中川家代表」
・仕方ないか
・大人の中で自分だけ中学生なのは嫌
・なんで僕が出なきゃならないんだ
・しぶしぶ腰を上げた
【日曜日】

○いい調子で
・周りの人たちが声を掛けてくれた
・ほっとした
・褒めてもらえてやる気がでた
・嫌だった気持ちがなくなった
【作業に参加】

◎「よし。」
・力の要りそうな仕事
・自分がやった方がいい
・若い自分がやった方が役にたつ
・みんなのためになる
・教わるばかりではなく
→自分から何かやりたい
【周りを見る】

○みんなから「中川家代表」
・なんだか大人になった
・中川家の代表
・あいさつぐらいできないとな
→自分から作業に取り組んだ
→地域の仲間入りができた
→自分は中学生なんだ
いつまでも子どもじゃない。
→これからはなんでも自分から
→自主的にやろう
【作業終了】

○今日の「人間の魅力」
・自主性　・思いやり
・地域、郷土を大切に　・家族愛

6. 授業記録

〈前半は省略，中心発問より〉

T　◎明はどう考えて「よし。」と言ったのだろう。

S1：周りの人に役立ちたい。

T：何で役立ちたい？

S2：作業が重労働だから。

T：重労働だったら何で明くん頑張るの？

S3：運ぶのはお年寄りには難しいから若い自分がやろうと。（T：うん）

T：あれっ明くん「しぶしぶ」参加したんじゃなかった？　なんで「よし」やの？

S4：自分のお父さんの同級生がいて，みんなに紹介されて知られたから自分が頑張ろうという気持ちになった。（T：あ～だからか）

S5：草刈りを吉田さんにほめられて，やっているうちに手ごたえを感じたから。（T：あ～そうやな）

S6：だんだん楽しくなってきた。

T：なんで楽しくなってきた？　楽しい作業か，草刈やぞ。重労働やぞ。
S6：ほめられたりしたから楽しくなって，自分からやってみようと。（T：あ～そうか）
S7：自分が頑張ろうと思った。
T：何で自分が頑張ろうと思った？
S7：みんなも頑張っていたから自分も。（T：なるほど）
S8：自分より年上の人が頑張っているから自分はそれ以上に頑張らないといけないと思った。（T：それ以上に，なるほど）
S9：地域のためになるから。（T：すごいいい言葉がでたな）
T：でも「しぶしぶ」やったんやろ。何で地域のために頑張ろうという気になった？
S10：周りの人が一生懸命草とか運んでいるから自分も頑張ろうと思った。（T：自分も，なるほどな）
S11：大人の人が頑張っていて自分が楽したらあかんと思ったから。よし，と思った。
T：何で自分は楽したらあかんの？
S12：お年よりの人が大変やから。（T：なるほど）
T☆そして，作業が終わりました。「中川家代表お疲れ様」と言われ，明はくすぐったかったけど，なんだか大人になったような気持ちがした。それはなぜだろう？
S13：人の気持ちが分かってきたような気がしたから。
T：どういうこと，人の気持ちって？
S13：草が重たそうやったから困っているんじゃないかと思った。（T：なるほどな）
S14：大人の人といて同じように作業することができたから。（T：だからか，なるほどな）
S15：いろんな人からほめられて，自分が大人の一員になったような気がした。（T：あ～そうか）
T：なんでほめられたの？　最初のお母さんの「中川家代表」と後の「中川家代表」はちがうよな。
S16：みんなから「中川家代表」と言われ，くすぐったかったから。
T：なんでくすぐったかったの？　なんで「中川家代表」と言ってくれたの。
S17：いろんな人から感謝されて自分が地域の人みんなの役に立ったと思った。（T：感謝されたんやな）
〈以下は省略，終末へ〉

7．生徒の感想

- 人間の魅力は，周りの影響で「自分もがんばろう」「人の役に立ちたい」とおもうことができることです。みんなの意見がどれも「なるほど」と思える意見ばかりで全員1人1人が違う意見を持っているんだなと感じた。これから自分の意見を言うだけでなくて，人の意見もきちんと聞こうと思った。
- 今日の授業で思ったことは，人は無理やりやれと言われてやる気にはなれないけど，ていねいに教えられたりほめられると人はのびたり，やる気がわく事が人間の魅力だと思いました。そして今日の授業で改めて分かった事はみんなぼくと違う意見でとてもおもしろいと思い，それも人の魅力だと思いました。
- 今日の授業での魅力は『人はだれでもほめられると，とてもうれしい気持ちになって，もっと「役にたちたい」や「もっと，がんばろう」と思える』と思いました。私は今日の授業で明くんと同じように「だれかの役に立ち，うれしい気持ち（プラスな気持ち）になろう。そしてそれがたくさん続いて自分の周りの人に多くの信頼をもってもらおう。」と思いました。
- 私も話の主人公と同じように家族の代表でなにかをするのはとてもイヤだったけど，この話を聞いて，もしかしたら私も明のように，町内の人に役に立てることがあるかなと思いました。もし町内の人とふれあうチャンスがあったら，自分から進んで町内の行事に参加していきたいと思った。
- 今日の授業でぼくは「人間の魅力」について分かってきました。人間はほめられたりしてうれしくなると，もっともっとがんばるぞっという気持ちが生まれてくるということが分かった。ぼくは明が「大人になったような気持ちだ」と言ったのは，始め行くのがいやだったけど人の役に立てたのがうれしかったからだと思います。

8．同じ内容項目の他の資料

「裏庭でのできごと」（『中学生の道徳1　自分を見つめる』廣済堂あかつき）
「リクエスト」（『中学生の道徳2　自分を見つめる』廣済堂あかつき）
「アキラの選択」（『中学生の道徳1　自分を見つめる』廣済堂あかつき）
「おまえのカワウソが淋しがっているぞ」（『中学生の道徳2　自分を考える』廣済堂あかつき）
「ウサギ」（『中学生の道徳3　自分をのばす』廣済堂あかつき）

町内会デビュー

　昼下がりの通りを、パトカーがけたたましくサイレンを鳴らして走った。十分ほどして、町の広報車が来た。
「先ほど、田中町三丁目の川沿いでクマが目撃されました。外出は控えてください。」
　幸いにも人に被害はなかったが、クマの出現で町中が大騒ぎになった。

　あれから一年後、またクマの出現が予想される季節になり、町内会が公民館で開かれた。クマとの遭遇への不安を何とかしたいのだが、相手がクマでは決定的な方法があるわけではない。
「昔はこんなことはなかった。生活が変わったからかな。この間、テレビで、人間の住むところが山と直接つながったのがクマやイノシシや鹿やらが出る原因だと言っていた。」
長老の発言で、会場は妙にしんみりとなった。一呼吸の後、町内会長が立ち上がった。
「提案ですが、人間と動物との中間地帯があるといいということですので、共同作業で町と山との境の草刈りと掃除をしてみませんか。町内全域というのはとても無理ですが、せめて昨年クマの出た川沿いのあたりだけでも。私たちにできることは私たちでしませんか。」
町内会長の提案は採択され、緊急の回覧板が回された。今度の日曜日に一斉の共同作業である。各家庭から一人が作業に参加するのが町内会の決まりだ。

「明、今度の日曜日の共同作業、中川家代表でお願いね。」
　母の言葉に、明の夕食の箸が止まった。
「ええっ、どうして僕なの。共同作業の時は、お父さんが帰ってくるじゃない。」
「そうだけど、今度のはクマ対策ということで、臨時の特別作業なの。年間予定で分かっていれば、お父さんに赴任先から帰ってもらえるけど、今回はもう仕事が入っていて無理だって。」
「だったら、お母さんが出れば。」
「それがねえ、パートが休めないの。何とかならないかと思ったのだけど、もうシフトが確定していて、皆さんに迷惑を掛けるわけにいかないし。」
「僕はまだ、中学生だよ。」
「もう中学生だから、大丈夫。申し訳ないけど、部活は休ませてもらってよ。ただ

の作業じゃなくて，クマ対策だから中学校のお役にも立つというものよ。感謝されてもいいくらいよ。」
「よくそんな理屈が出てくるよ……。知らない人の中でするの，いやだよ。」
　いくらクマのこととはいえ，大人に混じっての作業など，どのような雰囲気か想像できない。浮いてしまって居場所がなくて，おろおろしている自分の姿が目に浮かぶ。
　「大丈夫よ。心配しないで。みなさん，面倒見てくださるから。明の町内会デビューね。」
　家の事情を思えば仕方のないことも，理屈では分かる。だが素直にうなずけない。明は黙って台所を出た。

　次の日，明は改めて母から共同作業への協力を頼まれた。
「明，日曜日の作業，お願いね。中川家代表だから，逃げられないわね。」
「逃げるって，どういうことだよ。」
明は，思わず大きな声になった。母は肩をすくめて言った。
「ごめん，ごめん。気にさわったかしら。励ましとお願いのつもりだからね。」

　日曜日がきた。母は相変わらずの調子である。
「さあ，ぼちぼち集合の時間よ。お昼はカレーを作っておいたから，温めて食べてね。私もパートだから，そこまで一緒に行こうよ。最初の挨拶はしてあげるから。あっ，それは過保護か。」
「本気でひとごとだと思ってるだろ。」
　明は，しぶしぶ腰を上げた。
　集合場所の公民館前の駐車場に行くと，明はいきなり声を掛けられた。
「おっ，中川君の息子だな，ご苦労さん。頑張ろうな。」
　明は面食らって，しどろもどろの返事をした。
「ええ，はあ，そうですが……。何で分かったんですか。」
「同級生だよ。同級生の佐藤だよ。君は中川君とそっくりだから，すぐ分かったよ。いいなあ，君のような若い人が来てくれるのは。こっちにおいでよ。みんなに紹介するよ。」
　あれよあれよという間に，明は中川家の代表だという紹介をされ，まわりを笑顔で囲まれた。
　作業は，視界を妨げる立木の伐採，草刈りとゴミ拾いである。念のため，クマよけの音を鳴らしている。どうしようかと戸惑っていると，五軒先の吉田さんのおばあさんが目に入った。鎌の使い方が堂に入っているので，つい見とれていると，
「明くん。」

と，声を掛けてきた。
「草刈りなんかしたことないだろう。ほら，こんなふうにしてごらん。草を握った手元の近いところに鎌を当てて，手前に引くように……。欲張って一度にたくさん草を握ると手をけがするから，ほどほどに……。そうそう，なかなか手つきがいいよ。若い者は飲み込みが早いね。」

　褒められると元気が出る。ザクッ，ザクッといい調子で刈る。刈り取った跡が空き地のようにはっきりするので，いかにも仕事をしている気分が高まる。思わずペースが上がる。するとまた吉田さんから声が掛かる。
「張り切りすぎるとバテるよ。一定の調子で，リズムよく出来るくらいの力加減でやると疲れないよ。」

　秋も終わりに近い季節であるが，汗が噴き出る。軍手をした手の甲で，額の汗を拭く。続けていると腰も痛くなってくる。腰をトントンとたたきながらふと周りを見ると，何人かの人が，刈り取った草を運んでいる。凸凹で足元が良くないところで足をとられそうになる人もいる。
「よし。」
　明は，あちこちに散らばっている切ったばかりの草や枝を集めて運び始めた。生の枝や束ねた草は思ったよりも重い。抱えて運ぶのは重労働だ。
「やあ，よく気が付いたなあ。助かるわ。」
　明は，確かにこの仕事はお年寄りの仕事ではないと思った。

　十二時を過ぎて，町内会長が作業終了をふれて回った。

「本日の作業は終了です。集まってください。」
　再び集合した参加者に，町内会長が拡声器のマイクを持って，お礼の挨拶をした。
「どなたも，お疲れ様でした。おかげで，作業が予定通りに終了しました。これでクマが絶対に出ないというわけではありませんが，いきなりクマとぶつかる危険はずいぶん減ったと思います。今回は急なことでしたが熱心に参加していただいて，嬉しく思います。初めての参加の方もおられました。これを機会にお近づきになれれば，ありがたいです。クマとの出会いはいりませんが，こういう出会いは歓迎です。」
「クマみたいな者はいるぞ。」
という声も飛んだが，拍手が起きた。参加者には，大人にはビールとおつまみが，明にはパンとスポーツドリンクが配られた。明が帰ろうとすると，佐藤さんとお年寄りたちが寄ってきた。
「明君，今日は来てくれて，ありがとう。若い人がいると作業が早いわ。」
「そうそう，こっちまで元気になれるよ。中川家代表，お疲れ様。」
　明は，くすぐったかったけれど，なんだか大人になったような気持ちがした。
　帰宅した明は，カレーを温めて大盛りにした。いつもの母の味だとは思いながらも，ちょっと甘いのではないかと感じてソースをたっぷりかけた。

　翌朝，明がいつものように玄関を出ると，吉田さんが家の前を掃いていた。いつもは頭をペコっと下げるだけの明だったが，小走りに近寄って自分から声を掛けた。
「おはようございます。」
「あら，明くん，おはよう。昨日はお疲れ様。腰が痛くならなかったかしら。」
「はい。なんとも。吉田さんこそ大丈夫ですか。」

　その日，通学の途中で，明はあちこちから声を掛けられた。朗らかな声でそれに応えながら，明は，背筋を伸ばして，大股で学校に向かった。

2 銀色のシャープペンシル

① 主題名　弱さの克服　3─(3)
② ねらい　拾ったシャープペンシルを自分のものとしたことを言い出せずにいた主人公が，周りの友人や良心の声によって変化していくことを通して，人間には弱さや醜さを克服する強さや気高さがあることを信じて，人間として生きることに喜びを見いだすように努めようとする道徳的実践意欲を養う。
③ 出　典　『中学校読み物資料とその利用3』文部省

1．資料解説

① あらすじ：清掃をしているときに，落ちていた銀色のシャープペンシルを拾い，自分の物とした主人公が，友達から疑われている時も，知らないふりをする。やむにやまれず，黙って持ち主である卓也のロッカーに入れて返したが，そのあと卓也の「ぼくの勘違いだった。」という電話を聞いたり，自分の良心の声を聞くことによって，卓也の家に向かおうとする。
② 資料の読み
　(1) 主人公は…ぼく
　(2) 助言者は…「ずるいぞ」の声
　(3) 変化したところは…オリオン座の光がとてつもなく大きなもののように思える。

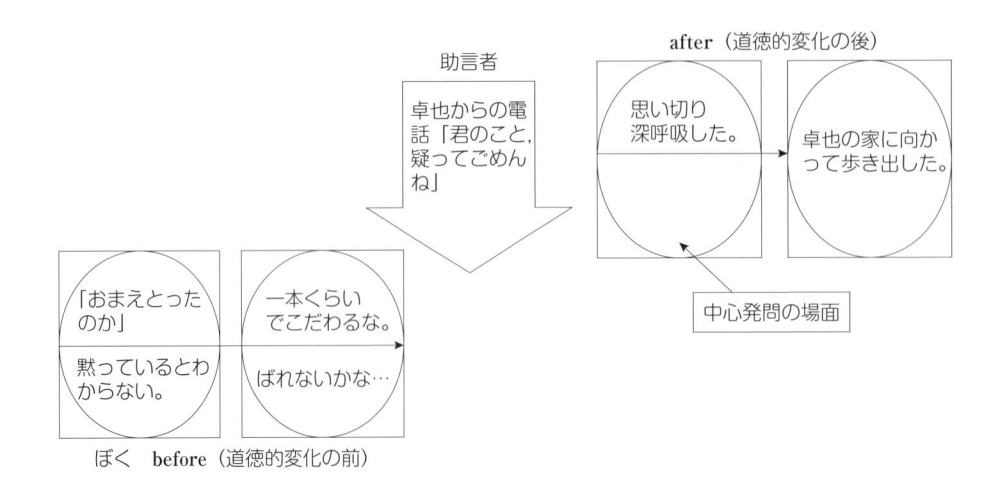

2．指導のポイント

① 前半は主人公が教室に戻って誰ともしゃべる気になれなかったところを聞いていく。一旦嘘をついてしまうと，それを正当化していかなければならないなど，人間には誰にでも弱さや醜さがあることに共感しながら進めていくことが大切である。
② 中心発問に対しては，反省や決意など多様な反応が得られるが，それらに対しては問い返しの発問をすることによって主題とする道徳的価値を深く考えさせていかなければならない。

3．「私たちの道徳」との関連

時間があれば125ページのルソーの言葉を紹介する。

4．展開過程

	学習活動	発問と予想される生徒の反応	指導上の留意点
導入	・今日の資料について知る。	1本のシャープペンシルを見せる。 「この1本のシャープペンシルが今日のお話にかかわります」	・導入なので時間はかけない。
展開	・資料を黙読する。 ・あらすじを確認する。 ・卓也や健二のようすから動揺を隠せない「ぼく」の心を考える。	ぼく→卓也のシャープペンシルを拾い，自分のものにする。 健二→「とったのか」 黙って戻す 卓也→「疑っていたんだ。ごめん」 「おまえ，ずるいぞ」 一人で教室にもどって，だれともしゃべる気にはなれずにいたぼくはどんなことを考えていただろう。 ・返そうと思ったのに健二のせいで言いそびれたんだ。 ・卓也のだと知っていたら返していたのに。 ・ぼくは"悪い"人になったのか。 ・どうやって返したらいいんだろう。 ・黙ってたらわからない。	・資料を範読する。 ・主人公の気持ちになって考える。 （発達段階を考慮して話を再確認する。範読だけでいい場合もある） ・誰にでも，弱さや醜さがあることを共感させる。 ・すべての意見を受け止める。

第5章　中学校の道徳の時間をつくる

展開	・卓也とのやりとりや健二や章雄の言葉を思いだしながら，自分の弱さとむきあう主人公の心を考える。	「ずるいぞ」とどこからともなく聞こえてきた。なにがずるいの ・最初から言わなかったこと。 ・卓也は自分が間違っていたと思ったことを正直に言ったけど，自分が言えなかったこと。 ・いつもごまかしていること。	・良心の声（助言者）を聞くことで，道徳的価値についての理解を深める。
	・自分の弱さに気づき，その殻を打ち破ろうとする主人公の気持ちを考える。	東の空のオリオン座のとてつもなく大きいひかりを見ながら，ぼくは何を思ったのだろう ・ぼくはずるい人間だ。（反省） ・自分も堂々と生きたい。（決意） ・卓也はえらいな。（尊敬） ・卓也に恥ずかしい。 ・みんなこんな自分をどう思うだろうか。軽蔑するかもしれないな。	・道徳的価値にかかわる言葉がでてきたら，そこから深く問う。
	・卓也の家に向かう主人公の心情を考える。	卓也の家に向かって歩き出したぼくはどんなことを考えていただろう。 ・卓也に申し訳ない，ちゃんと謝ろう。（謝罪） ・今なら間に合う。許してもらおう。 ・もうずるい人間にはなりたくない。 ・これからはごまかさずに生きていきたい。	・主人公が自分を奮い立たせることで，めざそうとする生き方や誇りある生き方に近づけることに気付かせるようにする。
終末	・「私たちの道徳」120ページを読む。 ・感想をかく。	良心ってなんだろう。 ・真心，偽りのない心，善なる心…。 ・sayingのルソーの言葉を紹介する。	・時間があれば，数人に問う。 ・余韻を残して終わる。 ・感想を書かせる。

5．板書記録

銀色のシャープペンシル

ぼく、卓也、健二、

・誰ともしゃべる気にならなかったぼくはどんなことを考えてた？
・健二のせいで言いそびれた
・知ってたら返した
・どうしよう
・黙ってたらわからない

東の空のオリオン座のとてつもなく大きいひかりを見ながら…

何

・みんなこんな自分をどう思う？
・軽蔑するかも・卓也に恥ずかしい
・ぼくはずるい人間だ（反省）
・仲直りしたい
・卓也はえらいな（尊敬）
・堂々と生きたい（決意）

ぼくはどんなことを考えていただろう。

・卓也に申し訳ない，ちゃんと謝ろう
・今なら間に合う。許してもらおう
・ずるい人間にはなりたくない
・ごまかさずに生きていきたい

6．授業記録

〈前半は省略，中心発問より〉
- T：東の空のオリオン座のとてつもなく大きい光を見ながら，ぼくは何を思ったのでしょう。
- S1：自分の悩んでいることが小さい。
- S2：自分がわるいことをしたから。
- T：悪いから大きく感じたんやね。
- S3：いつもとちがう。
- T：なにが違うの？
- S3：友達関係がちがうから。
- T：友達関係がちがうからか…よく考えてるね。
- S4：今日一日大変な一日やった。
- S5：うそついたり，ごまかしたりしたから。
- T：うそついたり，ごまかしたりしたら，星は大きく見えるのかなあ。
- S5：……
- S6：もうとりかえしがつかないと思った。
- S7：きょう，ずっと嘘ついてきた。
- T：今日一日の出来事を振り返って，おおきくみえたんやね。
- S8：健二があやまらないといけないのに卓也が謝った。
- T：健二があやまらないといけないの？
- S9：卓也が最初にあやまったから，やっぱり健二もいけなかったし。
- T：あっそうか。健二のことにも気づいたってすごいね。
- S10：星がそれでええんかと訴えてる。
- S11：自分のしたことが情けない。
- T：何が情けなかったの？
- S11：隠してたこと。
- T：何を隠してたの？
- S11：シャーペンを奪ったこと。
- T：奪ったことを隠してたことがなさけなかったんやね。なるほどね。
- S12：嘘ついてたこと。
- S13：自分は嘘ばっかりついていた。ごまかしてた。でも星は堂々と輝いてる。そんな自分と比べて星が大きく見えた。
- T：すごいな。よく考えたね。
- S14：僕もずっと悩んでて，辛かった。

T　：そうか。悩んでたんやね。
S15：ずっと嘘ついてたし，自分より星のほうが大きいなと思った。
S16：あやふなや気持ちがあった。
　T　：何があやふやなん？
S16：本当は僕があやまらなければならなかったのに，卓也が先に謝った。自分が
　　　あやふやだった。
　T　：いっぱい出てきたね。
　T　：**このまえにね，「ずるいぞ。」ってきこえたよね。何がずるいのでしょう。**
S17：自分のついた嘘から逃れようとした。
S18：全部嘘をついた。
S19：自分が盗ったのに自分のせいにしなかった。
S20：嘘をついて現実逃避した。
　T　：難しい言葉知ってるね。そうか。現実逃避か…何がずるかったんでしょう。
S21：自分は関係ないと思ったこと。　　　　　　〈以下は省略，終末へ〉

7．生徒の感想

・ぼくという人は卓也のシャープペンシルをとったのも悪いと思ったけれど，うそ
　をつくほうが悪いと思った。
・嘘をつき通すのは無理に等しい行為だと思った。
・この主人公はまちがいから一度逃げたけど，間違いをみとめたところはすごいと思
　った。わるいことは簡単にできるけど，それと向き合うのは大変なことだと思った。
・ぼくはあやまってえらいなーと思った。でも嘘をついたところはだめだと思った。
　ぼくもこういうことがあったら，本当のことを言いたい。
・この話を読んですごく共感しました。自分だったらそうしてたかなと思いました。
・シャープペンシル一つで人が変わるんだなーと思いました。
・ものを取ったら取ったほうも取られた方も困るから，ものを取ったらいけない。
　日常的にありそうな話でとてもよく考えました。
・自分は本当に謝りに行けるかどうか……と思った。
・みんながみんなと本音で話し合えるって素敵だなと思いました。

8．同じ内容項目の資料

「いつわりのバイオリン」（『中学生の道徳１　自分を見つめる』廣済堂あかつき）
「足袋の季節」（『中学生の道徳２　自分を考える』廣済堂あかつき）
「ネパールのビール」（『中学生の道徳２　自分を考える』廣済堂あかつき）

銀色のシャープペンシル

　教室の机も並べ終えたし，あとは後ろにたまったごみをかたづけるだけだ。その時，ぼくは綿ぼこりや紙くずに混じって，銀色のシャープペンシルが落ちているのを見つけた。手に取ってほこりを払ってみると，まだ新しいし，芯も何本か入っているようだ。自分のシャープをなくしたところだったので，ちょうどいいやと思ってポケットにしまった。

　一週間ほどたった理科の時間。今日はグループに分かれ融点の測定を行う。グループには幼なじみの健二と，このクラスになって仲良くなった卓也がいる。健二は調子がよくてときどき腹の立つこともあるが，ぼくと同じバスケット部で，いつも冗談ばかり言っているゆかいなやつだ。その点，卓也はやさしくてぼくが困るといつも助けてくれる。対照的な二人だがなぜか気が合って，グループを作るといつも三人がいっしょになる。

　理科室に行くと，教科委員が実験器具を配っていた。ぼくは卓也が読み上げていく温度計の値を記録していく係だ。席に着くと記録用紙が配られ，ぼくは準備しようと筆入れからあの銀色のシャープペンシルを取り出した。その時だ。卓也がぼそっと，
「あれ，そのシャープ，ぼくのじゃ……。」
と言った。（えっ，これ卓也の。）と言おうとしたら，すかさず健二が，
「お前，卓也のシャープとったのか。」
と大きな声ではやしたてた。ぼくは「とった。」と言う言葉に一瞬血の気が引いていくのを感じた。

　ざわざわしていた教室が静まり返り，みんなが一斉にぼくの方を見た。ぼくはあわてて，
「何を言ってるんだ。これは前に自分で買ったんだぞ。健二，変なこと言うなよな。」
と言って，健二をにらんだ。健二はにやにやしているばかりだ。卓也の方を見ると，ぼくの口調に驚いたのか下を向いて黙ってしまった。しばらく教室全体にいやな空気が流れた。

　チャイムが鳴り，先生が入って来られ実験が始まった。ぼくは下を向いたまま卓也の読み上げる値を記録していった。卓也がぼくの右手に握られているシャープペンシルを見ているようで落ち着かなかった。早く授業が終わらないかと横目でちらちら時計を見た。でも，時間がぼくの周りだけわざとゆっくり流れているように感じた。本当のことを話そうと思った。でも，自分で買ったなんて言ってしまった手

前，とても声には出せなかった。
　健二は相変わらずふざけて，班の女子を笑わせている。人の気も知らない健二にむしょうに腹が立ってきた。だいたい健二が悪いんだ。とったなんて大きな声で言うから返せなくなったんだ。みんなだって人のものを勝手に使っているくせに，こういうときだけ自分は関係ないなんて顔をしている。拾っただけのぼくがどうしてどろぼうのように言われなくっちゃならないんだ。それに，卓也も卓也だ。みんなの前で言わなくてもよかったんだ。大切なものならきちんとしまっておけばいい。シャープペンシルの一本ぐらいでいつまでもこだわっているなんて心が狭いんだよ。
「実験をやめて，黒板を見なさい。」
　先生の声がした。右手はじんわり汗をかいていた。ぼくはシャープペンをポケットにさっとしまうと，みんなにわからないように汗をズボンで拭った。授業が終わると，ぼくは二人の前を素通りし，一人で教室にもどった。だれともしゃべる気にはなれなかった。
　授業後，健二が部活に行こうと誘ってきたが，ぼくは新聞委員の仕事があるからと，一人で教室に残った。だれもいなくなったのを確認すると，シャープを卓也のロッカーに突っ込んだ。これでいい，ちゃんと返したんだから文句はないだろうと，部活動へ急いだ。
　夕食をすませるとすぐに部屋にかけ上がった。勉強をする気にもなれず，ベッドにあお向けになり今日のことを考えていた。
「卓也君から電話。」
　母が階段の下からぼくを呼んだ。とっさに卓也が文句を言うために電話をしてきたのだという考えが浮かんだ。ぼくは何を聞かれても知らないで通そうと，身構えて受話器を取った。

「今日のことだけど、実はシャープ、ぼくの勘違いだったんだ。部活動の練習が終わって教室に忘れ物を取りにもどったら、ロッカーの木工具の下にシャープがあって。それに、本当のこと言うと、少し君のこと疑ってたんだ。ごめん。」

　卓也は元気のない声で謝っている。ぼくの心臓はどきどき音を立てて鳴りだした。

「う、うん。」

と言うと、ぼくはすぐに電話を切った。まさか卓也が謝ってくるとは考えもしなかった。自分の顔が真っ赤になっているのを感じた。だれにも顔を見られたくなくて、黙って家を出た。

　外に出ると、ほてった顔に夜の冷たい空気が痛いほどだった。ぼくは行くあてもなく歩き出した。卓也はぼくのことを信じているのに、ぼくは卓也を裏切っている。このままで本当にいいのかと自分を責める気持ちが強くなりかける。すると、もう一人の自分が、卓也が勘違いだと言っているんだからこのまま黙っていればいいとささやいてくる。ぼくの心は揺れ動いていた。

　突然、「ずるいぞ。」という声が聞こえた。ぼくはどきっとして後ろを振り返ったがだれもいない。この言葉は前にも聞いたことがある。合唱コンクールの時のことだ。ぼくはテノールのパートリーダーだったが、みんなも練習したくなさそうだったし、用事があるからと言って早く帰って友達と遊んでいた。テノールはあまり練習ができないままコンクールの日を迎えてしまった。結果はやはり学年の最下位。ぼくはパートのみんながしっかり歌ってくれなかったからだと言いふらした。帰り道、指揮者の章雄といっしょになった。ぼくは章雄にも、「みんながやってくれなくて。」と言ったら、章雄は一言、

「お前、ずるいぞ。」

と言い返して走っていった。

　あのときは、章雄だって塾があるからと帰ったことがあったのに、人に文句を言うなんて自分の方がずるいんだと腹をたてていた。今度もそうだ。自分の悪さをたなに上げ、人に文句を言ってきた。いつもそうして自分を正当化し続けてきたんだ。自分のずるさをごまかして。

　どれくらい時間がたっただろう。ふと顔を上げると、東の空にオリオン座が見えた。あの光は数百年前に星を出発し、今、地球に届いているという。いつもは何も感じないのに、今日はその光がまぶしいくらい輝き、何かとてつもなく大きいもののように思える。

　少しずつ目を上げていった。頭上には満天の星が輝いていた。すべての星が自分に向かって光を発しているように感じる。ぼくは思い切り深呼吸した。そして、ゆっくり向きを変えると、卓也の家に向かって歩き出した。

（木下　一　作による）

3 虎

① 主題名　個性の伸張　1—(5)
② ねらい　八輔が，息子に動物園へいくことをせがまれたことをきっかけに自分自身の生き方を見つめ直そうとしたことを通して，自己を見つめ，自己の向上を図るとともに，個性を伸ばして充実した生き方を追求しようとする道徳的実践意欲を培う。
③ 出　典　『中学生の道徳2　自分を考える』廣済堂あかつき

1．資料解説

① あらすじ：35歳をすぎ，相変わらず脇役しか振り当てられない深井八輔は，今回もまたセリフのない「虎」の役が回ってきた。そんな自分をおかしくも悲しくも思っていたが，息子の亘が動物園に行きたいと言ってきたことから八輔の心が変わる。最高の虎を演じるため，八輔は真剣に虎の心まで知ろうとした。本番の舞台では八輔の虎の演技に拍手喝采がおこった。舞台裏に引き上げた八輔は，息子を抱きしめ，涙するのであった。
② 資料の読み
　(1) 主人公は…深井八輔
　(2) 助言者は…息子亘の言葉に「はっ」と気づく八輔自身
　(3) 変化したところは…動物園で，夢中で，虎の気持ちをとらえようとしている場面。

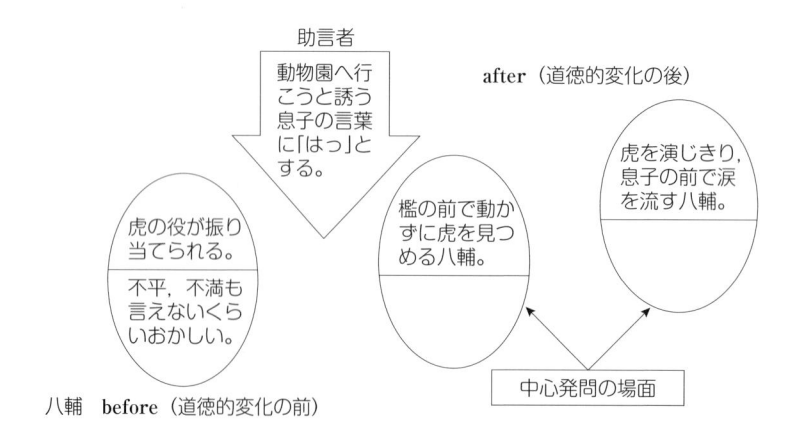

助言者
動物園へ行こうと誘う息子の言葉に「はっ」とする。

after（道徳的変化の後）

虎を演じきり，息子の前で涙を流す八輔。

虎の役が振り当てられる。
不平，不満も言えないくらいおかしい。

檻の前で動かずに虎を見つめる八輔。

中心発問の場面

八輔　before（道徳的変化の前）

2. 指導のポイント

① 導入で価値を扱う場合は、簡単にしてあまり深入りしない。生徒のイメージがぼんやりできる程度でよい。
　○「スイッチといえば、何が思い浮かぶ？」などとの追発問で簡単に切り替わるものと思わせるぐらいの方が、なお展開がしやすい。
② 中心発問までの補助発問では、主人公、八輔が現状に不満を抱き、前向きに生きようとしていていないことをおさえることができればよい。
③ 中心発問では、できるだけ多くの生徒の意見を引き出したい。心が変わると動物園の虎もここまで真剣に観察できるものかと心の変化による八輔の生き方の変化をしっかりとらえさせたい。この資料では主人公、八輔の心に大きな変化を与えたのは、息子亘のようにも考えられるが、それはきっかけであって、そもそも八輔がもっていた内面的資質が息子の言葉をきっかけに湧き上がってきたと考えた方がよいと考える。
④ 演技ののち、拍手喝采ですばらしい幕引きでおわる資料であるが、いい演技ができたからよかったのではなく、自分を向上させて、満足のいく演技ができたことが八輔にとって感動であったことであるように感じさせたい。しかし、このあたりは、指導者が期待する反応を強く持ちすぎるためにやや言葉が多くなることが考えられるので、あくまで資料の中の八輔の心を追いかけることで心情を高めたい。

3.「私たちの道徳」との関連

　授業を契機に「丸ごと自分を好きになる」(中学校用、39ページ)を拡大コピーして教室掲示して意識化することが考えられる。
　また、授業後、生徒の感想を紹介する道徳通信を発行する際、「あなたらしさがあなたの良さになる」(中学校用、40ページ)のイラストを掲載することも考えられる。

第5章　中学校の道徳の時間をつくる

4．展開過程

	学習活動	発問と予想される生徒の反応	指導上の留意点
導入	・心のスイッチ	人には「心のスイッチ」というものがあると思います。みんなの「心のスイッチ」はしっかり動いていますか。 ・動いている。　・止まっている。 ・どこにあるかわからない　…	・あまりつきつめると本題に近づきすぎてしまうので簡単に興味づけする程度にする。
展開	・範読を聞く。 ・主人公の「心のスイッチ」が切り替わった所はどこかを考えながら読む。 ・八輔の脇役に関する認識を確認する。 ・虎の役をもらった主人公の心情を考える。 ・動物園へ連れて行ってほしいと言った亘に、「はっ」とするものを感じた心の変化をとらえる。	 八輔は、どんな思いで脇役をしていたのだろう。 ・脇役ばかりでおもしろくない。 ・仕方がない。 ・いつか大きな役をもらいたい。 ・自分で自分を笑っていた。 「虎」の役をもらった八輔はどんな気持ちだったのだろう。 ・不満、不平もいえぬほどおかしい。 ・馬鹿にされている感じ。 ・腹立たしい。 ・もっといい役がほしい。 ・今の状況に満足していない。 八輔はどんな思いで上野動物園の虎を見ていたのか。 ・一番すごい虎を演じてやろう。 ・今まで脇役だからといってしっかり研究してこなかった。 ・虎を演じるのは自分しかいない。 ・もっと上手に演じるための研究をしよう。 ・自分に与えられた仕事をしっかりやろう。 ・前向きに生きていこう　…	・資料を範読する。 ・指導者側で、ポイントを強調しながら読む。生徒にとって難解な語句もいくらか考えられるので、簡単な補足をしながら読む方がよいだろう。 ・志をもって、役者の道へ入ったが、現状に不満な八輔の気持ちをおさえたい。 ・「虎」の演技にしても漠然と想像しているだけで、前向きにとらえようとしていないことを押さえる。 ・息子の言葉を「神の啓示」と受けとめられる心の状態が生まれている。ここでは、以前の漠然とした想像ではなく、具体的に演じようと前向きになっている心境の変化を多様な答えを引き出すことで深めていきたい。

	・演技が終わり，拍手喝采をあびたときの八輔の気持ちを考える。	八輔はどんな思いで涙を流したのだろう。 ・自分にも感動させる演技ができた。 ・息子に恥ずかしくない演技ができた。 ・脇役であろうと関係ない。 ・誰にもできない虎を演じることができた。	・ただ，感動だけでなく，どのような感動があったのかを引き出したい。自分のよさに気づき，生きがいを感じた八輔の熱い思いに迫りたい。
終末	・八輔の「心のスイッチ」 ・感想文を書く。	八輔の「心のスイッチ」は誰が動かしたのだろうね。 ・亘。　　　　　・動物園の虎。 ・自分自身…。	・あくまでも，八輔の心情をたどりながら，生徒の内面に訴えかけ，自分の問題としてとらえさせたい。 ・感想を書かせる。

5．板書記録

本日のテーマ　心のスイッチ

「虎」　主人公　深井八輔　役者（脇役）

八輔は，どんな思いで脇役をしていたのだろう
・脇役ばかりでおもしろくない
・仕方がない。いつか大きな役をもらいたい
・自分で自分を笑っていた

「虎」の役をもらった八輔はどんな気持ちだったのだろう
・不満，不平もいえぬほどおかしい
・馬鹿にされている感じ
・腹立たしい
・今の状況に満足していない
・もっといい役がほしい

八輔はどんな思いで上野動物園の虎を見ていたのか
・一番すごい虎を演じてやろう
・今まで脇役だからといってしっかり研究してこなかった
・虎を演じるのは自分しかいない
・もっと上手に演じるための研究をしよう
・自分に与えられた仕事をしっかりやろう
・前向きに生きていこう…

八輔はどんな思いで涙を流したのだろう
・自分にも感動させる演技ができた
・息子に恥ずかしくない演技ができた
・脇役であろうと関係ない
・誰にもできない虎を演じることができた

八輔の「心のスイッチ」は誰が動かしたのだろう

6．授業記録

〈前半は省略，中心発問より〉

T：八輔は，どんな思いで動物園の虎を見ていたのでしょう。
S1：よし，ここは一番すごい虎を演じてやろうと思ったのではないかなあ。
T：すごい虎ってどんな虎？
S1：できるだけ本物に近い虎かな。
S2：今まで脇役だからと言って研究してこなかったと感じていた。
S3：虎を演じられるのは自分しかいないと考えるようになっていったのと違うか

なあ。
　T：どうしてそんな風に考えるようになったの。
　S3：役に不満を言っても仕方がないところまできてたのと違うかなあ。
　S4：自分が役者になりたいと思った理由を思い出していたんだよ。ひょうきんな性格で，人を笑わせるのが上手かったってね。
　S5：そう，そう，この役が自分には一番向いているってね。
　S6：それならもっと上手に演じるための研究をしようってね。
　S7：自分に与えられた仕事をしっかりやろうと決めたんだ。
　S8：前向きに生きていこうってね。
　T：前向きって？
　S9：虎の役が自分にぴったりだって思えるようになったんだよ。
〈以下は省略，終末へ〉

7．生徒の感想

- 八輔さんが最後に流した涙。それはすごくきれいな涙だと思います。心のスイッチは目に見えません。当たり前です。でも誰でもきっと持っているスイッチだと思います。このスイッチをおすにはやっぱり気持ちしかないと思います。あきらめるよりも自分を信じて役を演じきった八輔さんの姿はすごく輝いていました。八輔さんは虎を演じるという難しいチャンスをうまくいかしたのです。僕も八輔さんのようにチャンスをつかみたいです。

- 「なんで自分が，こんな事しなあかんのだろう」「影で頑張るしかないんか」とか誰だって思ったことあると思う。才能がないとか運がないとか言われるけど，それはちがうと思う。自分と人はちがうのだから個人差があるし，その人の才能はその人にしかないものだから…どんな小さな才能でも，どんな目立たない事でも，それが人の素敵なところなんだと思う！　自分にしかない良いところをのばしていけば輝けるのかなっと思った。

- たとえ虎という脇役でも，その役を演じる人間が，あきらめず努力する人間ならば，その役はとても目立つ大きな役になると思います。少しぐらいイヤなことがあっても，考え方しだいではとても明るくすばらしいものになるというのがわかりました。

- 深井八輔さんは私たちにどんな事でも自分の力を最大限に出し，精一杯やれば必ず見てくれている人がいるということを教えてくれたんじゃないかと思いました。人にはそれぞれ自分にしかできない事があると思います。この「虎」という役は深井さんにしかできない役であり他の人にはとうていできない役だったと思います。セリフがなく，小さい役であっても自分にしかできない「虎」がある，そん

な自分だけの虎を精一杯演じよう！　という思いが，一つ一つの動きや虎から出されるオーラを伝わり観客の人に伝わったんだと思いました。このセリフもない「虎」という小さな役に大勢の人が感動し認めてくれてあらゆるところから喝采がとんできている。これは深井さんが自分の仕事にほこりを持ち，がんばるぞ！　という心のスイッチを入れたから観客に深井さんの思いが伝わったんだと思います。

8．同じ内容項目の他の資料

「岩割の松」（『中学道徳2　きみが いちばん ひかるとき』光村図書）
「ベストスマイル」（『中学校道徳　あすを生きる1』日本文教出版）

虎

　深井八輔は，もとは魚市場で働いていた青年であったが，以前から役者になりたいと考えていた。彼はひょうきんな性格であり，人を笑わせるのがうまかった。
　そのころ，ちょうど新派の草分けである川上一座が，下まわり役を募集していたので，彼は，待っていましたとばかりに応募した。試験の時，座長の川上は，彼のいがぐり頭を見て，「おまえさんは到底役者になる柄ではない。」と言って，笑って受け付けなかった。試験は，みごと落第だった。しかし，彼は，それでもこりなかった。今度は頭をすっかり剃りまるめて人相を変えて再び応募した。ところが，その時は一座が大勢を募集したので，彼は，座長の目を逃れ，他の人たちに紛れてうまく採用された。
「やあ，こいつとうとう入りやがったな。」
　採用された八輔に気付いた座長は，驚いた様子で彼に言った。
「まあ仕方がない。入ったのならしっかりやりなさい。」
　こうして八輔は入団を許され役者となった。

　彼はもう三十五歳を超えていた。分別盛り働き盛りの年齢であったが，決して自分の今の地位に満足している訳ではなかった。彼は，舞台で絶えず道化を演じているに過ぎなかった。真面目な役は一つも振り当てられなかった。彼はただ，観客をわっと笑わす為のみ，もしくは，主役をひきたたせる為のみの脇役に用いられるばかりであった。彼はいい年をして相変わらず観客を笑わせ，少しもうだつの上がらない自分自身を知っていた。知っていながら仕方がなかった。相変わらず観客を笑わせては自ら己の境涯を笑っていた。
　彼には，もう八歳になる子があった。役者になってから生まれた子だった。この子は去年初舞台を踏み，彼よりももっと正式な俳優になる未来を持っていた。彼自身，その子を決して三枚目にはしたくないと思っていたし，自分と違って正当な，立派な役者にしたいと願っていた，彼は，自分の境遇を考えると，なにか息子にひけ目を感じずにはいられなかった。
　今朝，八輔はぼんやり床の上で昨日受け取った役のことを考えていた。
　彼の振られた役というのは，ただ「虎」の一役だった。人の名ではない。本当の獣の虎に扮する一役だけだった。虎一役！　彼は考えると不満であった。しかしまた，不平も言えぬほど可笑しくもあった。彼は，猫にも扮したことがあった。犬になって，幕外で踊ったこともあった。今更虎の役を振られたとて，それが何の不思議であろう。彼は，自分が虎に扮することの不思議でないことを悲しく感じた。馬

鹿にされているような気がして、腹だたしくさえ思った。
　彼は、尚も床の上で考えた。
　とにもかくにも振られた虎一役は、うまくやらなければならない。獣に扮することが何も恥辱と言う訳ではない。獣でも鳥でも、うまく演じさえすれば立派な役者なのだ。何といっても、虎をやれる役者は、日本中に自分しかいないのだ。一つ、虎をうまくやって皆を「わっ」と言わせてやろう。
　彼は、急いで起き上がると、着物を着、階下へ降りていった。親子三人の朝食が待っていた。
　箸をはこんでいる時に、息子の亘が不意に声をかけた。
「お父さん、今日は稽古がお休みなの。」
「ああ立稽古まで、お父さんは休みだ。」
　こう言いながら、彼は覚えなければならない台詞が一言もない虎の役を改めて苦苦しく思い起こした。彼は稽古場へ出ても、他人と台詞を合わせる必要も無かった。彼はいかに虎らしく跳躍すべきかを、一人考えれば、それでよかった。
　が、しかし虎というものは、一体どんな飛び跳ね方をするのだろう。彼は絵に描いた虎は見た。劇に出た虎も見たが、実物の虎は、ただそれらを通して、漠然と想像しているに過ぎなかった。いざ自分が演じるとなると、まるで特徴がわからなかった。
　彼がそんなことを考えているとも知らず、息子の亘は、甘えた口調でおずおずと尋ねた。
「それじゃどこへも行く御用はないの。」
「うん。まあないな。なんだって、そんなことを聞くんだ。」
「僕ね。お父さんが暇なら、今日、上野へ連れて行ってもらいたいんだ。」
「上野のどこへ行くんだ。あんな所へ行ったって少しも面白くないじゃないか。」
「だって僕、動物園へ行ってみたいんだよ。まだ、一度も行ったことがないんだもん。」
「動物園？」
　思わず反問した彼は、「はっ」とするものを感じた。
　彼は、この子供の言葉を天が与えてくれた一種の啓示として受けとめた。
「御用がございませんでしたらそうなさいよ。外へ行くより却って気が晴れるかも知れませんよ。」傍らで、妻が言った。
　本物の虎を見て研究してみる必要がある。
　こうして、八輔親子は、朝食を終えるとすぐ、上野動物園へ行くこととなった。

　八輔は、虎のおりの前に立っていた。
　虎も動かなかった。彼も動かなかった。この不思議な対照をなす獣と人は、互いに見合ったまま、じっといつまでも動かなかった。しまいには、深井は虎と同じ心持ちをもち、同じ事を考えているように感じた。突然虎は顔を妙に歪めた。と思う

と，そのとたんに，鮮やかな銀色の髪を植えた口を開いて，大きな獣のあくびをした。開いた口の中は鮮紅色で，牡丹というよりは，ばらの開いたようだった。がそれも一分とたたずに，虎はまた元のような静けさに返った。

　ふと我に返った深井は，危うく忘れかけた自分の目的を再び蘇らせた。けれども眼前の虎は，彼にただ一度のあくびを見学させただけで，あとは林のように動かなかった。それでも彼は，満足した。これだけ虎の気持ちになれれば，あとは自分で工夫して跳ね狂えるように感じた。

「そうだ。思い切って虎になってやるぞ。俺には色男の気持ちなどよりも，もっと切実に虎の気持ちが解るのだ，」

　いよいよ芝居の初日が来た。

　幕が開き，劇は進行した。

　彼は，役者の会話を聞きながら，自分が跳躍すべき機を待っていた。

　虎はものうげにねそべっていた。長い眠りから今さめたように，大きなあくびを一つした。ちょっと身動きして「ううっ。」とうなった。

　その動きと，うなり声は，動物園の虎そのものであった。

　観客は静まりかえり，かたずをのんでみまもった。

　劇は，進行していった。役者の会話を聞きながら，八輔はひたすら自分が跳躍すべき時を待った。

　劇は，最高潮に達した。

　いよいよ虎の活躍する時が来た。

　彼は，まず，獣の伸びを一度した。それから，おもむろに二，三度うなった。

　そのうなり声は，獲物を狙う猛獣のそれであった。

　虎は，役者の胸をめがけて，猛然とおどりかかった。

　つないである鎖がぴんと緊張する程に，勢い込んで跳ね狂った。

　観客は湧きたった。

「深井！　深井！」と呼ぶ声が随所に起こった。彼は，ぬいぐるみを通して，それらの喝采を聞きながら，殆ど我を忘れて跳躍した。もう不平もなかった。憤激もなかった。憂鬱もなかった。恥辱もなかった。夢中で演じている彼の心の中には，言いようのない快感のみが存在した。

　彼の尚も猛然たる跳躍の中に幕は閉じた。

　彼はぬいぐるみのまま，暗い舞台裏に引き上げてきた。すると，不意に彼の片手にすがりつく者があった。

　息子の亘であった。

「亘。」深井は思わずそう言って息子をだきしめた。涙がぬいぐるみの虎を伝わってぽろぽろと落ちた。

　舞台では，なおも観客の喝采が鳴り響いていた。　　　　　（久米正雄 作による）

4 言葉の向こうに

① 主題名　個性や立場の尊重・寛容　2―(5)　(B-9)
② ねらい　「言葉の向こうにいる人々の顔を思い浮かべてみて」という文章を見た私の変化を通して，それぞれの立場を尊重し，いろいろなものの見方や考え方があることを理解し，寛容の心を持ち，謙虚に他に学ぼうとする道徳的実践意欲を育む。
③ 出　典　『中学校道徳読み物資料集』文部科学省

1．資料解説

① あらすじ：主人公はヨーロッパのサッカーチームのA選手のファンで，インターネットでファン仲間との交流を楽しんでいる。ある試合をきっかけに，心ない書き込みが続いたことに怒った主人公は自分もひどい言葉で応酬して注意されてしまう。自分の気持ちが理解されないことで，あらためて顔の見えないネットでの言葉のやり取りの難しさや恐ろしさに直面した主人公は，読み手を忘れてしまっていた自分に気付く。
② 資料の読み
　(1) 主人公は…私（加奈子）
　(2) 助言者は…サイトの参加者（その書き込み）
　　「匿名だからこそ，あなたが書いた言葉の向こうにいる人々の顔を思い浮かべてみて。」
　(3) 変化したところは…椅子の背にもたれて考えているところ。

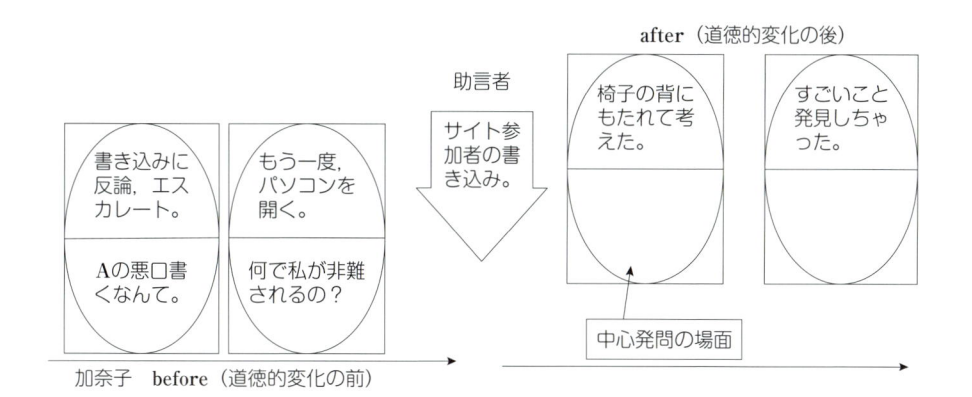

2. 指導のポイント

① 導入は，パソコンでのやりとりの経験の有無を聞くことから入る。
② 主人公の気持ちの変化を確認する。
　　ネット上のつながりが嬉しい　→　悪口に対する反論がエスカレート　→　非難され，納得できない。仲間とのつながりがなかった不安。
③ 助言にあたる「言葉の向こうにいる人々の顔を思い浮かべてみて」の言葉を確認する。
④ 椅子の背にもたれて考えていたところを変化の場面，「そうだ……」と気づいたことを中心発問とする。
⑤ 補助発問の「コミュニケーション」に関する発問では，コミュニケーションとは，一方的に考えを述べる，または言い負かすのではなく，意見のやりとりで相手を認め，理解するというものであるということを考えさせ，より内容項目に迫らせたい。
⑥ 最後の「発見したこと」に関する発問では，インターネットの良さも含めた，明るい雰囲気で終われることに留意したい。
⑦ インターネット使用上のエチケット指導（言葉・行動の指導）をねらいとするのではなく，内容項目（2—(5)）をきちんと押さえることに留意する。

3.「私たちの道徳」との関連

・まとめとして，72～77ページの一部を読んで終わるということもできる。
・立場（「立っている場所」）が違えば，同じものを見ても違って見える，同じ立場で見ても，他の人とは違うかもしれない。違う立場で，他の人が見ていればなおさらのこと。そのことを踏まえ，相手の立場や考え方を尊重しつつ，自分らしく振る舞うことの大切さを押さえたい。
・授業後，異なる見方，考え方に出会った経験を書いてこさせたりすることも考えられる。

4　言葉の向こうに

■■■ 4．展開過程 ■■■

	学習活動	発問と予想される生徒の反応	指導上の留意点
導入	・パソコンでの経験を話す。	・見ず知らずの人とパソコンでやりとりしたことありますか？ 　・ある。　・ない。	・今日は，ネット上のやりとりについて考えることを押さえる。
展開	・範読を聞く。 ・楽しく，パソコンをしている，私の思いを確認する。 ・反論する私の気持ちを考える。 ・パソコンでのやりとりに納得できない私の気持ちを考える。 ・「言葉の向こうにいる人々の顔を思い浮かべてみて」と投げかけられ，私が気づいたことを考える。 ・パソコン上でのやりとり全体を通して，私が気づいたことを考える。	夜中にパソコンを見ている時，私はどんな気持ちでしょう？ ・嬉しい。・顔も知らない人や仲間がいっぱい。 ・ネット上で，遠くの誰かが同じ感動を味わっている。 必死で，反論する私の言葉がどんどんエスカレートするのは，どんな気持ちからでしょうか？ ・自分の好きな選手の悪口を無視できない。 ・自分が文句を言われてる気がする。 ・ファンのサイトに悪口を書く気がしれない。 食事の後，パソコンを見て，やりとりした私は，どうして，「もう見たくない」と思ったのでしょう？ ・必死で，反論する私の気持ちを分かってくれない。 ・悪いのは，私でないのに非難された。 ・仲間だと思っていたのに非難され悲しい。 椅子にもたれて，考えていた私は，「そうだ……」と，どんなことに気がついたのでしょう？ ・相手の気持ちとか全然考えてなかった。わかろうともしなかった。 ・相手の顔がみえないので，字面だけにとらわれていた。 ・コミュニケーションって，言葉だけでするものではないのに。 ・相手を負かすことだけしか考えていなかった。 ・ケンカするためでなく，楽しむためにアクセスしていたのに。 ・反論する相手しか見えていなかった，自分の言葉をたくさんの人が見ているということを考えていなかった。 私が，発見した，すごいこととは，何でしょう？ ・ネット上でのコミュニケーションのあり方。 　日頃も同じだが，顔が見えないから気をつけなくてはならない。 ・ネット上でもすばらしいコミュニケーションができる。 ・人の気持ちを考えるということをネット上で学んだ。 ・いろいろな考えを受けとめる大切さ。	・資料を範読する。 ・主人公の気持ちの変化を確認していく。 補助発問 ・「コミュニケーションしているつもりだった」とあるが，彼女はコミュニケーションはどんなことだと考えたでしょう？ ・ネット上のコミュニケーションの特性（実は，同時にたくさんの人とつながっている）について，触れることになるかもしれないが，そのことに深入りし過ぎない。

155

		・ネット上では，たくさんの人と同時にコミュニケーションしているんだ。	・ネット上のエチケット指導がねらいでなく，内容項目（2—(5)）を押さえることを忘れない。
終末	・感想を書く。	今日の感想を書いてみましょう。	・「私たちの道徳」の活用も考えられる。

5．板書記録

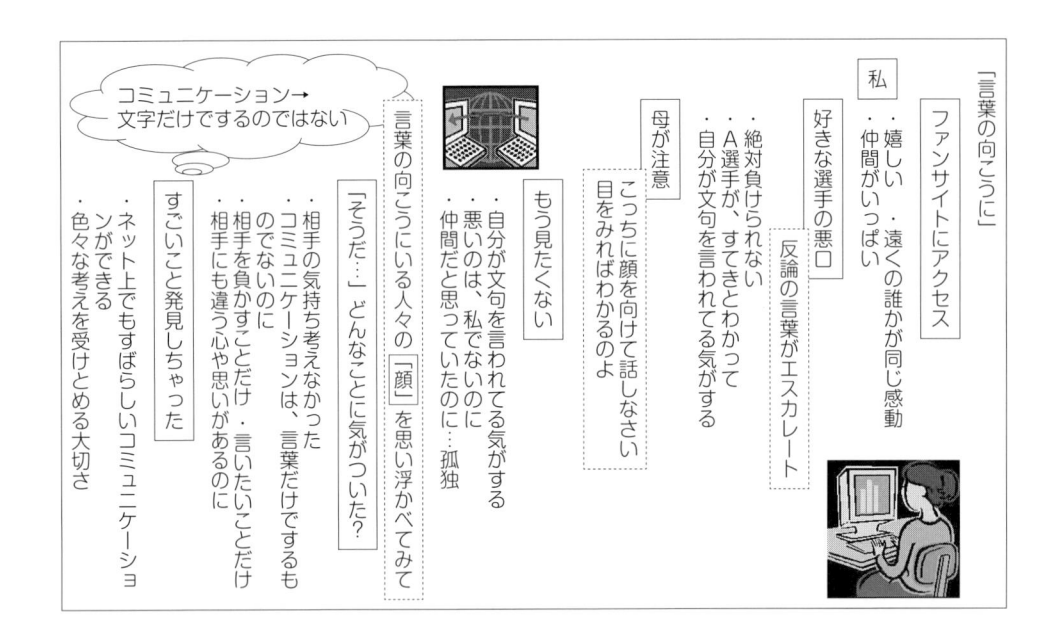

（板書図：「言葉の向こうに」の授業板書）

右側（縦書き）：
- 「言葉の向こうに」
- 私：ファンサイトにアクセス／・嬉しい・仲間がいっぱい／・遠くの誰かが同じ感動
- 好きな選手の悪口／・絶対負けられないA選手が、すてきとわかって／・自分が文句を言われてる気がする／反論の言葉がエスカレート
- 母が注意／こっちに顔を向けて話しなさい／目をみればわかるのよ
- もう見たくない／・自分が文句を言われてる気がする／・悪いのは、私でないのに／・仲間だと思っていたのに…孤独
- 言葉の向こうにいる人々の「顔」を思い浮かべてみて
- 「そうだ…」どんなことに気がついた？
- ・相手の気持ち考えなかった／・コミュニケーションは、言葉だけでするものでないのに／・相手を負かすことだけ／・言いたいことだけ／・相手にも違う心や思いがあるのに
- すごいこと発見しちゃった／・ネット上でもすばらしいコミュニケーションができる／・色々な考えを受けとめる大切さ

吹き出し：コミュニケーション→文字だけでするのではない

6．授業記録

〈前半は省略，中心発問より〉

T ◎椅子にもたれて，考えていた私は，「そうだ……」と，どんなことに気がついたのでしょう？

S1：コミュニケーションは，文字だけではない。

T：文字だけでなかったら何かな？

S1：表情とか，話し方とか。

T：文字だけやったら，やはりわかりにくいよねえ。

S2：相手の顔を見て，感情が考えられてなかったなあ。

T：ネット上やから顔を見られてないんですね。

S2：相手の顔を，想像してなかった。想像して考えられてなかった。

S3：言いたいことだけ言ってたなあ。

T：言いたいことだけ言ってたら，コミュニケーションや話しあいにならないものね。
S4：自分が言われていやなこと言ってたな。
S5：相手の立場とか考えてなかったなあ。
T：相手の立場って？
S5：他の選手が，大好きで，活躍してほしいとか…。
S6：悪口だけみたいやけど，違う思いもあったんかなあ？
T：どんな思い？
S6：書いた人もサッカー好きで，ちゃんと見て，やっぱり納得できないこともあったかも。
S7：表情とか言葉だけでなく，心と心でコミュニケーションしていかなあかんなあ。
（みんな，おーっという感じ）
T：なんか，難しそうやけど，素敵な言葉ですねえ。
T：では，時間もなくなってきたので，次の質問にいきますね。
　○主人公が，最後に言った，私が，発見した，すごいこととは，何でしょう？
S8：文字だけのコミュニケーションは難しいなあ。
S9：（ネット上だけでなく，）実際のコミュニケーションでも，相手の気持ちとか考えられなあかんなあ。
T：なるほど，ネット上だけでなく，実際のコミュニケーションでもそうですよね。
S10：いろいろな意見を持った人がいるなあ。いろいろな意見聞かなあかんなあ。
S11：表情って，やっぱりすごいんだ。
S12：やっぱり，ネット上でも，いいコミュニケーションできるんだ。
〈以下は省略，終末へ〉

7．生徒の感想

・実際に顔をみるのと違って，ネット上のコミュニケーションって難しいので，いろいろ気をつけていかないといけない。
・自分の言いたいことだけ言うのではなく，立場や考えの違いをわかって話しとかしなくてはいけない。
・ネット上では，自分の書いたことが，ホントに多くの人に見られてるし，それに対してもいろいろな考えがあるんだ。
・ネット上でも，実際でも，相手の気持ちとか，立場とか考えることを大切にしていこう。

8．同じ内容項目の他の資料

「殿さまのちゃわん」（『中学生の道徳1　自分を見つめる』廣済堂あかつき）
「山寺のびわの実」（『中学生の道徳3　自分をのばす』廣済堂あかつき）

言葉の向こうに

　夜中に，はっと目が覚めた。すぐにベッドから起き出してリビングへ降り，パソコンの電源をつける。画面の光が部屋の片隅にまぶしく広がった。
　私は，ヨーロッパのあるサッカーチームのファン。特にエースストライカーのA選手が大好き。ちょうど今頃，向こうでやっている決勝の試合が終わったはず。ドキドキしながら試合結果が分かるサイトをクリックした。やった，勝った。A選手，ゴール決めてる。
　思わず声が出てしまった。大声出したら家族が起きちゃう。そっと一人でガッツポーズ。
　みんなもう知ってるかな。いつものように日本のファンサイトにアクセスした。画面には，「おめでとう」の文字があふれてる。みんな喜んでる。嬉しくて胸がいっぱいになった。私もすぐに「おめでとう」と書き込んで続けた。
〈A選手やったね。ずっと不調で心配だったよ。シュートシーンが見たい。〉
　すると，すぐに誰かが返事をくれた。
〈それなら，観客席で撮影してくれた人のが見られるよ。ほら，ここに。〉
〈Aのインタビューが来てる。翻訳も付けてくれてる。感動するよ。〉
　画面が言葉で埋め尽くされていく。私は夢中で教えてくれたサイトを次々に見に行った。
　学校でもサッカーの話をするけど，ヨーロッパサッカーのファンは男子が多い。私がA選手をかっこいいよね，って言っても女子同士ではあんまり盛り上がらない。寂しかったけど，今は違う。ネットにアクセスすれば，ファン仲間がいっぱい。もちろん顔も知らない人たちだけど。今この瞬間，遠くの誰かが私と同じ感動を味わってる。なんか不思議，そして嬉しい。気が付くともうすぐ朝。続きはまた今夜にしよう。

　今日は部活の後のミーティングが長かった。家へ帰ると，食事を用意して待っていた母に，
「ちょっと待ってて。」
と言って，パソコンに向かった。優勝後のインタビューとか，もっと詳しく読めるかな。楽しみ。
〈Aは最低の選手。あのゴール前はファールだよ，ずるいやつ。〉
　開いた画面から飛び込んできた言葉に，胸がどきっとした。なに，これ。
〈人気があるから優遇されてるんだろ。たいして才能ないのにスター気取りだから

な。〉
　ひどい言葉が続いてる。読み進むうちに顔がほてってくるのが分かった。
　怒りでいっぱいになって夢中でキーボードに向かった。ファンサイトに悪口を書くなんて。
〈負け惜しみなんて最低。悔しかったら，そっちもゴール決めたら。〉
　すると，また次々に反応があった。
〈向こうの新聞にも，Ａのプレイが荒いって，批判が出てる。お前，英語読めないだろ。〉
〈Ａのファンなんて，サッカー知らないやつばっかり。ゴールシーンしか見てないんだな。〉
〈Ａは，わがまま振りがチームメイトからも嫌われてるんだよ。〉
　必死で反論する私の言葉も，段々エスカレートしていく。でも絶対負けられない。
「加奈子，いい加減にしなさい。食事はどうするの。」
　母の怒った声。はっと気付いて時計を見た。もう一時間も経ってる。
「加奈ちゃん，パソコンは時間を決めてやる約束よ。」
　ずっと待たされていた母は不機嫌そうだ。
「ごめんごめん。ちょっと調べてたらつい長くなっちゃって。」
「そうなの。なんだか恐い顔してたわよ。加奈ちゃん，こっちに顔を向けて話しなさい。」
「はあい，分かりました。ちゃんと時間守ります。お母さんのご飯おいしいよね。」
　そう言いながらも，私の頭はＡ選手へのあのひどいコメントのことでいっぱいだ

った。
「まったく調子いいんだから。でもね，ほんとかどうか目を見れば分かるのよ。」
　私は思わず顔を上げて母を見つめた。その表情がおかしかったのか，母がぷっと吹き出した。つられて私も笑った。急にお腹がすいてきちゃった。

　食事の後，サイトがどうなっているか気になって，恐る恐るパソコンを開いてみた。
〈ここにA選手の悪口を書く人もマナー違反だけど，いちいち反応して，ひどい言葉を向けてる人，ファンとして恥ずかしいです。中傷を無視できない人はここに来ないで。〉
　ええーっ。なんで私が非難されるの。A選手を必死でかばってるのに。
〈A選手の悪口を書かれて黙っていろって言うんですか。こんなこと書かれたら，見た人がA選手のことを誤解してしまうよ。〉
〈あなたのひどい言葉も見られてます。読んだ人は，A選手のファンはそういう感情的な人たちだって思っちゃいますよ。中傷する人たちと同じレベルで争わないで。〉
　なんで私が責められるのか全然分からない。キーボードを打つ手が震えた。
〈だって悪いのは悪口書いてくる人でしょ。ほっとけって言うんですか。〉
〈挑発に乗っちゃだめ。一緒に中傷し合ったらきりがないよ。〉
　優勝を喜び合った仲間なのに。遠くのみんなとつながってるって，今朝はあんなに実感できたのに。なんだか突然真っ暗な世界に一人突き落とされたみたいだ。
　もう見たくない。これで最後。と，もう一度画面を更新した。
〈まあみんな，そんなきつい言い方するなよ。ネットのコミュニケーションって難しいよな。自分もどうしたらいいかなって，悩むことよくある。失敗したなーって時も。〉
〈匿名だからこそ，あなたが書いた言葉の向こうにいる人々の顔を思い浮かべてみて。〉
　えっ，顔。思わず私はもう一度読み直した。そして画面から目を離すと椅子の背にもたれて考えた。
　そうだ……。だめだなあ。何で字面(じづら)だけにとらわれていたんだろう。一番大事なことを忘れていた。コミュニケーションしているつもりだったけど。
　私は立ち上がり，リビングの窓を大きく開け，思いっきり外の空気を吸った。
「加奈ちゃん。調べ物はもう終わったの。」
台所から母の声がする。
「調べ物じゃないの。すごいこと発見しちゃった。」
　私は，明るい声で母に言った。

5 最後の年越しそば

① 主題名　生命尊重　3—(1)
② ねらい　余命わずかの父の生き方から人間は自分に何を求めて生きるべきかを学んだ主人公の考えを通して、生命の尊さを理解し、かけがえのない自他の生命を尊重しようとする道徳的心情を養う。
③ 出　典　『中学生の道徳2　自分を考える』廣済堂あかつき

1．資料解説

① あらすじ：若い頃に田舎から上京し多くの苦労を乗り越えて、ようやく仕事が軌道に乗り幸せを実感できる生活になった父が、肝臓がんであることがわかる。主人公は、父に病気を知らせないようにと心を砕くが、看護師のミスで父に病気の事実が知られてしまう。しょげかえる父の「家に帰りたい…」という願いを叶えようと思う主人公であったが、一時退院の日、父は家に帰らないと言い出した。翌日、病院を訪れたとき、父は、身寄りのない老人たちに年越しそばを作り振る舞っていた。主人公は、そんな父の生き様を振り返り、父から限りある人生を人間として何を求めて生きていくべきかを学んだのであった。
② 資料の読み
　(1) 主人公は…私
　(2) 助言者は…身寄りのない老人たちに年越しそばを振る舞う父の姿
　(3) 変化したところは…父の死後、父の生き方をじっくりと考える。

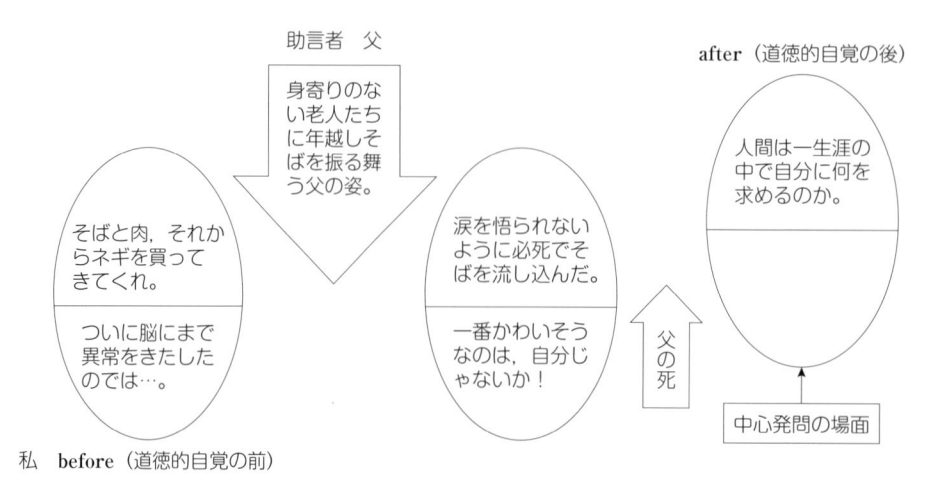

助言者　父
　身寄りのない老人たちに年越しそばを振る舞う父の姿。

after（道徳的自覚の後）
　人間は一生涯の中で自分に何を求めるのか。

私　before（道徳的自覚の前）
　そばと肉、それからネギを買ってきてくれ。
　ついに脳にまで異常をきたしたのでは…。

　涙を悟られないように必死でそばを流し込んだ。
　一番かわいそうなのは、自分じゃないか！

父の死

中心発問の場面

2．指導のポイント

① 資料の構造を把握する。
　この資料は，2重構造になっていて，父の生き方が主人公の助言になっている。父の限りある生命（有限性）と親から子へと受け継ぐ意志（連続性）が含まれている。
② 中心発問は，主人公が「父から何を学んだか」という点であるが，父の言動から父の考え方や生き方を具体的に深めておかないと，中心発問では上滑りになってしまう危険性がある。そこで，第3発問は，父の視点からであるが敢えて入れた。
③ 道徳的価値の深め方について
　この資料は，一貫して根底に父の生き方に学び，思いを受け継ぐ「生命の連続性」があるが，資料の主人公側のプロローグからも「生命の有限性」に焦点をあて，"限りある生命をいかに生きるか"について考えさせたい。

3．「私たちの道徳」との関連

　「いつか終わりがあること」（中学校用，100ページ）を終末に使うことが考えられる。生徒の自由な発想を妨げないように，感想を書いてから読み聞かせる。
　読み物資料「キミばあちゃんの椿」（中学校用，108ページ）が，同様の資料として掲載されている。生徒の発達段階を考えて2つの資料とも授業してみたい。

4．展開過程

	学習活動	発問と予想される生徒の反応	指導上の留意点
導入	・テーマに関わる言葉の意味を考える。	「生きている」と実感できる時ってどんな時ですか。 ・食べている時。　　・息をしている時。 ・友達と楽しい話をしている時。 ・好きな事をして充実している時。	・学級の実情に合わせ，変更してもよい。 ・短時間で済ませる。
展開	・範読を聞く。 ・父を絶望させたくないという主人公の心情に共感する。	 「真実がいつまでもわかりませんように」と願って，涙を隠して父に病気のことを告げなかったのはなぜだろう。 ・ショックを受けさせたくないから。	・筋をイメージして理解できるように工夫して範読する。 ・父のこれまでの苦労を理解し，父を気遣う主人公の嘘の真意を十分理解させる。

第5章 中学校の道徳の時間をつくる

展開	・身寄りのない老人達のために動く父に対する主人公の思いを理解する。	・これ以上辛い目をさせたくない。 ・苦労を乗り越えやっと幸せを実感できたのに、また苦労を感じさせたくない。 ・できる限り長く平穏な生活を送らせてあげたい。 ・中学生の自分にできるせめてもの心遣いだから。 ・父の悲しむ顔を見たくない。 　「一番かわいそうなのは、自分じゃないか」と心の中で叫んだとき、私は、父に対して何がかわいそうだと思ったのだろう。 ・苦労ばかりして、ちっとも自分は良い目を見たことがない。 ・人のために動いて裏切られたのに、また自分より他人を優先している。 ・やっと幸せを実感できるようになったのに、また病気で辛い思いをしている。 ・もっと自分を優先して考えたらいいのに…。 ・いつも他人の事ばかり考えているのに、見返りがない。 ・父は誰にもこのように優しくされていない。 ・家に帰りたいという最後の自分の願いまで叶えられない。	・場面を整理し、看護師の手違いで事実を知り、家に帰りたいと願う父の思いを押さえておく。 ・自分のつらさを度外視し他人のつらさに共感する父に対する主人公の思いを深く捉えさせる。
	・父の大切にしようとする生き様について具体的に考えを深める。	父はなぜ、家に帰らず年越しそばをふるまったのだろう。 ・生きていく中で孤独が一番辛いと思っているから。 ・自分には支えてくれる家族がいるが、支えてくれる身内のいない老人達の支えになろうとした。 ・人に喜んでもらえることが、自分の喜びだから。 ・老人達に来年も無事に生きて欲しいから。 ・自分だけ家に帰って、身寄りのない人を放っておけない。 ・家族の温かみを感じさせてあげたい。	・家に帰りたいと言っていたのに、帰らず身寄りのない老人達に尽くす父の「大切にしようとする生き方」について考えを深める。道徳的価値を含む場面なので、じっくり考えさせたい。
	・父の生き様から何に共感し何を学んだか考える。	「父を通じて一生涯の中で自分に何を求めるのかを学んだ」とは、父の生き方から何を学んだのだろう。 ・人の喜びを自分の喜びとできる人になること。 ・自分より他人の痛みを優先して考えられる生き方をすること。 ・他人に裏切られても、他人のために尽くそうとすること。 ・一生、自分が善い行いだと思う事を貫くこと。 ・生きる事とは、人と支え合って生きていると実感すること。 ・辛いことがあっても自分を哀れだと思わずに、自分のできることを精一杯行おうとすること。 ・人は言葉ではなく行動で生き方を伝えることができる。 ・人間は、失敗しても自分の信念を貫いて生きるべきだ。	・余命わずかな父が、帰宅する願いも捨てて他人のために尽くす生き方から何を学んだかを考えさせる。生命の連続性、限りある生命をどのように生きるかという生きる事の真の意味を考えさせたい。

終末	・感想を書く。	自分なら「自分に何を求めて生きていきたい」ですか？ 感想文に，そのことも含めて書いてください。	・「自分は自分に何を求めて生きていきたいか」についても感想文に書かせる。

5．板書記録

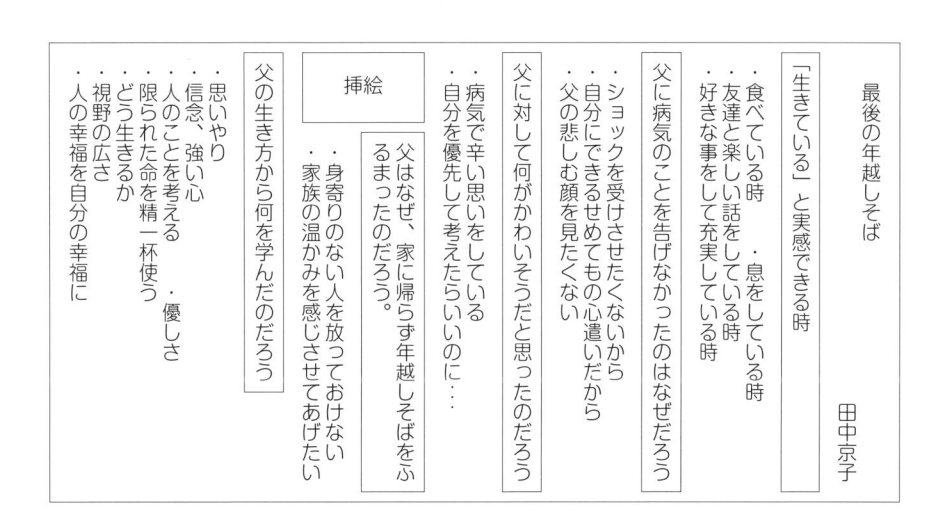

```
最後の年越しそば      田中京子

「生きている」と実感できる時
・食べている時
・息をしている時
・友達と楽しい話をしている時
・好きな事をして充実している時

・父に病気のことを告げなかったのはなぜだろう
・父の悲しむ顔を見たくない
・ショックを受けさせたくないから
・自分にできるせめてもの心遣いだから

・父に対して何がかわいそうだと思ったのだろう
・病気で辛い思いをしている
自分を優先して考えたらいいのに…

父はなぜ，家に帰らず年越しそばをふるまったのだろう。
・身寄りのない人を放っておけない
・家族の温かみを感じさせてあげたい

挿絵

父の生き方から何を学んだのだろう
・思いやり
・信念、強い心
・人のことを考える　・優しさ
・限られた命を精一杯使う
・どう生きるか
・視野の広さ
・人の幸福を自分の幸福に
```

6．授業記録

〈前半は省略，中心発問より〉

T：私は，父の生き方から何を学んだのでしょう。
S1：思いやり。
T：何が思いやりなの。
S2：亡くなる直前まで恵まれないお年寄りにそばを作ってあげているから。
S3：職場の同僚の保証人になったこともあったよ。
T：人を思いやることの大切さを学んだんだね。
S4：信念と言うか強い心を持つことを学んだのだと思う。
T：信念か。難しい言葉だね。お父さんの信念って何だったと思う。
S4：自分が辛いときでも人のことを考えるということかな。どんなときでも優しさを忘れないということも。
T：人のことを考え，優しさを忘れないということだね。
S5：お父さんは限られた命を精一杯使おうと思ったんじゃあないかな。私はそのことを学んだのだと思う。
T：一旦は家に帰りたいと言っていたんだよね。考え直したのかな。
S6：そう思う。残り少ない人生をどうして生きようかと考えたのと違うかな。

S7：だとしたらすごいよね。だから私は父のそんな生き方を学んだのか。
S8：周りを見ることができる視野の広さも学んだのだと思う。
S9：人の幸福を自分の幸福に思うということを学んだと思う。だって，そばを作っているときのお父さん，楽しそうだったよ。

〈以下は省略，終末へ〉

7．生徒の感想

・自分のことより人のことを大切に思ったり，人を笑顔にさせられたりできたら，自分も笑顔になれるから，絶望からでも立ち直れるのかなと思いました。
・大きな不幸の前には，どんなに小さな喜びも幸せだと感じられる。そういう生き方をしたい。亡くなったときにその人の，そのものの本当の価値がわかる。
・ごく普通に生きているだけで，幸せなんだと思いました。呼吸しているだけでも，寝ているだけでも，「生きる」は「幸せ」なんだと思いました。最後の質問で，私は「自分の幸せは，他の人にも分けなければならない」と言いました。幸せを求めて生きるよりも，他の人と共に生きていくことを求めることの方が大切だと思いました。家族のいる幸せも学ぶことができました。自分には，優しさを求めて生きていかなければならないと思いました。
・どこまでも素直で純粋な心を求めて生きたい。今回の授業で，このお父さんはとにかくいい人だなと思った。年越しそばをみんなに配ったのは，みんなに対する恩返しでもあったんじゃないかなと思いました。

8．同じ内容項目の他の資料

「キミばあちゃんの椿」（『中学校道徳読み物資料集』文部科学省）
「たとえぼくに明日はなくとも」（『中学校読み物資料とその利用(3)』文部省）

最後の年越しそば

　高校生の頃，学校の宗教学の時間に神父様が「あなたがもし明日までの寿命とわかったら最後の一日をどう生きますか？」と質問されたことがあります。もちろん，私も周囲の人も戸惑ってすぐには答えることができませんでした。死はいつかは誰にでも平等にやってくるものなのに，それを自覚しながら生きている人は，なかなかいないものです。

　父が検査のために五日間の期限つきで入院したのは，私が中学三年生の時でした。入院といっても丁度三カ月前に，職場の人間ドックも受け，異常なしの太鼓判つき。「特に心配はないと思いますが，これからの仕事を考え，骨休めも兼ねて一応検査してみませんか？」

　そんな軽い気持ちであったと思う。だから，入院の当日も用事があって，つき添えない母に代わって土曜日で学校が早く終わった私が，父と共に病院に向かったのです。

　なのに——肝臓ガン⁉　二カ月の寿命⁉

　入院三日目に告げられた病名。テレビや映画のワンシーンではよく耳にするこの言葉をまさか自分の人生の中で経験するとは，この時まで夢にも思っていない私でした。

「いつ退院できるのか聞いてきてくれ」

　もう二度と復帰などできないのに仕事のことを気にかけ，日に幾度となく尋ねてくる父の姿を見るのはつらくて「うん」と言っては洗面所で思いきり涙を流し，涙が乾いたのを鏡で確認しては病室に戻って，

「あのねえ。大分良くなっているからもう少しだって」

と，満面の笑みで答えること。これが当時中学生だった私が父にしてあげられる唯一のことでした。

　二カ月，たったの二カ月しかないなんて，……せめて神様，真実が最後まで本人にわかりませんように……。外国では余命いくばくもない患者さんへの告知も行われているといいますが，幼い頃に父親を亡くし，田舎から街に出てきて厳しい現実と若くして闘わなければならなかった父。母と一緒になった頃は職場の同僚を信じて保証人になり，裏切られて多額の借金を背負ったという話を私は知っていました。正直いってこの話を初めて耳にした時，姉も私も母に同情したものです。でも，考えてみれば社会に出て初めて信頼をおいた人に裏切られた悲しみはどれ程深かったことでしょう。その父が家族を持ち，やっと仕事も軌道にのって幸せを実感できるようになったというのに。告知をするということは，父の生きてきた人生そのも

のを絶望させることだということを当時子供だった私でも察することができたのです。
　そんな中，あってはならない事故が病院でおこりました。父の職場に出す診断書を若い看護婦さんが誤って本人に手渡してしまったのです。
「診断書を見せてくれ」
と，子供のようにだだをこねるのを叔母と母が策略を練ってごまかそうとしていた矢先のことでした。
「……俺は……ガンなのか？」
　この時の父の悲しいほどしょげかえった顔を，母は今でも思い出したくないと言います。
「家に帰りたい………」
　病気の衰弱のせいもあってほとんど話をしなくなった父が唯一口にする言葉。なんとか願いをかなえてあげたい。医師に言われた二カ月がすぐ目の前にきているのです。教員採用試験をひかえている姉も受験生の私も，もう自分のことどころではありません。
「よろしいでしょう。でも，これが帰れる最後と思ってください」
　大晦日が近づいた頃やっと出た外泊許可。たとえ最後であってもいい。父の願い通り家でお正月を過ごさせてあげたい。好きな物を作ってあげて楽しいひとときを過ごさせてあげたい。
　なのに一時退院の日，父は急に帰らないと言い出したのです。
「そばと肉，それからネギを買ってきてくれ」
　えっ!?　ついに脳にまで異常をきたしたのでは……。不安にかられながらも，言われた材料を買いそろえ父に渡しました。そして次の日再び病院を訪れた時，階段を上りつめたところでいつもの雰囲気とは違うことに気づいたのです。父の笑い声がするのです。それに続いて，二，三人の老人の声も……。そして私たちが見たものは……。
　この時の光景を私は一生涯忘れないことでしょう。なんと父は，お年寄りに年越しそばを作っていたのです。それもみんな父が日頃から「あの人たちは身うちがいなくて気の毒なんだよ。だから挨拶を忘れないように」と私に話していた人たちだったのです。『違うよ。一番かわいそうなのは，自分じゃないか！』。そう心の中で叫びながらも私は周囲の人に涙を悟られないように必死にそばを流し込みました。
　父は特別な人ではありません。優しい人でしたが，時には仕事がうまくいかなくて酔って母にあたったこともあります。でも，だからこそ私は父を通じて人間は一生涯の中で自分に何を求めるのかを学んだ気がするのです。その父も年明けに容体が更に悪化し昭和五十七年一月三十日，一度も家に帰ることなくその生涯をとじたのです。五十四歳でした。

　　　　　　　　　　　　　　　　　　　　　　　　　（田中京子　作による）

6 仏の銀蔵

① 主題名　規範意識　4─(1)
② ねらい　「お天道様」を考えることで変化した銀蔵の心を通して，法やきまりの意義を理解し，遵守するとともに，自他の権利を重んじ義務を確実に果たして，社会の秩序と規律を高めようとする道徳的実践意欲を育む。
③ 出　典　『中学校道徳読み物資料集』文部科学省

1．資料解説

① あらすじ：情け容赦なく借金の取り立てをしていた銀蔵が，ある日，カラスに大切にしていた証文綴りを取られる。証文がなくなったばかりに，村人から借金の取り立てができなくなった銀蔵は，生活に困ってしまう。しばらくすると，不思議なことに証文綴りがないのに村人たちが借金を返し出した。不思議に思った銀蔵が尋ねると「貧しいが盗人にはなりたくねえ」「お天道様が見てござる」と村人たちが返答した。始めは何のことか理解できなかった銀蔵だが，最後に「そうか，お天道様か」と気付いたのであった。

② 資料の読み
　(1) 主人公は…銀蔵
　(2) 助言者は…「貧しいが盗人にはなりたくねえ」「お天道様が見てござる」という村人たちの言葉。
　(3) 変化したところは…「銀蔵は腕組みをしたまま考え続けました」
　　　「『そうか，お天道様か。』と膝を打ちました」

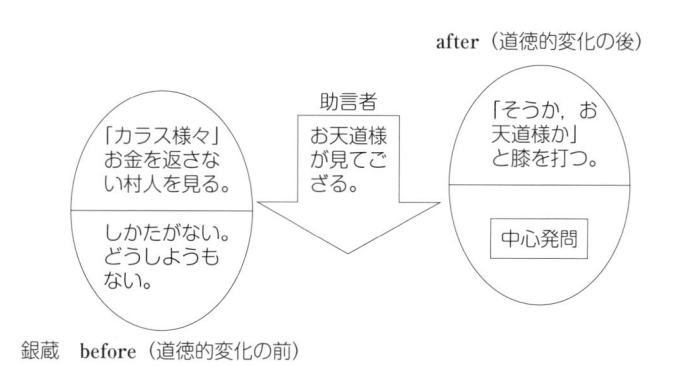

```
                                    after（道徳的変化の後）
                        助言者
    ┌─────────┐    ┌─────┐    ┌─────────┐
    │「カラス様々」│    │お天道様│    │「そうか，お│
    │お金を返さ   │    │が見てご│    │天道様か」 │
    │ない村人を見る。│  │ざる。 │    │と膝を打つ。│
    ├─────────┤    └─────┘    ├─────────┤
    │しかたがない。│         ▼          │ 中心発問  │
    │どうしようも │                    └─────────┘
    │ない。     │
    └─────────┘
      銀蔵　before（道徳的変化の前）
```

2．指導のポイント

① 銀蔵が法やきまりさえ守ればよいという考えから，内なる規範の存在に気付き，それに従って生きようとする生き方に変化したことに共感させる。
② 村人たちの借金返済が銀蔵への哀れみよりも，人の道に外れたくないという規範意識であることを押さえる。
③ 自分の良心に従い行動することのよさを資料を通して考えることで深める。

3．「私たちの道徳」との関連

139ページ，「吉野作造」の言葉を読み，「お天道様はいつも見ている」ことを生徒と一緒に共感する。

4．展開過程

	学習活動	発問と予想される生徒の反応	指導上の留意点
導入	・「生きる」を考える。	・「生きていますか」と問い，どんな時に生きているかを確認する。	・5人～10人ぐらいに聞く。
展開	・資料を黙読する。 ・おさらいをする。 ・銀蔵の証文に対する考えを理解する。	何が起こったの　カラスに証文を取られた。 「カラス様々ですな。」等と言って，お金を返さない村人を見て，(1)銀蔵はどう思った？ (2)どうして文句を言わないの？ (1)腹が立つなあ。でもどうしようもない。お金を返さないのはおかしい。証文さえあればなあ。 (2)証文がないから仕方がない。取り立てができない。村人たちに金を貸したという証拠がない。	・資料を範読する。 ・おさらいは簡単に。 ●証文： 証拠となる文書。特に，金品の貸借や約束事を証明する文章証書。「借金の—」 銀蔵は証文 　＝法（適法主義） 　　↓ 「カラス様々」と喜ぶ村人に対して，むかつくが反面証文がないのだから村人からお金を取り立てることはできないと思う銀蔵の心を押さえたい。

6 仏の銀蔵

展開	・お天道様を自分なりに考え理解した銀蔵の心に共感する。	「そうか，お天道様か」 銀蔵はお天道様をどんなものだと考えましたか？ ・太陽（敬い親しんでいう語） ・神様 　太陽の中にいる神様，神，仏様，仏，女神，空の上から人々の行いを注意深く観察している人，えらい人，怖い人，厳しい人，裁判官，良いか悪いかを判断し天国や地獄に送る役目をしている人，ジャッジマン，裁く人 ・先祖：ご先祖様，祖先，先代，祖 ・世間 　世間の目，世間の空気，世間の壁，他人の目，他人の視線，はた目，周囲の目，好奇の目，人の目，人がどう見ているか，人から見たらどうか。 ・良心 ・自分の内なる心，真心，道徳心，モラル，善心，道徳心，徳義心，心の声 ・罰を恐れる心，悪いことはしないと思う心	・お天道様のことを考えた銀蔵の心を生徒と一緒に共有したい。 ●補助発問：お天道様との違いを考える。 「貧しいが，盗人にはなりたくない」人々はどんなことを思ってこう言ったのですか？ ・金を返さないのは，泥棒と同じ。悪いことで罰せられる。 ・泥棒になると最低な人になるから。
	・銀蔵の生き方の変化を考える。	その後，銀蔵は細々と商いを始めますが，金貸しの仕事はどうしてやめてしまったのですか？ ・みんなとなかよく暮らしたいから。 ・もうお天道様に罰せられるのが嫌だから。 ・お天道様に恥じない生き方がしたいから。 ・自分の行いをお天道様が見ていると思うから。	・主人公のその後の生き方を考えさせる。
終末	・「生きる」を見つめる。 ・「私たちの道徳」139ページ「吉野作造」の言葉を読み，「お天道様はいつも見ている」ことを共有する。 ・感想を書く。		・感想をまとめ通信にする。

第5章　中学校の道徳の時間をつくる

5．板書計画

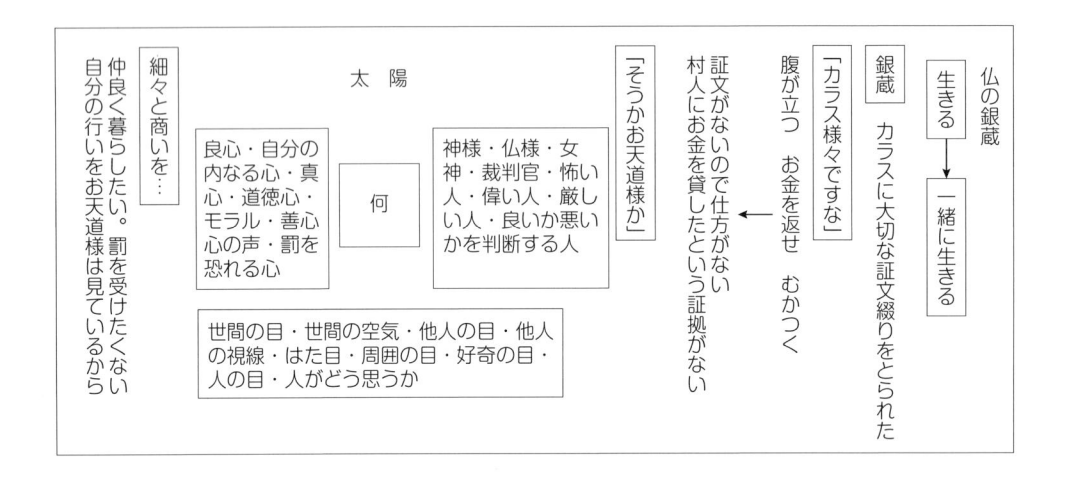

```
[板書 - 右から左に読む]

仏の銀蔵
  ↓
生きる
  ↓
一緒に生きる

銀蔵　カラスに大切な証文綴りをとられた

「カラス様々ですな」　腹が立つ　お金を返せ　むかつく

証文がないので仕方がない
村人にお金を貸したという証拠がない
←

「そうかお天道様か」

太陽

神様・仏様・女神・裁判官・怖い人・偉い人・厳しい人・良いか悪いかを判断する人

何

良心・自分の内なる心・真心・道徳心・モラル・善心・心の声・罰を恐れる心

世間の目・世間の空気・他人の目・他人の視線・はた目・周囲の目・好奇の目・人の目・人がどう思うか

細々と商いを…
仲良く暮らしたい。罰を受けたくないので自分の行いをお天道様は見ているから
```

6．授業記録

〈前半は省略，中心発問から〉

T：「そうか，お天道様か。」，お天道様って何ですか？　何だと思いますか。
S1：太陽。
T：お天道様って，お日様，太陽の事やね。
S2：神様。
S3：空の上から見ている人。
S4：偉い人。
S5：すごい人。
T：すごい人。何がすごい？
S5：みんなを見ているから。
S6：みんなを見守っている人。
T：みんなを見守っている。みんなの何を見守っているのですか？
S6：行動とか。思いとか。
S7：みんなを見ている。
S8：全部を見ている。
S9：みんなのいいところ，悪いところを見ている。
T：見てるだけ？
S9：見て，天罰を与える。
T：みんな見守って，お仕置きをする人やね。「貧しいが盗人にはなりたくねえ。」，人々はどういう思いでこの言葉言っているのでしょうね。

S10：貧乏でも，泥棒になったら，天罰が下るから。
 T ：すごいね君。貧乏でも泥棒になったら，天罰が下る。なるほど，なるほど。それと，お天道様が見ている。もうちょっと，お天道様の正体を考えてみようかな。
S11：手が届かない人。高い所にいる。
 T ：何をしているのかな？
S12：悪い人には天罰を与えて，よい人には時々幸せを与えたりする。
 T ：おー！ 素敵だね。悪い人は天罰を与えて，今までは怖い人やったんやけど，いい時には幸せを与える。ジャッジマンだね。
S12：日頃の行いを見ている。
S13：みんなが悪いことしないように見張っている人。
 T ：悪いことしないように見張っている。どこにいるの？
S14：心の中にいる。
 T ：かっこいいね。心の中にいる。ちょっと感じ方違うね。心の中にいる。心はどこにありますか？
　　（口々に「心臓」という。）
 T ：心臓が心か。
S14：……。（悩む。）
 T ：お天道様はどこにいますかっていう質問に対して，空にいるっていう意見と，心の中におるっていう意見と出ています。君はどう思います？
S15：……（悩む。）自分の生きる先。
 T ：先。自分の生きていく道の向こう側におる。おー！ かっこいいね。お天道様はどこにおる？
S16：おらん。
 T ：どこにもおらんのか。
S16：うん…。（悩んで）親。
 T ：面白い。お天道様は親なんだ。すごい，素敵。お天道様は親。面白いね。
S17：仏の銀蔵でいうと，農民からすると銀蔵が仏，銀蔵からすると農民たちが仏。
 T ：お互いが。ほうほうほう，お互いが仏か。面白い。
〈以下は省略，終末へ〉

7．生徒の感想

・この話を勉強して，人に大切なものは，自分自身の心だと思った。自分の生き方は自分で決めないといけないと思いました。良いことをすれば良いことが返ってくるし，悪いことをしたら悪いことが返ってくる。それは全てお天道様が見てい

るんだ。だから私も、良い生き方を見つけていきたいです。
・仏の銀蔵を読んで、いい話だと思いました。私は神様は、ご先祖様だと思いました。ご先祖様はいつも私を見てくれている。だから正しい生き方を私はしていこうと思いました。
・ぼくは、仏の銀蔵を勉強して思ったことは、「自分の生き方は正しいのか」と改めて思いました。銀蔵ははじめ生き方が悪かったけれども、最後に正しい生き方になったと思います。ぼくは正しい生き方をします。新しい発見ができました。

8．同じ内容項目の他の資料

「二通の手紙」（『私たちの道徳 中学校』文部科学省）
「闇の中の炎」（『中学校道徳読み物資料集』文部科学省）

仏の銀蔵

　昔々の話です。銀蔵という高利貸しがいました。銀蔵は，生活に苦しむ農民や職人たちに金を貸しては高い利子をつけてもうけていました。
　毎日，銀蔵は借金をした人の家を回っては，貸した金を取り立てていました。その取り立ては厳しく，借金の証文綴りを前にして，
「さあ，払え。今すぐ払え。」
と，小太りの体をゆすって大きな声を出すのです。そんな銀蔵を人々は恐れ，「鬼の銀蔵」と呼んでいました。
　ある日のこと，銀蔵は，取り立ての途中，茶屋に寄り，店先の床几(しょうぎ)に腰を下ろし，渋茶をすすりながら好物の団子を食べていました。銀蔵は，時々懐(ふところ)に手を入れては取り立てた金の重みを確認して，ニタニタとしていました。その時，突然，一羽のカラスが，バタバタっと舞い降りてきて銀蔵の団子の一つをひょいとついばみ，さーっと飛び去っていきました。
「あっ」
　銀蔵は慌てて手を伸ばしました。なんと，団子の皿の横に置いてあった証文の綴りがカラスの足に絡まり，あっという間にカラスと一緒に空に消えてしまったのです。
「あれがなくては，取り立てができない。」
　銀蔵は，すぐに証文綴りを探して走り回りましたが見つかりませんでした。
　その出来事はあっという間に人々に伝わりました。
　数日後，銀蔵がいつものように貸した金の取り立てにまわると，
「さて，銀蔵さん，私はいくらお借りしましたかな。」
「銀蔵さん，この前お返ししたじゃありませんか。」
「いつもの証文を見せてください。」
などと，人々は言うのでした。あまりにも多くの人にお金を貸していたので，さすがの銀蔵もそれぞれいくら貸したのか，正確には覚えておりません。それに証文がなければ，借金の証拠がないから取り立てはできません。
「くそっ，カラスめ。」
　銀蔵はカラスを憎み，証文綴りを必死になって探すのでした。しかし，どこを探しても証文綴りは見つかりませんでした。カラスのおかげで，銀蔵の厳しい取り立てから逃れられるのですから，借金をした人々は，ほっとしました。
「カラス様々ですな。」
「あのカラス様は神様の使いだ。」

「カラス大権現様。」
と人々は，カラスをたたえ喜びました。
　取り立てできなくなり，がっくりしている銀蔵のところに，不思議な手紙が届きました。
〈証文綴りが欲しければ，十五日亥の刻に，金現寺地蔵堂の賽銭箱に二十両入れ，地蔵堂の鈴を鳴らすこと〉
と，書いてあります。
　銀蔵は，
「くそっ二十両か，だが，証文綴りが戻ってくれば，また取り立てができる。借金をとぼけたやつら，今に見ていろ。」
と，金貸しで貯めた二十両を賽銭箱に入れることを決めました。証文綴りが戻ると思った銀蔵は，
「今日は証文はないが，今度証文を持って来るから，その時までに残りの借金をそろえておけ。びた一文まけないからな。」
と，人々にいつも以上に厳しい態度を取るようになりました。慌てたのは金を借りていた人々です。人々は証文綴りが銀蔵に戻らないように祈るのでした。
　銀蔵は手紙の通りに，二十両を賽銭箱に入れ，鈴を鳴らしました。すると，上から紙切れが落ちてきて，その紙切れには「地蔵堂の裏に証文綴りあり」と書いてありました。銀蔵はすぐに地蔵堂の裏に走って行き，証文綴りを探しましたが，それらしきものは見あたりません。
「やられた。」
叫んだ銀蔵は，へたへたと座り込みました。はっと気が付いた銀蔵はいちもくさんに賽銭箱にとびつき，二十両を取り出そうとしましたが，取り出すことはできませんでした。
　すぐに銀蔵は寺の住職を起こし，二十両を返せと訴えました。住職が賽銭箱を開けると，銀蔵が入れたと思われる二十両がありました。住職は厳かに言いました。
「確かに二十両入っています。でも，銀蔵さんが入れたという証拠がないので，返すわけにはいきません。誰か銀蔵さんが入れたのを証言できますか。」
と銀蔵に尋ねました。もちろん，そんなものはいません。住職は，それなら銀蔵に金を渡すわけにはいかない。賽銭として，寺の普請（建築工事）に使わせてもらうと言いました。
「これは確かに俺の金だ。返せ，泥棒坊主。」
と銀蔵が言うと，
「僧を泥棒呼ばわりし，賽銭を脅し取ろうというのか。この罰あたりめが。」
と住職は言い返しました。さすがに銀蔵は何も言えず，がっくりと肩を落とすのでした。このことが噂になると，人々は今度は，

「地蔵様の罰があたったのだ。」
「さすがお地蔵さん, 南無地蔵大菩薩(なむじぞうだいぼさつ)。」
と話し始めました。

　銀蔵は, 金貸しで稼いだ二十両も失い, 人に貸す金もなくなりました。威勢のいい銀蔵の声は聞こえなくなりました。銀蔵の生活は苦しくなり, とうとう銀蔵は, 食べるものを求めて農民たちの家をまわりはじめました。さすがに人々は哀れに思い, 銀蔵に米や野菜を分けてやるようになりました。

　しばらくしてからのことです。あれほど銀蔵を怖れ, 憎んだ人々でしたが, 不思議なことに, 証文綴りがないのに,
「このくらいの借金があった。」
「このくらいなら返せる。」
と, 銀蔵に借りた金を返す者が現れてきました。銀蔵はいくら, 証文綴りを突き付けても借金を払わなかった人々が, 一人また一人と借金を返し始めたことを不思議に思いました。銀蔵は思い切って尋ねました。
「証文もないのに, なぜ借金を払うんだ。」
　すると, 人々は,
「貧しいが, 盗人(ぬすっと)にはなりたくねえ。」
「お天道様(てんとうさま)が見てござる。」
と, 答えるのです。

　銀蔵は, それを聞いてぽかんとしました。銀蔵は腕組みをしたまま考え続けました。
「そうか, お天道様か。」
と膝を打ちました。

　その後, 銀蔵は, 手元に戻った金でほそぼそと商いを始め, 以前のような金貸しをすることはありませんでしたとさ。

7 加山さんの願い

① 主題名　ボランティア精神　4—(5)
② ねらい　ボランティアに対する認識を改めていく主人公の心情を通して，勤労の尊さや意義を理解し，奉仕の精神をもって，公共の福祉と社会の発展に努めようとする道徳的実践意欲を育てる。
③ 出　典　『中学生の道徳2　自分を考える』廣済堂あかつき

1．資料解説

① あらすじ：加山さんは，佐藤さんの孤独死を発見したのをきっかけに訪問ボランティアをすることになった。訪問先では，素っ気ない応対をする中井さんと，いかにも申し訳なさそうな顔をする田中さんという対照的な2人に出会う。冷たい雨の日に中井さん宅を訪問した加山さんは，はじめて打ち解けて話ができ，また来ようと思えるようになった。中井さん宅を出た加山さんは，辛そうに「いつもお世話になってすみません。」と言う田中さんの顔を思い浮かべて考え続けるのであった。
② 資料の読み
　(1) 主人公は…加山さん
　(2) 助言者は…冷たい雨の降る日の中井さん宅での中井さんの応対ぶり
　(3) 変化したところは…雨の中で傘を持ったまま考え続けるところ。

7 加山さんの願い

助言者　中井さん

【冷たい雨の降る日の中井さん宅での中井さんの応対。】

after（道徳的変化の後）

【雨の中で傘を持ったまま考え続けた。】

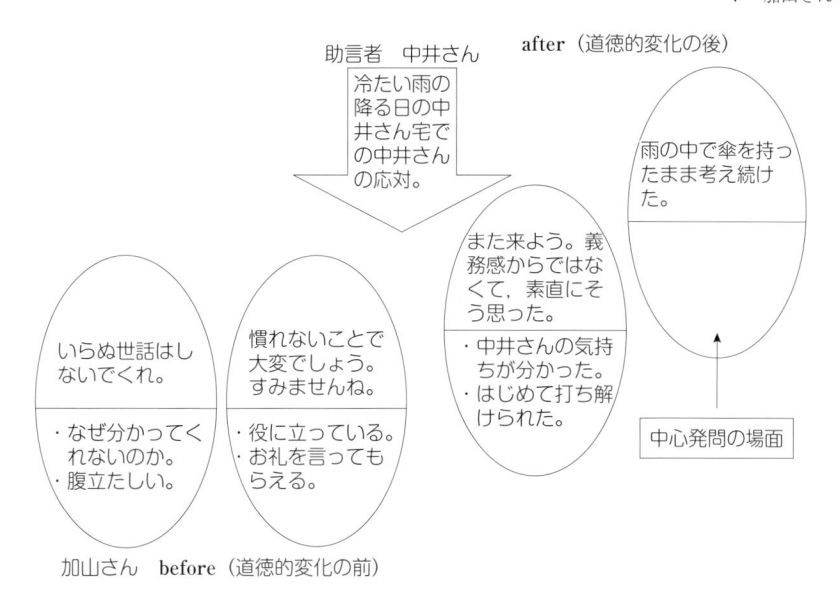

【また来よう。義務感からではなくて，素直にそう思った。
・中井さんの気持ちが分かった。
・はじめて打ち解けられた。】

【いらぬ世話はしないでくれ。
・なぜ分かってくれないのか。
・腹立たしい。】

【慣れないことで大変でしょう。すみませんね。
・役に立っている。
・お礼を言ってもらえる。】

中心発問の場面

加山さん　before（道徳的変化の前）

2．指導のポイント

① 中井さんと田中さんという2人の対照的な応対について加山さんが感じたことにしっかり共感させ，加山さんのボランティアに対する誤った意識を捉えさせておくことが大切である。
② 中心発問は，雨の中で傘を持ったまま考え続ける加山さんの心情をたっぷり時間をかけて生徒に考えさせ，「勤労の尊さや意義を理解し，奉仕の精神をもって，公共の福祉と社会の発展に努める」という本時のねらいに迫らせたい。
③ 板書計画を立てる際，中井さんと田中さんの応対ぶりが対照的に描かれていることから，中井さんと田中さんの応対に対する加山さんの心情を黒板の左右に分けるなど，生徒が加山さんの心情を理解しやすくするために工夫する。
④ 近年，総合的な学習の時間において福祉施設などを訪問する学習を行う学校が増えている。「加山さんの願い」は，そうした福祉体験学習の事前・事後に行うことが効果的である。

3．「私たちの道徳」との関連

176ページのメッセージ欄には，障害者ランナーの伴走というボランティアを行う鈴木邦雄氏が紹介されている。授業の感想を書かせた後，この欄を読ませることもできる。

4．展開過程

	学習活動	発問と予想される生徒の反応	指導上の留意点
導入	・これまでの体験を振り返る。	「ボランティア」をしたことがありますか。 ・地域の清掃活動。　・福祉体験学習。	・どんな気持ちで取り組んでいたかを考えさせる。
展開	・資料を読む。		・資料を範読する。
	・加山さんがボランティアを始めようと思った時の気持ちを考える。	加山さんはどうしてボランティアを始めたのだろう。 ・佐藤さんの事件に対する後悔。 ・人の役に立ちたい。 ・佐藤さんのような人を二度と出したくない。	・基本発問には時間をかけすぎないように気をつける。 ・「老人の話相手になるぐらい簡単なこと」だと思っている加山さんのボランティアに対する意識は「軽い善意」のレベルであることを押さえる。
	・加山さんが中井さんを訪ねるときの気持ちを考える。	加山さんは，どんな気持ちで中井さんを訪ねていたのだろう。 ・なぜ分かってくれないのかな。 ・そのうち分かってくれるだろう。 ・登録したから仕方がない。 ・腹が立つ。	・「腹立たしいやら情けないやら…」という気持ちと「センターに登録しているので行かなければならない」という義務感のあいだで揺れる加山さんの心情に共感させる。
	・加山さんが田中さんを訪ねるときの気持ちを考える。	加山さんは，どんな気持ちで田中さんを訪ねていたのだろう。 ・よいことをしている。 ・役に立っている。 ・喜んでもらえている。 ・お礼を言ってもらえるのが楽しみ。	・自分の行為が感謝されているという満足感に共感させる。
	・中井さんとうち解けられたわけを考える。	「『また来よう』義務感からではなくすなおにそう思った。」加山さんは，なぜこのような気持ちになったのだろう。 ・嫌われていなかったことが分かった。 ・初めてうち解けられた。 ・お互い笑顔になれた。 ・中井さんの気持ちが分かった。	・「してやる」という思いを捨てて互いに一人の人間として向き合え，対等な人間の交流が生まれたことを押さえる。 ☆補助発問：なぜうち解けられたのかな。

展開	・加山さんが中井さんの言葉から気付いたことを考える。	加山さんは，傘を持ったままどんなことを考えていたのだろう。 ・つらそうにさせていたのは，自分だった。 ・思いあがっていた。 ・親切を押しつけていた。 ・義務感で来られても嬉しいはずがない。 ・対等な気持ちではなく，上から目線で接していた。 ・相手の気持ちを考えず，自己満足していただけだった。	・一言で終わらせず「なぜそう考えるのか」という補助発問をすることでより深く考えさせ，真のボランティア精神について気付かせたい。
	・ボランティアを続けている加山さんの気持ちを考える。	「ちょっと行ってくるよ」と出かける加山さんは，どんな気持ちだろう。 ・友だちに会いに行くような気持ち。	・対等な人間関係がよりよい社会の実現につながることに気付かせたい。
終末	・感想を書く。		・感想を書かせる。

5．板書記録

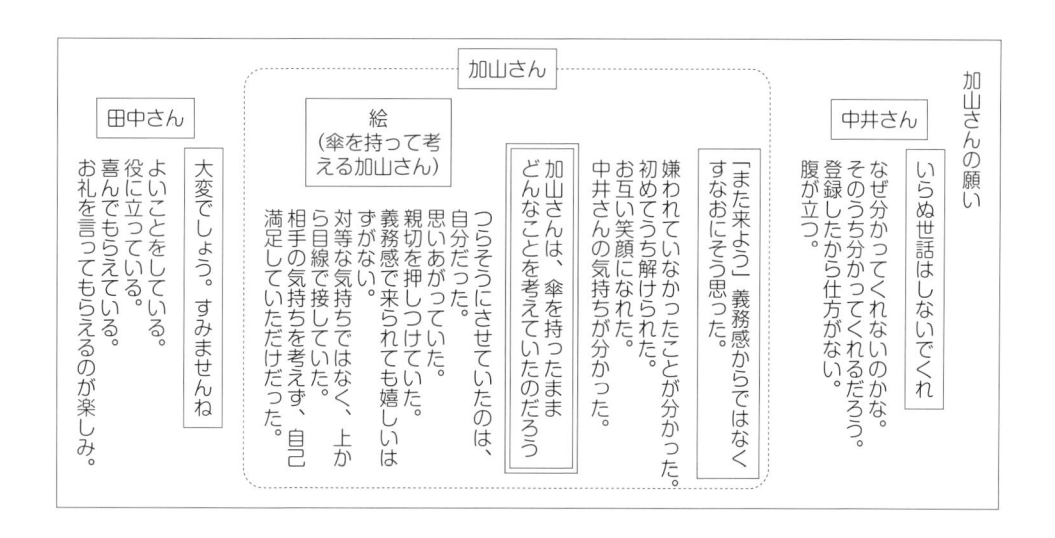

（板書の図：加山さんの願い　中井さん／加山さん／絵（傘を持って考える加山さん）／田中さん　等の板書内容）

中井さん
いらぬ世話はしないでくれ
なぜ分かってくれないのかな。そのうち分かってくれるだろう。登録したから仕方がない。腹が立つ。

加山さん
「また来よう」すなおにそう思った。
嫌われていなかったことが分かった。親切を押しつけていた。義務感で来られても嬉しいはずがない。対等な気持ちではなく，上から目線で接していた。相手の気持ちを考えず，自己満足していただけだった。
つらそうにさせていたのは，自分だった。思いあがっていた。
初めてうち解けられた。お互い笑顔になれた。中井さんの気持ちが分かった。

加山さんは、傘を持ったままどんなことを考えていたのだろう

田中さん
大変でしょう。すみませんね
よいことをしている。役に立っている。喜んでもらえている。お礼を言ってもらえるのが楽しみ。

6．授業記録

〈前半は省略，中心発問より〉

T：加山さんは，傘を持ったままどんなことを考えていたのでしょう。
S1：「してあげる」っていうのが違うことに気付いた。
S2：独りよがりだった。
T：何が独りよがりだったのかなあ。
S2：加山さんは，田中さんのためではなく，自分のためにやっていたのではないのかなあ。

S3：自己満足ってこと？
S2：そう，そう。善意の押しつけだったのかも知れないよ。
S4：する側とされる側の関係が対等ではなかったと思う。
S5：義務感が伝わっていたのかなあ。
S6：きっと上から目線でやっていたことに気付いて反省していたんじゃないかなあ。
S7：お年寄りに対する先入観があったんだ。
T ：どんな先入観？
S7：お年寄りは体が不自由になっているから，してもらえば喜ぶと思っていたんじゃないかなあ。
S8：中井さんとの会話の中で，自分のためにもなっていると気がついたんじゃないかなあ。
T ：加山さんは，何が自分のためになったと思ったの？
S8：だって，病気の話をして盛り上がっていたし，中井さんも加山さんのことを気遣っていたよ。

〈以下は省略，終末へ〉

7．生徒の感想

・自分自身の考えが間違っていたと思うところがあったのでよかった。ボランティアというのは今はよく聞くので，簡単に考えてしまうことがあるけど，人によっては受け取り方が違ったりするということが分かりました。
・ボランティアというのは押しつけるということではなく，一緒の立場で同じ方向に向かっていくことであると学びました。
・「してあげる」という思いでやっていた加山さんは本当に自己中だと思った。そういう気持ちは何となく伝わるものだし，中井さんが最初に怒ったのも当然だと思う。田中さんもどこかで加山さんの押しつけみたいな親切に気付いて，本当は嫌だったけど我慢していた気がする。そのことに加山さんが気付いたみたいなのでよかった。
・老人ホームへの訪問の時に，おじいちゃん，おばあちゃんに「ありがとう。掃除までしてくれて，ごめんね。」と言ってもらい，ボランティアをやっているという思いがあったように感じた。でも，もしかしたら，「頼んでいないけど……」と感じていた人もいたかも知れない。誰かのためにしてあげているという思いを持って行うものではないのだなと考えさせられた。
・ボランティアはとても難しいと思います。どんな気持ちで臨むか，行動するか，それによって大きく違ってしまうからです。「してあげる」という気持ちから生

まれる行為は，ボランティアという名のただの自己満足，押しつけになってしまいます。ボランティアは，社会に生きる一人の人間としていかに社会に役立つかという思いを形にしたものだと思います。また，人が人と思いを分かち合い互いに助け合っていくものだと考えます。今日の授業ではそのことをしっかりと考えることができました。

8．同じ内容項目の他の資料

「わたし，あなた，そしてみんな」（『かけがえのないきみだから　中学生の道徳2年』学研）

「ボランティアから学んだこと」（『中学校道徳　あすを生きる2』日本文教出版）

加山さんの願い

　ある日，加山さんはいつものように散歩しながら，年老いて一人暮らしの佐藤さんの家の前まできて，新聞が三日分も新聞受けにたまっているのに気づいた。声をかけてみたが，返事はない。玄関から奥をのぞいた加山さんが見たのは，心臓発作で倒れ，死後三日たった佐藤さんの姿だった。
　加山さんは，だれにも知られずに一人で死んでいった佐藤さんのことを思っては，悔やんだ。

　そんなとき，市の広報に目が止まった。それは，市内の様々なボランティア・グループの活動紹介と，参加への勧誘の記事であった。加山さんは，その中の「訪問ボランティア」に興味を引かれた。市内の一人暮らしのお年寄りを訪問し，健康状態などを確認し，話し相手になって，必要ならできる範囲で身の回りの介護をするというものである。
　これなら私にもできそうだ。それに今の自分の思いにいちばんふさわしいと，思った。
　加山さんはさっそくボランティア・センターに連絡して，活動を始めた。
　老人の話し相手になるぐらい簡単なことだと，加山さんは思っていた。
　最初に訪れたのは中井さんだった。だが，
「何か売りつける気だろ！」と言って追い返そうとした。加山さんはさすがにムッとした。
「いえ，市のボランティア活動で，訪問に来ました。何かしてあげられることはありませんか。」
「そんなもの，たのんだ覚えはない。いらぬ世話はしないでくれ。」と，けんもほろろだ。
　中井さんはそっけなく背を向けた。後は何を言っても返事はなく，取りつく島もない。どうしてよいのかわからないまま，加山さんはすごすごと帰るしかなかった。
　せっかく訪ねてやったのに，何だあの態度は……。一人暮らしの老人はだれもさみしがっているのではないのか。訪ねていけば，うれしいはずではないのか……。
　加山さんは腹立たしいやら情けないやら，本当に疲れた思いで足が重かった。
　まあ，中井さんは例外だろう。あんな分からずやは，そういるものではない。次の田中さんは違うだろう。加山さんは，気を取り直した。
　田中さんは足が不自由で寝ていることが多く，掃除や買い物なども手伝うことになっていた。食料品の買い物などは少し恥ずかしい気もしたが，いかにも世話をし

ている実感があった。田中さんは、「慣れないことで、大変でしょう。すみませんね。」といかにも申し訳なさそうに礼を言ってくれる。加山さんとしても、悪い気はしない。

　よいことをしていると感じた。ボランティアを始めてよかったと思った。

　中井さんの予想外の反応に落胆した加山さんだが、ボランティア・センターに登録して始めたことでもある。思い通りにならないからといって中井さんへの訪問を簡単にやめるわけにはいかなかった。田中さんへの訪問で元気を取り戻せるのが救いだった。

　だが、何回かの訪問を重ねても中井さんとはうまく交流ができなかった。「御元気ですか。何かしてほしいことはありませんか。」と声をかけても、「何もない。」という返事が返ってくるだけだった。それでも、「行かなくては、」という義務感から加山さんは訪問を続けていた。

　凍りつくような冷たい雨の降る日だった。中井さんの家には、もう何回目の訪問だろうか。加山さんは歩きながら、なくなった父親のことを思い出していた。
「中井さん、こんにちは。あいにくのお天気ですね。いやなことを思い出しそうですよ。……私の父がなくなったのも、こんな雨の日でした。血圧が高くて心配していたんですけど。脳卒中でした。寒いのはいけません。何年たっても、つらいものです。」
　中井さんはギョロッと目を向けた。
「あなたのお父さんも血圧が高かったんか。わしもそうだ。いつお迎えが来るかわからん。」
「中井さん、そんなさみしいことを言わないでくださいよ。それより、血圧はどれくらいですか。私も高めで気になっているんですよ。塩分を控えるようにって医者に言われているんですけど、なかなかそうもいきませんでね。」
「加山さん、それは気をつけなきゃいけませんぞ。油断したらいけません。」
　中井さんは真面目な顔で、はっきり言った。加山さんは、思わず笑って答えた。
「そんな人ごとみたいな言い方、おかしいですよ。ご自分の心配のほうが先じゃないですか。」
「なるほど、それもそうだ。一本取られましたな。」
　中井さんもつられて笑った。初めて見た笑顔だった。加山さんは率直に聞いた。
「私をもう嫌ってはいませんか。」
「いや、あんたを嫌っていたわけじゃない。ただ、私は何かしてもらうというのが嫌いなのに、『してあげる』と言われても返事する気にならなかっただけで……。それにしても、加山さんはよく続きますな。私もあんたが来るのが楽しみになりま

したよ。」

　中井さんの家を出た加山さんは，満たされた気持ちでいっぱいだった。何の身構えもなく中井さんと話せた。年齢は少し離れてはいるが，友だちを訪ねた思いであった。不思議なことに，疲労感はなかった。からだが暖かくて，軽くなったようだ。冷たい雨は降り続いていたが，寒くなかった。
　また，来よう。
　加山さんは，義務感からではなくて，すなおにそう思った。
　それにしても「何かしてもらうのが嫌だ」はこたえた。
　その時ふと，田中さんの顔が思い出された。つらそうに「いつもお世話になってすみません」という顔である。
　田中さんはどうしてあれほどつらそうにするのだろうか……。
　加山さんは，思わず立ち止まった。
　田中さんはどうしてあれほどつらそうにするのだろう。雨の中で傘をもったまま考え続けた。
　加山さんは，田中さんに謝らなければならないと思った。

　それからは肩の力みが抜けて何をするにも楽になった。自分にできることをしていくことで，だれとでも自然に，人間として出会い支え合い，共に生きていけばいいのだと思うようになった。
　きょうも加山さんは，「ちょっと行ってくるよ」と出かけていく。

（藤永芳純　作による）

8 一冊のノート

① 主題名　家族愛　4―(6)
② ねらい　物忘れがひどくなった祖母に対し迷惑がっていた主人公が，祖母のノートを見て，祖母の自分たちへの思いを知り，道徳的に変化する姿を通して，父母，祖母に敬愛の念を深め，家族の一員としての自覚をもって充実した生活を送ろうとする道徳的実践意欲を高める。
③ 出　典　『中学生の道徳2　自分を考える』廣済堂あかつき

1．資料解説

① あらすじ：ぼくと弟の隆の身の回りの世話をしてくれている祖母は，物忘れがひどくなっている。自分の物がなくなったことを祖母のせいにし，家族が迷惑していると非難する主人公。祖母の寂しそうな姿が気にかかりながらも，奇妙な格好で買い物をする姿に怒りをぶつけてしまう。父から祖母の病気の事を聞かされ理解をするが，友達からの連絡を伝え忘れた祖母に激怒してしまう。ある日，祖母の書いている日記風のノートを見つけ読んでみると，記憶が弱くなり家族に迷惑を掛けていることや孫を想う気持ちが綴られている。いたたまれず外に飛び出し，祖母の横に並んで一緒に草とりをする主人公であった。

② 資料の読み
　(1) 主人公は…ぼく
　(2) 助言者は…祖母のノート
　(3) 変化したところは…祖母のノートを見たところ。

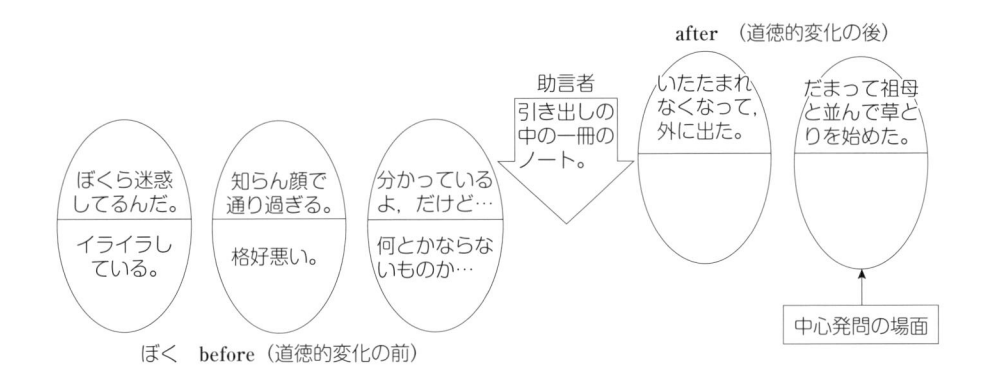

after　（道徳的変化の後）

助言者
引き出しの中の一冊のノート。

いたたまれなくなって，外に出た。

だまって祖母と並んで草とりを始めた。

ぼくら迷惑してるんだ。
イライラしている。

知らん顔で通り過ぎる。
格好悪い。

分かっているよ，だけど…
何とかならないものか…

ぼく　before（道徳的変化の前）

中心発問の場面

2．指導のポイント

① 中心発問は，黙って並んで草とりを始めたところ，つまり主人公の道徳的変化後の少し時間が経ったところの一文を取り上げた。変化直後のいたたまれなくなって外に出たところでもよいが，主人公の感情がいっきにこみ上げているところは感情的な思いは出やすいが，主人公の深い思いまでは出にくいと思われる。
　並んで草とりをするところは，感情的な思いだけでなく考えなども出るだろう。
② 父の話を聞いた後の主人公の思いを問う第3発問は，第1発問とよく似た答が予想されるので時間をかける必要はない。父の話を聞いて，心は揺れるがまだ変化をするまでには至っていないことを押さえられればよい。
③ 資料が長い上に，発問が多いことからテンポ良くすすめる必要がある。②で述べたように第3発問は流れを押さえる程度にし，第1・2発問にしても主人公の祖母に対する思い，自分が変に思われたくないという主人公の思いが押さえられれば次に進みたい。

3．「私たちの道徳」との関連

　資料自体が内容を少し変えて掲載（中学校用，186～193ページ）されている。
　資料をもとにした発問で時間がいっぱいになるので，「私たちの道徳」の内容を紹介することは実際上難しい。生徒の感想文を紹介した「道徳通信」に「命の長いつながり」（中学校用，183ページ）を掲載し，終わりの会などでの配布時に紹介することが考えられる。

4．展開過程

	学習活動	発問と予想される生徒の反応	指導上の留意点
導入	・家族をイメージする。	家族と一緒にいていいなと思うときはどんな時ですか。 ・一家で団らんしている時。 ・自分のことを大事にしてもらえていると思う時。 ・考えたことがない。	・短時間ですませる。
	・範読を聞きながら，主人公の祖母に対する思いがよく表れていると思う箇所に線		・資料を範読する。 ・主人公の祖母に対する思いがよく表れていると思う箇所に線を引かせる。

8　一冊のノート

展開	・家族の中での祖母の状況を考える。	を引く。 「ぼくら迷惑してるんだ」という僕は、祖母に対してどんな思いを抱いているのだろう。 ・おばあちゃんのせいで、遅刻するところだった。 ・おばあちゃんがしっかりしてくれないと困る。 ・お母さんも困っているじゃないか。 ・自分の責任だってちゃんと認めてよ。 ・おばあちゃんなんか嫌いだ。 ・よけいなことしないでよ。 ・そう思っているのは僕だけじゃないんだよ。 ・家のことをやるんだったら、しっかりやってよ。	・物忘れがひどくなっている祖母の状況をつかませる。
	・祖母を無視したぼくの心情を考える。	買い物に行った祖母とすれ違うとき、ぼくはどう考えて、知らん顔をして通り過ぎたのだろう。 ・友達に自分の祖母だと知られたくなかった。 　→（問い返し）なぜ知られたくなかったか？ ・格好が悪い。恥ずかしい。 ・友達に馬鹿にされたくない。 ・友達が笑った老人が、自分の家族だと知られたら何を言われるかわからない。 ・変な格好でうろついている祖母に腹が立ったから。 ・回りの人にも、自分の家族だと分かってしまう。 ・祖母をかばう気になれない。	・周囲の目を気にして、祖母を無視した主人公の心情に気づかせる。
	・祖母の病状を知り祖母を思う気持ちの芽生えと現状打開への願いとの狭間にいるぼくの気持ちに共感する。	父から祖母の病気の話を聞いて、ぼくはどう思っただろう。 ・そんな病気で、物忘れがひどくなっているのは分かった。 ・でも、実際に被害にあっているのをどうしたらいいのか。 ・一生懸命にやっているのはわかるけど、間違いくらい認めたらいいと思うのに…。 ・でも、母さんもこまっているし、隆や自分も困っている。 ・なにか改善策はないものかな。	・「だけど…」の言葉に注目させ、どんな思いが出ているかを考えさせる。 ・祖母に対する、迷惑という思いと悪いなという思いが混ざっていることに気づかせる。
	・祖母への理解の深まりと家族の一員としての自覚に目覚めたぼくの変化に気づく。	いたたまれなくなって外に出たぼくは、黙って祖母と並んで草とりをしながら心の中でおばあちゃんに何と語りかけていただろう。 ・おばあちゃんの気持ちも知らないで、ごめんなさい。 ・おばあちゃん、ありがとう。 ・僕たちのことをそんなに思ってくれていたなんて。 ・長生きしてね。 ・自分のことは自分でやるよ。 ・ぼくが今度は手伝うよ。 ・ぼくが代わりに面倒みるよ。 ・みんなで助け合ってやっていこうね。 ・やっぱりおばあちゃんのこと、好きだよ。	・補助発問「あと10年、いやせめてあと5年」という祖母の思いの意味は？」、「ぽつんとにじんだインクの正体は？」を挟みながら考えさせる。

終末	・感想を書く。		・「家族」について考えることも含めて感想に書かせる。

5．板書記録

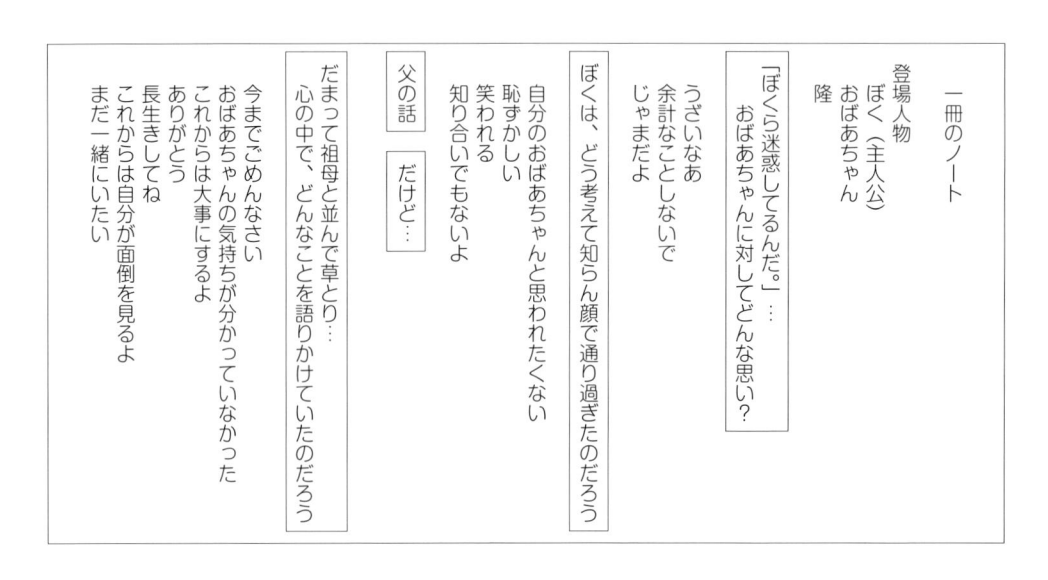

```
登場人物                「ぼくら迷惑してるんだ。」…    ぼくは、どう考えて知らん顔で通り過ぎたのだろう    父の話        だまって祖母と並んで草とり…        今までごめんなさい
一冊のノート              おばあちゃんに対してどんな思い？                                        心の中で、どんなことを語りかけていたのだろう    おばあちゃんの気持ちが分かっていなかった
ぼく（主人公）                                        うざいなあ                              だけど…                                      これからは大事にするよ
おばあちゃん                                          余計なことしないで                                                                    ありがとう
隆                                                  じゃまだよ                                                                           長生きしてね
                                                  自分のおばあちゃんと思われたくない                                                        これからは自分が面倒を見るよ
                                                  恥ずかしい                                                                          まだ一緒にいたい
                                                  笑われる
                                                  知り合いでもないよ
```

6．授業記録

〈前半は省略，中心発問より〉

T：だまって祖母と並んで草とりを始めたぼくは，心の中で，おばあちゃんにどんなことを語りかけていたのでしょう。

S1：ごめんなさい。

T：何を謝っていたのかなあ。

S1：ずっと僕と弟のことを思ってくれていたのに，ひどいことを言ってしまったこと。

S2：おばあちゃんがこんなに苦しんでいることに気づけなかったこともあるのかも。

T：気づかないとダメなのかなあ。

S2：同じ家に住んでいる家族だったら気づいてあげないと。それに，お父さんからも話を聞いていたのに。

T：なるほど。

S3：「ありがとう」って言ってたんじゃないかな。

T：何に対して「ありがとう」なの。

S3：「おむつを取り替えていた」って書いてあったから，ここまで育ててくれた

ことに対して。
S4：僕たちのことを一番に考えていてくれたこともあるよ。
T：一番って。
S4：ノートの中で「せめてあと5年，何とか孫たちの面倒を見なければ。」と言っているよ。
S5：「これからは自分のことは自分でするよ。」って言ってたんじゃないかな。
T：そうか。数学の問題集の時も置きっぱなしにしたのは自分なのに，片付けたおばあちゃんを責めたものね。
S6：「長生きしてね。」って言っていたと思う。
S7：「これからは僕たちがおばあちゃんの手助けをするよ。」って思ってた。
〈以下は省略，終末へ〉

7．生徒の感想

・にじんだインクは，書こうとしたけど涙がこぼれてしまったからだと思いました。おばあちゃんの涙を見たら，なんだかおばあちゃんが遠くに行ってしまうような気がして，庭にいるおばあちゃんのそばに寄りそったんだと思います。

・家族のありかたというものを学んだ。家族というものが，不満をぶつけ合い，そして，その後に相手のことを理解し，家族というつながりが深まっていくものだと思いました。自分もおばあちゃんやお母さんに当たりちらしたりするけど，その後に，自分のために一生懸命やってくれていることに気がつくことができる。だから家族というものは，本音をぶつけ合ってはじめて深まるものだと思いました。

・私は，おばあちゃんとか，そういう系統の話はすごく複雑な気持ちになるから，朗読を聞いているとき，少し泣きそうになりました。私のおじいちゃんも，私が中学終わるまで生きたいと言って亡くなりました。だから今日，見ていて少しつらかったです。うざいとか思うこともあるし，ひどいことを言ってしまうかも知れないけど，やっぱり家族は切っても切れないものなんだろうと思いました。なんだかんだ言って大切なものなので，これからも大事にしていきたいと思いました。

・家庭は自分にとって一番居心地がよい場所だと思う。居て当たり前，やってくれて当たり前と思っているから，「ぼく」はおばあちゃんに言いたい放題言っていたんだと思う。失ってからじゃあ遅かったから，早く気づけてよかったと思う。家族はいつもそばに居てくれるけど，居て当たり前ではないのだと思った。

8. 同じ内容項目の他の資料

「美しい母の顔」（『中学生の道徳2　自分を考える』廣済堂あかつき）
「祖母のメール」（『道徳読み物資料集』日本道徳教育学会近畿支部）

一冊のノート

「おにいちゃん，おばあちゃんのことだけど，このごろかなり物忘れが激しくなったと思わない。ぼくに，何度も同じことを聞くんだよ。」

「うん。今までのおばあちゃんとは別人のように見えるよ。いつも自分の眼鏡や財布を探しているし，自分が思い違いをしているのに，自分のせいではないと我を張るようになった。おばあちゃんのことでは，お母さん，かなりまいっているみたいだよ。」

弟の隆とそんな会話を交わした翌朝の出来事であった。

「お母さん，ぼくの数学の問題集，どこかで見なかった。」

「さあ，見かけなかったけど。」

「おかしいな，一昨日この部屋で勉強したあと，確かにテレビの上に置いといたのになあ。」

学校へ出かける時間が迫っていたので，ぼくはだんだんいらいらして，祖母に言った。

「おばあちゃん，また，どこかへ片付けてしまったんじゃないの。」

「私は，なにもしていませんよ。」

そう答えながらも，祖母は部屋のあちこちを探していた。母も隆も問題集を探し始めた。しばらくして，隆が隣の部屋から誇らしげに問題集をもってきた。

「あったよ，あったよ。押し入れの新聞入れに昨日の新聞と，一緒に入っていたよ。」

「やっぱり，おばあちゃんのせいじゃないか。」

「どうして，いつも私のせいにするの。」

祖母は，責任が自分に押しつけられたので，さも，不満そうに答えた。

「そうよ，なんでもおばあちゃんのせいにするのはよくないわ。」

母が，ぼくをたしなめるように言った。ぼくは，むっとして声を荒げて言い返した。

「何言ってるんだよ。昨日，この部屋の掃除をしたのはおばあちゃんじゃないか。新聞と一緒に問題集も押し入れに片付けたんだろう。もっと考えてくれよな。」

「そうだよ。おにいちゃんの言うとおりだよ。この前，ぼくの帽子がなくなったのも，おばあちゃんのせいだったじゃないか。」

「しっかりしてよ，おばあちゃん。近ごろ，だいぶんぼけてるよ。ぼくら迷惑してるんだ。今も隆が問題集を見つけなかったら，遅刻してしまうところじゃないか。」

第5章 中学校の道徳の時間をつくる

いつも被害にあっているぼくと隆は、いっせいに祖母を非難した。祖母は、悲しそうな顔をして、ぼくと隆を玄関まで見送った。

学校から帰ると、祖母は小さな机に向かって何かを書き込んでいた。ぼくには、そのときの祖母のさびしそうな姿が、なぜかいつまでも目に焼きついて離れなかった。

祖母は、若いころ夫を病気で亡くした。その後、女手一つで四人の息子を育て上げるかたわら、児童民生委員や婦人会の係を引き受けるなど地域の活動にも積極的に携わってきた。そんなしっかりものの祖母の物忘れが目立つようになったのは、六十五才を過ぎたここ一、二年のことである。祖母は、自分は決して物忘れなどしていないと言い張り、家族との間で衝突が絶えなくなった。それでも若いころの記憶だけはしっかりしており、思い出話を何度もぼくたちに聞かせてくれた。このときばかりは、自分が子供に返ったように目を輝かせて話をした。両親が共稼ぎであったことから、ぼくたち兄弟は幼いころから祖母に身の回りの世話をしてもらっており、今でも何かと祖母に頼ることが多かった。

ある日、部活動が終わって、ぼくは友達と話しながら学校を出た。途中の薬局の前で、友達の一人が突然指さした。

「おい、見ろよ。あのばあさん、ちょっとおかしいんじゃないか。」

「ほんとうだ。なんだよ、あの変てこりんな格好は。」

指さす方を見ると、それは、季節はずれの服装にエプロンをかけ、古くて大きな買い物かごを持った祖母の姿であった。確かに友達が言うとおり、その姿は何となくみすぼらしく異様であった。ぼくは、あわてて祖母から目を離すとあたりを見回した。道路の向かい側で、二人の主婦が笑いながら立ち話をしていた。ぼくには、二人が祖母のうわさ話をしているように見えた。

祖母は、すれちがうとき、ほほえみながら何かを話しかけた。しかし、ぼくは友達に気づかれないように、知らん顔をして通り過ぎた。友達と別れた後、ぼくは急いで家に帰り、祖母の帰りを待った。

「ただいま。」

祖母の声を聞くと同時に、ぼくは玄関へ飛び出した。祖母は、大きな買い物かごを腕にぶらさげて、汗をふきながら入ってきた。

「ああ、暑かった。さっき途中で会った二人は……。」

「おばあちゃん。なんだよ、その変な格好は。何のためにふらふら外を出歩いているんだよ。」

ぼくは、問いつめるような厳しい口調で祖母の話をさえぎった。

「何をそんなに怒っているの。買い物に行ってきたことぐらい見れば分かるでしょ。私が行かなかったらだれがするの。」

「そんなことを言っているんじゃない。みんながおばあちゃんのことを笑ってる

よ。かっこ悪いじゃないか。」
「そうして，みんなで私をバカにしなさい。いったいどこがおかしいって言うの。だれだって年を取ればしわもできれば白髪頭にもなってしまうものよ。」
祖母のことばは，怒りと悲しみでふるえていた。
「そうじゃないんだ。だいたいこんな古ぼけた買い物かごを持って歩かないでくれよ。」
ぼくは，腹立ちまぎれに祖母の手から買い物かごをひったくった。
「どうしたの，大きな声を出して。おばあちゃん，ぼくが頼んだものちゃんと買ってきてくれた。」
「はい。買ってきましたよ。」
隆は，買い物かごをぼくから受け取ると，さっそく中身を点検し始めた。
「おばあちゃん，きずばんと軍手が入ってないよ。」
「そんなの書いてあったかなあ。えーと，ちょっと待ってね。」
祖母は，あちこちのポケットに手をつっこみながら一枚の紙切れを探しだした。見ると，それは隆が明日からの宿泊学習のために祖母に頼んだ買い物リストであった。買い忘れがないように，祖母の手で何度も鉛筆でチェックされていた。
「やっぱり，きずばんも軍手も，書いてありませんよ。」
「それとは別に，今朝，買っておいてくれるように頼んだだろう。」
「そんなこと，私は聞いていませんよ。絶対聞いていません。」
「あのね，おばあちゃん。……。」
隆は，今にもかみつくような顔で祖母をにらんだ。
「もうやめろよ。おばあちゃんは忘れてしまったんだから。」
「なんだよ。おにいちゃんだって，さっきまで，おばあちゃんに大きな声を出していたくせに。」
ぼくは，不服そうな隆を誘って買い物に出かけた。道すがら，隆は何度も祖母の文句を言った。
その晩，祖母が休んでから，ぼくはきょうの出来事を父に話し，なんとかならないかと訴えた。父は，ぼくと隆に，先日，祖母を病院につれて行ったときのことを話しだした。
「おまえたちが言うように，おばあちゃんの記憶は相当弱くなっている。しかし，お医者さんの話では，残念ながら現在の医学では治すことはできないんだそうだ。これからもっとひどくなっていくことも考えておかなければならないよ。おばあちゃんは，おばあちゃんなりに一生懸命やってくれているんだからみんなで温かく見守ってあげることが大切だと思うよ。今までのように，なんでもおばあちゃんに任せっきりにしないで，自分でできることぐらいは自分でするようにしないといけないね。」

「それはぼくたちもよく分かっているよ。だけど……。」

これまでの祖母のことを考えると，ぼくはそれ以上何も言えなくなった。

その後も，祖母はじっとしていることなく家の内外の掃除や片付けに動き回った。そして，ものがなくなる回数はますます頻繁(ひんぱん)になった。

ある日，友達からの電話を受けた祖母が，伝言を忘れたため，ぼくは友達との約束を破ってしまった。父に話したあと怒らないようにしていたぼくも，このときばかりは激しく祖母をののしった。

それから一週間あまりすぎたある日，捜しものをしていた僕は引き出しの中の一冊の手あかによごれたノートを見つけた。何だろうと開けてみると……

それは，祖母が少しふるえた筆致で，日ごろ感じたことなどを日記風に書き綴ったものであった。見てはいけないと思いながら，つい引き込まれてしまった。最初のページは，物忘れが目立ち始めた二年ほど前の日付になっていた。そこには，自分でも記憶がどうにもならないもどかしさや，これから先どうなるのかという不安などが，切々と書き込まれていた。普段の活動的な祖母の姿からは想像できないものであった。しかし，そのような苦悩の中にも，家族と共に幸せな日々を過ごせることへの感謝の気持ちが行間にあふれていた。

『おむつを取り替えていた孫が，今では立派な中学生になりました。孫が成長した分だけ，私は年をとりました。記憶もだんだん弱くなってしまい，今朝も孫に叱られてしまいました。自分では気付いていないけれど，ほかにも迷惑をかけているのだろうか。自分では一生懸命やっているつもりなのに……。あと十年，いや，せめてあと五年，なんとか孫たちの面倒を見なければ。まだまだ老け込む訳にはいかないぞ。しっかりしろ。しっかりしろ。ばあさんや。』

それから先は，ページを繰(く)るごとに少しずつ字が乱れてきて，判読もできなくなってしまった。最後の空白のページに，ぽつんとにじんだインクのあとを見たとき，ぼくはもういたたまれなくなって，外に出た。

庭の片隅でかがみこんで草とりをしている祖母の姿が目に入った。夕焼けの光の中で，祖母の背中は幾分小さくなったように見えた。ぼくは，だまって祖母と並んで草とりを始めた。

「おばあちゃん，きれいになったね。」

祖母は，にっこりとうなずいた。

（北鹿渡文照 作による）

> **9** 嵐の後に
>
> ① 主題名　友情　2―(3)
> ② ねらい　幼なじみの明夫と次第に距離ができてしまっていた主人公が，嵐の中の操業でのやりとりからかつての仲を取り戻していくことを通して，友情の尊さを理解して心から信頼できる友達を持ち，互いに励まし合い，高め合おうとする道徳的実践意欲を育てる。
> ③ 出　典　『中学校道徳読み物資料集』文部科学省

1．資料解説

① あらすじ：子供の頃から何でも話し合える仲だった勇太と明夫であったが，高校生のころから次第に表面的な関係へと変化し，互いに意識しながらも本音でぶつかり合えなくなっていた。ある日，定職につかずにふらふらしている明夫が，勇太の父の勧めもあって，漁師見習いとして自分たちの船に乗ってきた。だが，明夫はやる気がなく，仕事ぶりもいい加減であった。そんな明夫に注意もできない勇太。ところが，二人のぎくしゃくした関係が一変する出来事が起こる。ある日，二人の乗った船が嵐に襲われ，危険と恐怖の中で，命がけで勇太が明夫を助けることとなる。このことをきっかけに明夫はこれまでの自分の心の内を打ち明け，勇太もまた「待っとったんぞ」と声をかける。

② 資料の読み
　(1) 主人公は…勇太
　(2) 助言者は…父の一言「お前らそれでもガキの頃からの付き合いなのか。」，明夫の告白「勇太，お前が羨ましかったんよ」
　(3) 変化したところは…「がっちり手を握り合った。」

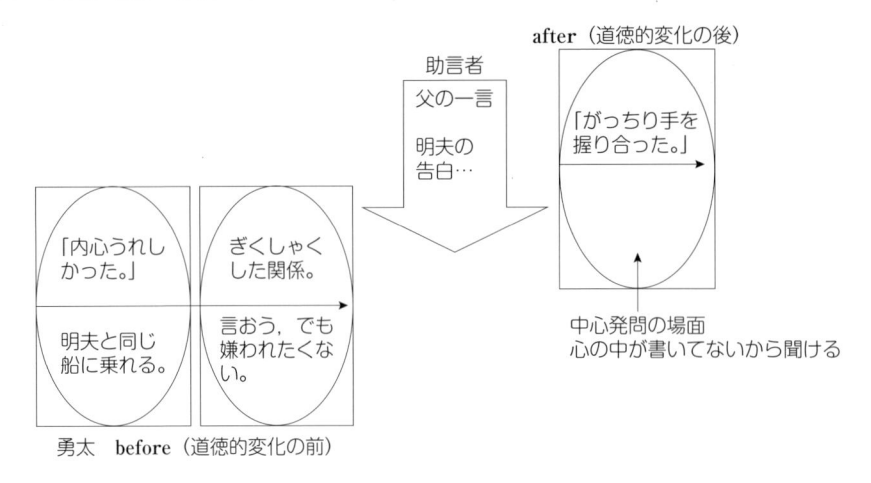

第5章　中学校の道徳の時間をつくる

```
                          助言者              after（道徳的変化の後）
                          父の一言
                                          ┌─────────────┐
                          明夫の            │  ╭─────╮    │
                          告白…            │ │「がっちり手を│ │
                                          │ │ 握り合った。」│→│
                    ┌──────┐              │  ╰─────╯    │
                    │        │             └─────────────┘
          ╭─────╮╭─────╮                        ↑
         │「内心うれし││ぎくしゃく│                中心発問の場面
         │ かった。」 ││した関係。│             心の中が書いてないから聞ける
         │明夫と同じ ││言おう，でも│
         │船に乗れる。││嫌われたくない│
          ╰─────╯╰─────╯
           勇太　before（道徳的変化の前）
```

2．指導のポイント

① 指導に当たっては，まず，「何でも話し合える仲だった」主人公（勇太）と明夫の関係を理解させておきたい。
② 再び明夫と一緒の船に乗ることになりながらも，言いたいことが言えないでいる勇太の心の葛藤を，助言者である親父の発言を通して理解させていきたい。
③ 中心発問では「がっちりと手を握り合って，何を考えたか」と問いかけ，こうした二人の変化を通して，友情の尊さを理解して，心から信頼できる友をもち，互いに励まし合い，高め合おうとする道徳的実践力を育みたい。

3．「私たちの道徳」との関連

　60，61ページの「励まし合い高め合える生涯の友を」を活用し，空欄「あなたにとって友達とはどんな存在か」「友達のために何ができるか」を書かせた上で意見交流をさせ，「友情」について考えさせたい。

4．展開過程

	学習活動	発問と予想される生徒の反応	指導上の留意点
導入	・友達について考える。	発問1：あなたにとって「友達」とは，どんな人ですか？ ・仲の良い人。・一緒に遊ぶ。・相談に乗ってくれる　等。	・詳しく聞くことはしないで，簡単に導入をする。 ・キーワードの「友だち」を黒板に掲示する。

展開	・範読を聞く。		・資料を範読する。 ・心に深くしみ入るよう，抑揚をつけて読み聞かせる。
	・登場人物とその関係を整理する。	確認：①登場人物は？ 　　　②二人はどういう関係？ 　　　③二人のお父さんたちの関係は？	・「勇太」「明夫」については，簡単におさえておいて，むしろ主人公の父たちの関係をしっかりとおさえる。
		①登場人物…勇太，明夫 ②関係性…幼なじみ。いつも一緒。 　　　　　何でも話し合える仲だった。 ③父たちの関係…互いの存在なくして語れない仲	
	・勇太と明夫の関係について理解する。	発問2：勇太はどうして嬉しかったのですか？	・次の問いにつながるような反応を生徒から引き出す。
		・明夫に手伝ってもらったから，助かる。 ・明夫と一緒に海で働けるから。 ・これをきっかけにまた仲良くなれると思ったから。 ・これをきっかけに明夫が立ち直るかも知れないから。 ・親父が自分の友だち（＝明夫）のことを心配してくれているから。 ・自分たちも親父たちのように「心配し合える」関係になりたいから。	
	・父親の言葉から勇太の気持ちを考える	発問3：親父に言われて，勇太はどう思いましたか？	・父親の言葉によって勇太と明夫のぎくしゃくした関係を改めて認識させる。
		・確かに，親父の言うとおりだ。 ・分かってるけど，今の自分たちには無理だ。 ・俺だって，ガキの頃に戻りたいよ。 ・明夫の気持ちが分からないのに，注意なんてできないよ。 ・なんとかしなくちゃいけないのは分かってるんだけど。	
	・手を握っているときの勇太について考える。	発問4：手を握りながら，勇太はどんなことを思っているだろうか？	・「喜び」「感動」から「感謝」「決意」へという「実践意欲」への高まりを大切にしたい。
		・仲の良かった頃の二人に戻れたな。（喜び・感動） ・「本音」でぶつかり合えてよかったな。（喜び・感動） ・明夫，心を開いてくれてありがとう。（感謝） ・もう，この手を二度と話さないぞ。（決意） ・これからも，「一緒」やぞ。（決意） ・親父たちのように，これからも助け合って生きていこうな。（決意）	
	・友達について考える。	発問5：あなたにとって「友だち」とは，どんな人ですか？	（授業の最初と同じ発問をして，授業の前と後とで，その変化を検証する。） ・発表はあまり時間をかけずにあっさりと進める。
		・相手のことを十分に分かり合える人。 ・相手の立場に立って考えられる人。 ・相手のために何ができるかを考えられる人。 ・独りよがりでなく，相手のことを思いやれる人。 ・相手にとって，何が一番大切かを考えられる人。 ・相手のためなら，厳しいことも言ってくれる人。 ・本音で語り合い，高め合える人。	
終末	・感想を書く ・教師の話を聞く。		・ねらいとする価値を深めさせる。

第5章　中学校の道徳の時間をつくる

5．板書記録

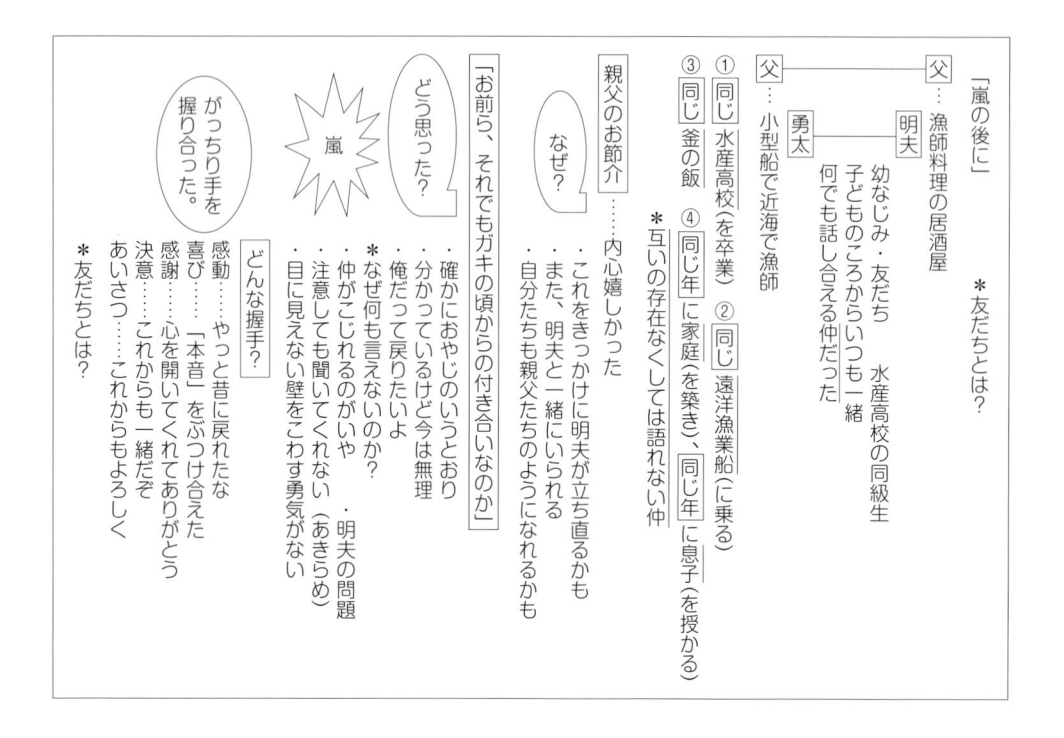

```
「嵐の後に」                                          ＊友だちとは？

父 ──── 父
    明夫 ── 勇太        幼なじみ・友だち
                        子どものころからいつも一緒
    …漁師料理の居酒屋   水産高校の同級生
    …小型船で近海で漁師  何でも話し合える仲だった

① 同じ 水産高校（を卒業）
② 同じ 遠洋漁業船（に乗る）
③ 同じ 釜の飯
④ 同じ年に家庭（を築き）、同じ年に息子（を授かる）
 ＊互いの存在なくしては語れない仲

親父のお節介……内心嬉しかった
                ・これをきっかけに明夫が立ち直るかも
                ・また、明夫と一緒にいられる
「なぜ？」       ・自分たちも親父たちのようになれるかも

「お前ら、それでもガキの頃からの付き合いなのか」
                ・確かにおやじのいうとおり
                ・分かっているけど今は無理
「どう思った？」 ・俺だって戻りたいよ
                ＊なぜ何も言えないのか？
  嵐            ・仲がこじれるのがいや
                ・注意しても聞いてくれない（あきらめ）
                ・目に見えない壁をこわす勇気がない
                                          ・明夫の問題

「がっちり手を握り合った。」
「どんな握手？」
                感動……やっと昔に戻れたな
                喜び……「本音」をぶつけ合えた
                感謝……心を開いてくれてありがとう
                決意……これからも一緒だぞ
                あいさつ……これからもよろしく
                                          ＊友だちとは？
```

6．授業記録

〈前半は省略，中心発問より〉

　T○勇太，お前がうらやましかったよ，何がうらやましかった？
　S1：頑張ってる，自分はダメやのに。
　T○言われた勇太はどう思った？
　S2：びっくりした。
　T：びっくりして，どうやった？　いややった？
　S2：いやじゃない。まあまあ。
　T：うれしかった？
　S2：うらやましかったのは自分やのにって。
　T：そやな，明夫は大勢に囲まれて。
　S2：楽しそうにしてたから。
　T○：『戻ってきた，ここに』ってどこに戻ってきた？
　S3：勇太のとこ。
　T：じゃあ，握手してみよう。（何人かと握手しながら）◆がっちり手と手に握り合った。

T：どんなとき，握手する？
S4：あいさつするとき。
T：どんな相手に握手する？
S4：相手が親友の時。
T◎：勇太と明夫は握手しながら何を思ってるやろ？
S5：これらもよろしく。
T：これからも，よろしくか，どんなことを？
S6：一緒にやっていく。
T：一緒やねんな。一緒にか。他は？
S6：もう一度，よろしく。
T：もう一度？　改めてあいさつ？
S6：そう，あいさつ。もう一回やりなおし。
T：握手して，やりなおし？
S6：信頼してる。
T：やり直しかぁ。そうなんや。できそう？
S6：今度はやれるかも。
〈以下は省略，終末へ〉

7．生徒の感想

- 言いたいことがいっぱい浮かんできたのに，それをうまく言えなくてもどかしかった。でも，友だちの意見を聞いているうちにだんだんと自分の考えが深まっていくのを感じて，楽しかった。
- 私には以前友だちとこの話とよく似た関係になったことがあったので，その時のことを思い出した。
　　今の関係を壊したくないと思って，気を使い合うのではなく，勇気をもって一歩踏み出すことが大切だと思う。
- 最後に，この物語の題名「嵐の後に」の意味がよくわかったように思う。「いっちょまえになる前に誰もが通る道」というおやじさんの言葉が心に響いた。
- 「最後の握手」はこれからもずっと一緒という意味だと思う。

8．同じ内容項目の他の資料

「違うんだよ，健司」（『中学校道徳読み物資料集』文部科学省）

嵐の後に

「ところでよ。お前さんとこの明夫のことだけど，いったい今何してんだい。見たところ仕事もしてないみたいだけど，心配でなぁ。」
「ああ，困ったもんよ。わしも女房もあいつのことには，頭を悩ましているよ。まったく何を考えてるのか……清さんとこの勇太は，日に日にたくましくなっていくっていうのによ。」
「まあまあ，そう言うなって。なあ，明夫を俺の船に乗せてみんか。勇太とは，同級生だしよ。あいつも助かるだろうから。俺らの若い頃みたいによ。」
「そうは言ったって，清さんに迷惑掛けるのが目に見えとるしな。」
「何，水臭いこと言ってんだ，ガキの頃からの俺と信さんの仲じゃないかよ。」

　親父たちのそばで漁具の手入れをしながら，黙って聞いていた俺は，親父のお節介がまた始まったと思いつつも，内心嬉(うれ)しかった。
　同じ水産高校で学んだ親父たちは，卒業と同時に同じ遠洋漁船に乗っていた。若かった頃の二人は，何ヶ月も家に戻れない厳しい漁場で互いに励まし支え合い，同じ釜の飯を食って一人前になったと聞いている。これまでの人生は，互いの存在なくしては語れないほどの仲だ。家庭を築いたのも息子を授かったのも，偶然，同じ年だった。それが俺と明夫だ。
　俺たちが高校生になった数年前，漁業の景気が悪化し始めたのをきっかけに，親父たちは遠洋漁船を下りた。それまでに貯めた金を頭金にして，親父は，小型船を手に入れ，今は，せがれの俺と近海で操業している。明夫の親父の信さんは，漁師料理を売りにした居酒屋を営み，店で使う鮮魚の仕入れに，毎朝，こうして魚市場に顔を出す。親父たちは，今だにどんな些細(ささい)なことも毎日のように語り合い相談し合っている。
　明夫と俺は，親父たちと同じ水産高校の同級生だった。俺たちも子どもの頃からいつも一緒にいたし，何でも話し合える仲だった。だが，確か開店した居酒屋が忙しくなってきた頃からだったように記憶している。あの頃，時々遊びに行くと，明夫はいつも一人で飯を食っていた。そして，いつの頃からか，明夫は，俺を避けるようになり，派手な仲間と付き合うようになっていた。いつも大勢に囲まれ楽しそうにしている明夫が羨ましかった。置いてきぼりにされたような気分になっていた。明夫と時々顔を合わせながらも，とりとめのない話をするばかりで，それをとがめることもできないまま，今まで来てしまっていた。
　その夜，夕飯を済ませた俺は，親父の了解を得てから不安を抱えながらも明夫に会いに行った。

明夫は，突然の俺の訪問に驚いた様子だったが，以前のように自分の部屋に入れてくれた。ひとしきり同級生の話題で盛り上がった後，俺は，意を決して投げかけた。
「なあ，明夫，これから何か仕事の当てでもあるのか。」
「別に……。」
　明夫の表情がこわばるのが見て取れた。俺は，なるべく明るい声で言った。
「だったらよ，うちの親父が，船に乗らんかってよ。実は，俺一人じゃきつくてよ。明夫が，手伝ってくれると親父も俺も助かるんだ。」
「ああ……考えとく。」
明夫は，ぶっきらぼうな声で答えた。
　水産高校を卒業したものの明夫は，就職する先が決まらず悩んでいた。だからといって親父の仕事を継ぐという選択肢は，持ち合わせてはいなかった。同級生が仕事を決めていく中，焦りながらも，しばらくは市内のコンビニやレストランで働いていた。だが，接客という仕事が性に合わないのか，あろうことか客や店主とけんかになって，どこも長くは続かなかった。深夜まで遊んだり，おふくろさんに金をせびったり，安定しないふらふらした生活を続けていたのだった。
　俺が訪ねて数日してから，明夫が漁師見習いになることを決意したことを親父から聞いた。早速，その夜から三人での出漁が始まった。しかし，期待していた通りにうまくはいかなかった。明夫が少しでも怠けると即座に親父の罵声が飛んだ。怒鳴られる度に，明夫は，船べりのあちこちに拳を打ち付け，海に飛び込んでやるなどと無謀な怒りを声にした。黙々と慣れた手つきで仕事をしている俺をいまいましそうな表情で見ている明夫と目が合うこともあった。明夫の働きぶりは，総じて感心できるものではなかった。親父の姿が見えないところでは特にひどかった。俺は，最初は慣れないせいもあるからと思っていたが，操業用の道具の荒っぽい扱いや，雑な甲板（かんぱん）掃除で汚れを残したままでも平気でいる明夫の態度が気になってきていた。明らかに俺の前では，やる気の無さを見せつけていた。俺はそれを分かっていながらも，面と向かうと何も言えなくなってしまい，仕方なくその後始末を請け負っていた。
　ある日，そんな二人のぎくしゃくした関係に気付いていた親父が，俺に向かって言った。
「勇太，お前，明夫のことを本当に思っているなら，遠慮せずに思ったことを言ってやれ。仕事も一から丁寧に教えてやれ。上っ面だけで付き合ってるんじゃないぞ。明夫がこの先どうなってもいいのか。お前らそれでもガキの頃からの付き合いなのか。」
　親父は，俺の心の内を見抜いていた。親父の言葉が，胸に刺さった。ずっしりと重い固まりを胸に抱えたまま，出漁の時が迫ってきていた。弓なりの月がぼんやりと辺りを照らしている穏やかな晩だった。明け方から北西の風が強まるという予報

が出ていたものの漁場がそう遠くないこともあって，経験豊富な親父の決断に従った。

　出港してから二時間足らずで，水深百メートルほどの漁場に着いた。海風が頬を突き刺す。ずっしりと重い網を引き上げる指先が，悲鳴をあげていた。ブリッジにぶつかる波が飛沫を上げ，時折，突風が駆け抜け始めた。夜明けともいえず立ちこめた真っ黒な雲の固まりから，突然，激しく雨が降り出した。やがて波のうねりは，ブリッジを越える高さにまで達し，船体は縦横無尽に揺れた。波が高いと，胃の縁が引っ張られ血液が逆流するような気分になる。明夫にとっては，初めての時化だ。暴風に逆らいながら網を引き上げようとしているが，体が思うように動かないようだ。明夫のおぼつかない足さばきは，今にも大きな波のうねりの中に引きずり込まれそうだった。俺は，危険の大きさと一瞬の恐怖に戦慄が走った。俺は，思わず明夫の腕を摑んだ。

「明夫，何しとるっ。全身に力を入れろっ。」

俺の渾身の叫び声が，激しい雨音と共に明夫を我に返らせたようだった。

「ぐずぐずするなっ，波に飲み込まれるぞ。後は俺がやる，ブリッジに入れっ。」

明夫は，声を荒げる俺の指示に従った。網の引き上げを終えた俺は，ずぶ濡れになって中に入った。明夫は，暴風雨のさなか，狭いブリッジの壁に身体のあちこちをぶつけながら何度も吐いていた。俺は，その度に，明夫の背中をさすった。

「す，すまん。かっこ悪いな，俺。」

「何，謝ってるんだ。波に飲み込まれなくてほんと良かった。初めての嵐の時は，誰でもこうなんよ。俺なんかもっと悲惨よ。」

「勇太，お前が羨ましかったんよ。俺らは，ずっと一緒やったやろ……。」

　俺にとっては，意外な言葉だった。俺は，これまで明夫の心境を考えてみようともしなかった。明夫の表面だけを見て，それ以外の何も見ようとはしてこなかった自分が悔やまれた。今，まっすぐに明夫と向き合わなければならない。そう思うと，俺は，驚くくらいに素直な気持ちになれた。

「明夫，今までどこで何やっとったんよ。待っとったんぞ。」

「分かっとったよ……，だから，戻ってきた，ここに。」

蒼白な顔の明夫が苦笑いをしながら言った。

　やがて風雨は弱まり船の揺れは次第に小さくなっていた。操舵室から親父の野太い声が上がった。

「おー，引き上げるぞっ。エンジン全開。明夫，大丈夫か。みんなお前とおんなじだ。俺もお前の親父もな。お前らも，いっちょ前になる通り道を通らんとな。」

そう言うと，親父は，大声で笑った。俺たちは顔を見合わせて，がっちりと手を握り合った。

　西の空の棚雲の切れ間のあちらこちらから，光が波間に降りてきていた。

楽しく豊かな「道徳の時間」をつくる

| 2015年4月10日　初版　第1刷発行 | 〈検印省略〉 |

定価はカバーに
表示しています

監修者	横　山　利　弘
	牧　﨑　幸　夫
編　者	広　岡　義　之
	杉　中　康　平
発行者	杉　田　啓　三
印刷者	江　戸　宏　介

発行所　株式会社　ミネルヴァ書房
607-8494 京都市山科区日ノ岡堤谷町1
電話代表 （075）581-5191
振替口座 01020-0-8076

© 牧﨑・広岡・杉中ほか，2015　　共同印刷工業・清水製本

ISBN978-4-623-07160-9

Printed in Japan

■教職をめざす人のための 教育用語・法規
―――――――――――広岡義之編 四六判 312頁 本体2000円
●190あまりの人名と，最新の教育時事用語もふくめた約860の項目をコンパクトにわかりやすく解説。教員採用試験に頻出の法令など，役立つ資料も掲載した。

■「人間と教育」を語り直す――教育研究へのいざない
―――――――――――皇 紀夫編著 Ａ５判 250頁 本体2500円
●教育を「人間の在り方」の次元に引き寄せて語り直すことで，読者が，教育の意味や役割について主体的により深く考え，教育に新しい意味世界を発見できるように構成した教育入門書。教育を考える新しい思考スタイルや，従来想定されることがなかった問題などが語られる。

■教職論［第2版］――教員を志すすべてのひとへ
―――――――――――教職問題研究会編 Ａ５判 250頁 本体2400円
●「教職の意義等に関する科目」の基本テキスト。教職と教職をめぐる組織・制度・環境を体系立ててわかりやすく解説した，教職志望者および現場教員にも必読の一冊。

■新しい教育行政学
―――――――――――河野和清編著 Ａ５判 250頁 本体2500円
●「教育行政学」の基本テキスト。新しい法，制度についてわかりやすく解説する。教育改革の最新動向と欧米諸国の教育行政制度についても紹介。

■成長と変容の生涯学習
―――――――――――西岡正子著 Ａ５判 220頁 本体2400円
●「生涯学習論」のテキスト。生涯学習の理念と意義をわかりやすく解説する。生涯学習の最新理論と事例に学びながら，日本での展開と支援の実際についての課題を考察，生涯学習社会への展望を示す。

――――――ミネルヴァ書房――――――
http://www.minervashobo.co.jp/